어느 독일통 외교관의

일본 역사 기행

| 개정판 |

일러두기

- 책의 전개 순서는 여행 날짜순이다. 그래서 여러 번 방문한 교토 같은 지역은 그 내용이 날짜 별로 분산되어 있다.
- 사진은 대부분 2023년 3월과 2024년 1~2월 일본 여행 시 필자가 찍었다. 일부는 2024년 11월 또는 2025년 6월 여행 시 찍은 것을 활용하였다. 예외적으로 자료 사진을 활용한 경우에는 그 출처를 명시하였다.
- 고유명사는 가급적 일본어 발음으로 적고 한자 표기를 함께 적었다. 다만, 국어 발음이 친숙한 경우, 이를 적었다. 금당, 본전, 배전 같은 보통명사는 대부분 국어로 표기하였다.
- 일본 천황의 호칭은 7세기 다이카 개신 이후 처음 나타났지만 관례에 따라 그 이전의 왕들도 천황 또는 대왕으로 호칭하였다.
- 방문지에 대한 설명은 현지에서 받은 자료를 우선적으로 활용하였다. 다른 참고 문헌 등을 활용한 경우는 미주에서 그 출처를 밝혔다.
- 청일전쟁, 러일전쟁 등의 표기는 일청전쟁, 일러전쟁 등으로 고쳐 썼다. 이런 표기에서 정해진 법칙은 없지만 보통 우호국이나 상호 관계에 있어서 비중이 높은 나라를 앞세우는 관례를 고려하였다.

어느 독일통 외교관의

일본 역사 기행

| 개정판 |

장시정
글을 쓰고 · 사진을 찍었다

한국학술정보

들어가면서

2023년 3월과 2024년 1~2월에 걸쳐 두 번의 일본 여행을 다녀왔다. 각 여행 기간이 2주 정도였으니 합쳐서 한 달 간 여행이 되었다. 첫 여행은 주로 일본의 역사 현장을 다녔고, 두 번째는 한 · 일 고대 관계사에 관심을 두고 대상지를 선정했다. 그래서 이 책은 제1부 "일본 역사의 현장을 찾아서", 그리고 제2부 "한 · 일 고대 관계사의 자취를 찾아서"로 나누어 크게 2부로 구성하고 여기에 2019년 쓰시마 여행 시와 홋카이도 대학에 방문학자로 체류할 시 쓴 글을 제3부로 추가하였다.

2023년 3월, 13박 14일 간의 여행 중 첫 3박 4일은 아내와 함께 패키지여행을 했고, 나머지 기간은 나 홀로 자유여행을 했다. 나는 외교관 현직 시절 독일과 오스트리아만 5번에 걸쳐 13년을 근무한 소위 독일통이다. 독일통의 일본 역사 기행이라니, 왠지 헛웃음부터 나온다. 그래도 그리스의 역사 인문학자인 니코스 카잔차키스가 일본 여행을 시작했을 때 사쿠라櫻와 고코로心라는 단 두 마디의 일본어만 알고 있었다고 고백한 것을 상기해 본다면 나의 형편이 그리 나빠 보이지는 않는다. 용기를 내어 나의 일본 여행을 거창하게 《일본 역사 기행》으로 명명하고,

옛 수도인 나라, 교토, 그리고 현 수도인 도쿄 외에 메이지 유신을 이끌었던 삿초 동맹의 사쓰마와 죠슈, 그리고 도쿠가와 막부 260년 동안 대외 창구를 담당했던 나가사키를 목적지로 올려놓았다.

고베부터 시작해서 교토, 오사카, 나라, 도쿄, 닛코, 가마쿠라, 나고야, 가고시마, 나가사키, 야마구치, 하기, 호후, 시모노세키, 그리고 다시 교토 순으로 돌았다. 이 여행 경로는 나라, 헤이안, 가마쿠라, 무로마치, 에도 그리고 메이지 시대까지 일본의 역사 현장을 시대별로 아우르고 있다. 유람 여행이라기보다는 수학여행이 되었고, 전투적인 여행이 되었다.

작년 1~2月에 걸쳐 14박 15일간 다시 일본을 찾았다. 이 여행은 떠나기 열흘 전 급작스레 결정했다. 첫 여행에서 눈 덮인 은각이 그려진 마그넷을 사 왔고, 그래서인지 언젠가부터 눈 덮인 은각을 보고 싶다는 막연한 마음이 생겼다. 급기야 한겨울 일본 여행을 결행했다. 하지만 겨울이라고 항상 눈 덮인 은각을 볼 수 있는 건 아니다. 교토는 따뜻하기 때문이다. 그런데 후쿠오카에 도착한 날 오후 눈보라가 쳤다. 택시 기사 분이 교토에도 눈이 내린다고 했다. 하지만 일주일 후 교토에 도착해 보니 눈은 없었다. 결국 눈 덮인 은각은 미망으로 그쳤다.

지금도 일본에 남아있는 '쿠다라나이'라는 말은 "백제가 아니다"라는 말로서 "백제의 것이 아니면 시시하다"라는 의미라고 한다. 고대 아스카의 4대 사찰로 백제대사(쿠다라오데라)가 있었고, 호류지에는 백제(쿠다라) 관음상이 있다. 도래인이 집단 이주해 간 비와호 인근 시가현에는 지금도 백제사(햐쿠사이지)와 아직기 신사, 안라(아라가야) 신사, 그리고 신라선신당이 있다. 이렇듯 일본 열도에 끝도 없이 널려 있는 한국의 자취를 찾아서 답사 여행을 떠났다. 후쿠오카를 기점으로 가라츠, 히젠 나고야, 히로시마, 미야지마, 도모노우라, 사카이, 이마이, 고야산, 요시노, 아스카, 나라, 교토, 나고야, 마쓰이, 이즈모, 그리고 다시 후쿠오카로 돌아와서 귀국하였다.

두 번의 솔로 여행, 고즈넉한 여수를 느낄 틈도 없이 강행군했다. 짧은 준비 기간에도 불구하고 큰 실수 없이 여행을 마쳤다. 평소 늘 마음이 쏠렸던 일본에 대한 호기심이 일거에 분출되었고, 일본에 대한 새로운 시선을 갖게 되었다. 특히 한 · 일 간 고대 관계사에 대한 새로운 궁금증을 조금씩 풀어 갈 실마리를 찾았다. 완벽한 여행가는 자신이 여행하는 나라를 나름대로 창조하는 법이라 한다.[1] 나의 일본 여행도 내 나름의 일본을 창조하는 듯한 환상에 빠져들게 했다.

작년 11월 일본에 다시 가서 고분과 정원을 보고 왔다. 이 답사기를 이번에 포함시키려 했으나 책의 분량이 너무 커져서 부득이 지난 번 책만을 수정, 보완하여 개정판을 내게 되었다. 독자들의 지속적인 관심을 기대해 본다.

2025년 10월

장시광

2023년 3월 여행 경로
1
오사카, 고베,
교토, 나라
2
도쿄, 닛코,
가마쿠라
3
가고시마,
나가사키
4
야마구치, 하기,
호후, 시모노세키
1
오사카, 교토
이즈모
오사카
교토
닛코
마쓰에
호후
하기
나고야
도쿄
가라츠,
히젠 나고야
야마구치
시모노세키
후쿠오카
가마쿠라
나라
고베
고야산
요시노
아스카
사카이
나가사키
도모노우라
히로시마
가고시마
2024년 1월~2월 여행 경로
A
후쿠오카, 가라츠,
히젠 나고야
B
히로시마,
미야지마
C
도모노우라
D
사카이,
이마이
E
고야산,
요시노
F
아스카, 나라,
교토
G
나고야, 교토
H
마쓰에, 이즈모
A
후쿠오카

목차

제3부

쓰시마와 홋카이도를 찾아서

—

프롤로그

일본은 과연 어떤 나라인가?

여행 중 일본은 어떤 나라인가, 그리고 한 · 일 관계의 본질은 무언인가에 대한 끊임없는 질문을 해가며 답을 얻으려 했다. 하버드 대학의 에즈라 보걸Ezra Vogel 교수는 일등 국가 일본에서 배우자고 호소했다.[2] 일본은 세계에서 단 하나밖에 없는 유니크한 나라다. 지난 2천 년 동안 정권 담당자들은 바뀌었지만, 국가의 정점에 있는 천황이라는 존재는 변함이 없었다. 중국도, 영국도 지배 민족이 바뀌었지만, 일본은 단 한 번도 외세의 지배를 받지 않았다. 굳이 예외를 말한다면 1945년 8월 제2차 세계대전 항복 후 샌프란시스코 조약을 거쳐 1952년 4월 완전한 주권을 회복할 때까지 약 7년간 미국의 지배를 받은 기간일 것이다.

일본은 또한 중국 주변의 나라로서 중화 질서에 편입되지 않은 거의 유일한 나라다. 7세기 초 쇼토쿠 태자는 수양제에게 "해 뜨는 곳의 천자가 해 지는 곳의 천자에게…"라는 국서를 썼다. 도요토미 히데요시가 조선에 대하여 명나라를 치기 위해 길을 비켜 달라는 요구도 그저 막연한 허풍만은 아니었다. 임진왜란 초기 왜군이 서울을 점령하자 히데요시가 천황을 북경으로 옮기려 했던 기록이 그의 명령서에 남아 있다.[3] 그는 중국 정복 후 인도와 동남아까지 정복할 계획을 갖고 있었다.[4]

일본은 아시아에 속하면서도 전혀 아시아 같지 않은 나라다. 이들이 메이지 유신 때 탈아입구를 외치며 아시아의 색깔을 빼려고 했기 때문만은 아니다. 고대나 중세의 역사를 보면 태생부터 그렇다. 7세기 일본에 도입된 중국식 제도는 천황을 중심으로 한 중앙집권 정부를 탄생시켰으나 그 이후 무사 통치로 인해 봉건제가 수립되었다. 이것은 봉건제에서 출발해 군현제를 중심으로 하는 중앙집권제로 나아간 중국과는 반대 흐름이다.[5]

1871년 메이지 시대 초빙사로 일본에 와서 에치젠越前의 교육 고문을 역임하고 1876년《미카도 제국》을 써서 일본을 미카도 제국으로 불리게 한 윌리엄 엘리어트 그리피스William Elliot Griffis가 1907년 쓴《발전도상국 일본》에서 이렇게 말했다. 여기서 그는 이미 중국의 약점과 일본의 강점을 간파해 내었다.

> "일본에는 중국 문명 외에 히타이트, 히브류, 로마, 그리스 문명이 다 들어와 있다. 6~12세기 당, 송의 중국 문명은 지구상에서 가장 찬란한 문명이었고 일본도, 중세 유럽도 그 수혜자였다. 그러나 단일적, 토착적 문명을 고집하는 중국인은 호기심 없고 불민한 상태로 머물렀지만, "채용과 적응"의 달인인 일본인은 또 다른 오리지널이랄 수 있는 새로운 시스템을 개발해 내었다. 그들은 전혀 중국적이거나 몽골적이지 않다. 유교를 맹목적으로 받아드리는 것을 거부했고, 모든 신학과 철학에 기모노를 입혔다.[6]

신도라는 고대 전래 민속을 국가 종교로 발전시킨 것도 세계 종교사에서 그 유례를 찾아볼 수 없다. 신도는 많은 자연신을 숭배하던 것에서 벗어나 모든 일본인이 하나가 되도록 천황의 지붕 아래 결합하는 국가 신앙이 되었다. 불교 승려가 머리도 깎지 않고 결혼도 한다. 바로 일본 불교 종파 가운데 가장 많은 신도 수를 가진 정토진종이다. 일본의 독자적인 신불교다. 마치 가톨릭에 대항하여 일어난 프로테스탄트와 흡사하다. 호넨과 신란의 신불교가 마르틴 루터의 종교개혁보다 300년 이상 앞섰다. 그들은 극락왕생하기 위하여 기도하는 게 아니다. 아미타불을 믿는 모든 인간은 극락왕생한다. 이런 점에서는 칼뱅의 예정설에 가깝다.

주자학이 정통이던 도쿠가와 시대에도 주자학에만 치우치지 않았다. 오히려 지행합일을 강조하는 양명학이 성행하여 존왕론과 메이지 혁명의 단초를 제공하였다. 일본인은 세상의 모든 종교와 사상 가운데 합리적이라고 생각되는 것을 취하고 불합리하다고 생각되는 것은 버렸다. 필요한 것만 골라 받아들이면서 양쪽에서 모두 이단시되는 결과를 낳았다. 그래서 일본은 주자학의 이단이며 서구 기독교 문화의 이단이다.[7] 중세에 이미 백성 소유의 구니國가 탄생했고 그 체제가 1백년이나 계속되었다.[8]

1549년 스페인의 선교사 프란시스코 사비에르가 인도와 말라카를 거쳐 가고시마에 왔다. 그는 "이 나라 국민은 내가 지금까지 만난 민족 가운데 가장 뛰어나다."라고 했다. 그가 일본인을 높이 평가한 이유는 첫째, 고도의 정치, 사회적 제도, 둘째, 뛰어난 학문, 셋째, 낮은 문맹률이었다.[9] 17세기 중엽 네덜란드에서 발간된 베른하르두스 바레니우스Bernhardus Varenius의 《일본국 관찰》을 보면, 지식 활동

과 기술 면에서 일본이 유럽보다 열등하나, 인도나 조선보다는 앞선다고 했다.[10]

메이지 유신 정부가 해외로 눈을 돌려 '웅비해외론'을 내세우며 "만 리의 파도를 뚫고 나가 사방에 국위를 선양한다."라고 했지만, 일본인들은 이미 센고쿠 시대에 '대항해 시대'라는 세계화의 큰 흐름에 합류하였다. 해외 진출에 매우 진취적이었으며 항해술은 중국은 물론 자바나 말레이, 사이앰을 드나들 정도로 발달했다. 막부의 해금령도 그들의 항해를 멈출 수 없었다. 16세기 초에 벌써 많은 일본인이 인도에서 용병 생활을 했고, 1515년 네덜란드가 반다 제도를 공격할 때 일본인들이 참전했다. 1636년 사이앰 주재 네덜란드 상관의 보고에 따르면 사이앰 국왕은 많은 외국인 용병 중에 약 600명의 일본인 용병을 고용하고 있었다.[11]

야마다 나가마사라는 사무라이는 17세기 초 대만과 사이앰을 오가며 무역하였고, 사이앰 국왕의 경호대로 들어가 스페인 함대의 침공을 물리치고 아유타나 왕조의 공주와 결혼하여 부왕副王의 지위에까지 올랐다.[12] 당시 사이앰에 벌써 많은 일본 상인이 주재하고 있었고, 캄보디아의 앙코르와트 유적에는 당시 일본인이 남긴 낙서가 남아 있다.[13]

17세기 초에 센다이 영주 다테 마사무네伊達政宗가 유럽에 파견한 하세쿠라 쓰네나가支倉常長가 로마에 가서 받은 명예 로마시민증은 유네스코 세계문화유산에 등재되었다.[14] 그는 1613년 센다이를 떠나 태평양, 쿠바, 대서양, 세비야를 거쳐 로마까지 갔고 그곳에서 로마교황 바오로 5세를 알현한 후 다시 일본으로 돌아왔다. 7년에 걸친 대항해였다. 그는 센다이 오오사토 마을의 고향에 묻혔다. 마을의 어린이들은 쓰네나가의 노래 "타 오르는 희망을 품고, 우리는 항구를 떠났네!"를 합창하며 아침을 시작한다.[15]

18세기의 에도는 연간 80만 통의 사케, 10만 통의 간장, 1,800만 개의 장작 꾸러미를 수입하고, 6백 개의 책 대여소와 6천여 개의 음식점을 갖게 된다. 1731년 에도의 인구는 100만을 넘었다. 인구의 절반은 상인과 장인들이었다. 메이지 유신 직전인 1850년과 1860년대 일본 농민의 삶이 얼마나 풍요로웠는지는 당시 일본 주재 외교관들의 목격담을 통하여 알 수 있다. 영국의 초대 총영사인 러더포드 앨코크는 간토평야를 둘러본 후 "평화, 풍요, 만족"을 극찬하였고, 휴 미트포드 서기관은 가가加賀 지방을 둘러본 후 그 풍요로움이 놀랍다면서 이보다 더 행복한 백성을 찾기 힘들것이라고 했다.[16]

일본인의 높은 수용성과 감수성은 모방적이라기 보다는 오히려 매우 독창적이다.[17] 일본에는 한국이나 중국에서 볼 수 없는 독특한 제도나 전통이 많다. 과거제도, 환관, 족외혼, 일부다처제, 역성혁명 사상, 전족이 일본에는 없다. 반면에 막부와 사무라이, 문상紋章 같은 것은 일본에만 있다.[18] 세상의 모든 나라는 고유하지만 일본은 고유함으로 가득한 보고다.[19] 일본인들은 절제할 줄 알고 활기가 있으며 용감한 민족이다.[20] 일본인들의 문화, 예술 감각은 세계 어느 나라, 어느 민족보다 월등히 높다. 나는 일본의 정원을 볼 때마다 일본인에 대한 존경심을 감출 수 없다.

일본 역사 개관(듀아르키를 중심으로)

일본의 고대는 문자 기록인 기기記紀(고사기, 일본서기)가 출현한 8세기를 전, 후로 구분해 볼 수 있다. 8세기 전 정복 민족이 일본 열도에 정착하였고, 그 후에는 원주민이었던 아이누족을 통합해 나가는 과정에서 힘이 커진 무사가 역사의 전면으로 등장했다. 무사와 봉건 세력의 부상으로 천황의 힘은 약해졌고, 이후 천 년간 일본의 정치체제는 천황과 쇼군의 양극을 정점으로 하는 듀아르키Duarchy가 자연스럽게 정착해 나갔다. 그리피스는 듀아르키가 마치 우주의 원심력과 구심력이 밀고 당기는듯한 자연 현상을 닮았다고 설명했다.[21]

일본 열도의 원주민은 아리안계(백인)로 분류되는 아이누족이었다. 아이누족은 인도 데칸고원의 토다족이나 호주의 원주민과 친척관계라는 주장도 있다.[22] 여기에 남방으로부터 말레이족이, 한반도로부터는 몽골계 기마민족이 밀려들면서 아이누족을 점차 동북지방으로 밀어냈고 상시적인 무장 병력을 갖춘 군대가 이 임무를 맡게 되었다. 천황의 호위무사이며 아이누족 정벌을 위하여 동북지방 전진 기지에 파견된 군사령관이 정이대장군이었다. 801년 타무라, 그리고 1192년 요리토모가 정이대장군에 임명되었다. 10세기 전까지 모든 군사 권한이 궁정으로부터 빠져나왔다. 이제 그가 군사력을 등에 업고 점차 천황을 무력화하고 권력의 정점에 올라서면서 막부를 창시한 쇼군이 나타났다.

중세로 접어들어 1185년 시모노세키 간몬 해협의 단노우라 해전에서 겐페이 쟁란의 승부가 결정되면서 승리한 미나모토 요리토모가 가마쿠라에서 일본 최초의 무가 정권을 세웠다. 하지만 그의 급사 이후 1200년부터 외척인 호조 가문의 지배가 130년 동안이나 이어진 후 1333년 천황파인 닛타 요시사다가 난공불락이라는 가마쿠라를 함락시켰다. 이렇게 고다이고 천황이 권토중래하여 권력을 찾아왔지만 3년만에 아시카가 다케우지의 배신으로 천황이 요시노로 숨어들면서 일본 역사에서 두 명의 천황이 등장한 남북조 시대가 시작되었고, 아시카가에 의한 무가 정권(무로마치 막부)이 재개되었다. 남북조, 무로마치 시대는 약 240년 간 지속되었다.

1467년 오닌의 난이 시작되었고, 전국의 슈고 다이묘들이 발호하면서 약 140년 간 센고쿠 시대가 막을 연다. 오다 노부나가가 무로마치 막부의 마지막 쇼군인 아시카가 요시아키를 교토에서 쫓아내면서 천하통일의 목전에 다가갔지만, 그가 부하인 아케치 미쓰히데의 배신으로 생을 마치면서 도요토미 히데요시가 다시 통일 군주로 올라섰다. 그러나 1600년 수급 4만 개가 땅에 떨어진 세키가하라 전투와 1615년 오사카성 여름 전투를 거치면서 도쿠가와 이에야스가 최종적인 승자로 자리매김했다.

그가 에도에 세운 막부는 "중앙집권화된 봉건제"로 수도와 지방이 함께 발전하면서 현대 일본으로까지 이어지는 국가 번영의 기초를 닦았다. 에도 막부는 명예로운 고립을 선택한 가운데 260년 간 평화를 지켰지만, 1853년 페리 제독에 의한 개국으로 위기를 맞았다. 결국 1868년 조슈, 사쓰마, 도사, 히젠을 주축으로 하는 존왕양이파에게 권력을 넘겨주면서 하늘이었던 쇼군이 사라지고, 땅이었던 천황이 올라섰다. 메이지 유신이었다. 이로써 천 년만에 일본의 지배 체제였던 듀아르키를 끝내고 중앙집권군주제를 실현했고, 봉건제도 폐지하였다. 50여 명의 메이지 유신 지도자들은 국가를 재건하고, 중국, 러시아와의 전쟁을 승리로 이끌어 일본을 일약 세계 강대국의 반열에 올려 놓았다. 이것은 16세기 유럽에서 네덜란드의 부상과 비교할 만하다.[23]

현대 일본의 발전은 그들의 리얼 스토리를 아는 사람들에게는 결코 놀라운 것이 아니라며 그리피스는 이렇게 말했다.

> "드높은 이상, 엄격한 훈련, 그리고 간소한 생활로 특징 지워졌던 옛 일본인의 인생에서 스파르타, 스토익, 그리고 캘비니스트의 단면을 볼 수 있다. 야마토 지역과 원시적인 천황제가 출발한 곳은 매우 작았다. 그들은 중세를 거치면서 양적으로나 질적으로 성장해 나갔다. 일본은 과학과 세련된 기술을 습득하였고 여기에 전통적인 덕과 힘을 보태어 세계의 강대국이 되었다."[24]

일본의 역사를 돌이켜 볼 때 일본은 늘 세계 강대국과 관계를 맺어왔다. 7세기 견당사 파견을 계기로 세계 최대의 제국 당과 연계를 맺었고, 663년 백촌강 전투로 한반도에서 철수하기 전까지는 문화 강국 백제와 동맹관계를 유지했다. "대륙 백제설"에 따르면 당시 백제는 왕과 제후를 거느린 대제국으로서 고구려와 함께 동북아의 패권을 다투었다.[25] 백제는 문자, 유교, 불교, 역법, 건축, 공예술을 전해주어 일본이 통일국가로 발전하는 기반을 제공했다. 16세기 "기독교의 세기"가 되었을 때는 당시 세계 최강국 포르투갈, 스페인과 100년 간 교류하였고, 그 뒤를 이은 네덜란드와는 200년 이상 교류하였다. 20세기 들어와서는 "해가 지지않는 나라" 영국과 2차에 걸친 동맹을 맺었고 2차 대전 후 팍스 아메리카나의 시대가 오자 미국과 동맹국이 되어 오늘에 이르고 있다. 세계사에서 보기 드문 외교 강국이다.

문명사 연구의 세계적인 석학 재레드 다이아몬드Jared Diamond는 지금의 일본인이 고대 한국계 이민의 후손일 가능성이 크다고 했다. 그는 고대 일본이 만 년 동안의 조몬 시대보다 700년간의 야오이 시대 동안 인구가 70배나 증가하는 등 훨씬 더 근본적인 변화를 겪었다면서 벼농사를 짓는 철기문화의 한반도인들이 일본열도로 건너와 수렵문화의 조몬인들을 몰아내었다고 설명한다. 결론적으로 지금의 일본인은 토착 조몬인이 진화한 게 아니라 한반도에서 건너간 이민자들의 후손일 개연성이 크다.[26] 기원전 5세기 무렵 한반도와 가까운 북규슈에서 벼농사가 시작되어 그 후 약 100년 동안 세토내해 연안에서 긴키 일대, 나아가 노비 평야를 거쳐 간토 지방으로까지 퍼져나갔다. 도래인의 대규모 이주가 아니라면 이런 벼농사의 전파 속도는 설명이 불가능하다.[27] 최근에는 유전학과 생체학의 발전에 힘입어 이런 주장들이 과학적으로도 증명되고 있다. 한 · 일 간 고대 관계사는 이러한 인종적 연관성으로부터 출발한다.

이것은 앵글로 색슨이나 노르만에 의한 영국 지배, 그리고 스페인의 "콩퀴스타도로"에 의한 중남미 정복과 유사한 현상이다. 5세기 초 로마군이 영국에서 철수한 이후 덴마크의 유트족이나 북독일의 작센족 등이 이주하면서 기존의 켈트족과 브리튼계 로마인들의 땅이 게르만족의 지배로 바뀌었다. 언어도 켈트어와 라틴어가 사라지고, 오늘날 영어의 기초가 되는 게르만어가 자리 잡았다. 켈트족 문화는 웨일스, 스코틀랜드, 아일랜드 등 변방으로 밀려났다. 게르만족의 영국 정복은 단순한 침략이 아니라, 영국의 정치적, 문화적, 언어적 변화를 가져온 일대 사건이었다. 이로 인해 잉글랜드의 기원이 형성되고, 영어가 태동하면서, 중세 유럽의 중요한 기독교 국가로 발전하는 계기가 마련되었다. 1066년 노르만 콩퀘스트도 잉글랜드의 정치, 경제, 사회구조를 다시 한번 뒤흔들었다. 일본의 국가 형성 과정에서 보여준 한반도인들의 기여는 게르만인이나 노르만인이 영국사에 끼친 역할과도 같은 지대한 것이었다.[28]

한반도에서 온 고대 기마 전사들이 야마토 평원으로 이동하여 일본 현지 주민들을 지배하면서 사실상의《코리언 콩퀘스트》가 일어났다는 관찰은 고고학적 증거와 많은 학설로 뒷받침 되고 있다. 다만, 이것이 대략 6세기 말 스이코 천황 때가 되어서야 시작한 것으로 보이는 일본의 역사시대[29] 이전에 일어났기 때문에 영국이나 중남미에서 일어난 지배계급의 교체만큼 두드러지지 않았을 뿐이다. 1948년《기마민족 정복왕조설》을 발표한 에가미 나미오 도쿄대 교수나 일본학의 황제라는 에드윈 오 라이샤워Edwin O. Reischauer[30]가 그 선두에 섰다. 한국 문화를 사랑한 존 카터 코벨Jon Carter Covell 여사, 한국인이 일본에서 처음으로 강력한 중앙집권국가를 만들었다는 개리 레저드Gari Ledyard,[31] 미국의 고고학자로 일본의 고분 발굴에도 직접 참여한 에드워드 키더Edward Kidder 교수,[32] 그리고 최근《말의 세계사》를 쓴 인류학 박사인 피타 켈레크나Pita Kelekna도 똑같은 주장을 펼치고 있다.[33]

전후 1948년 에가미 나미오江上波夫 교수가 발표한《기마민족 정복왕조설》은 당시 황국사관이나 야마토 중심 사관에 얽매여 있던 일본 사학계에 신선한 충격과 함께 격렬한 논쟁을 불러일으켰다. 그가《기마민족 정복왕조설》을 주장하게 된 직접적인 계기는 전후 동일본에서 말 매장지와 마구 등 부장품이 대량 발굴되었는데, 5세기 경의 이 출토물들은 종전의 고분 시대와는 연속성이 없는 급작스런 것이었기 때문이다. 이들은 한국에서 발굴된 출토물들과 분명하게 동일한 특질을 가지고 있었다. 그의 주장이다.[34]

"퉁구스계 기마민족인 부여족의 진辰 왕조가 만주 송화강 유역에서 한반도 남부까지 내려와 토착민을 정복하고 금관가야를 세웠으며, 다시금 바다를 건너 쓰시마, 이키섬을 거쳐 북규슈를 정복하여 '한왜연합왕국'을 세우고 기나이 지역까지 진출하였다.

가야에서 넘어온 진 왕조가 왜국을 합병하였기 때문에 새로운 국호가 필요해졌고, 가야에서 볼 때 동남쪽에서 해가 뜨는 곳이라 하여 이 한왜연합왕국을 일본이라고 명명했다. 따라서 가야에 있었던 수도를 일본부라고 불렀다.

한왜연합왕국의 창시자는 제10대 수진왕이며 그 이전의 왕들은 가공의 인물이다. 제15대 오진왕 때 기나이로 진출하여 실질적으로 야마토 정권을 수립했다. 수진왕이 칭기즈칸이라면, 오진왕은 쿠릴타이다.

수진왕 때까지는 수도를 가야에 두고 있었다. 언젠가는 가야 고분 중에 수진왕의 무덤이 발견될 것이다. 지금 일본 천황의 가계는 가야에서 건너간 기마민족 진 왕조의 혈통이다. 진 왕조의 또 다른 분파가 마한으로 들어가 백제를 세웠다. 이것은 중국 하남성에 있는 의자왕의 아들 부여융의 묘지명에 새겨진 '백제진조百濟辰朝'라는 글자로 명확해졌다.

기마민족의 특성상 새로운 땅을 획득하기 위하여 떠나는 쪽이 본가이며, 옛 땅에 남는 쪽이 말가(또는 분가)이기 때문에, 일본으로 건너가서 한왜연합국을 세운 분파가 본가이며 백제가 말가다. 한왜연합왕국인 야마토 정권이 백제 멸망 후 대거 지원군을 보낸 것도 같은 진 왕조 국가이기 때문이다."

이 주장의 핵심은 일본 최초의 중앙 권력 집단인 야마토 왕조가 북방기마민족을 주축으로 하는 한반도 도래인에 의해 세워졌다는 것이다. 그는《임나일본부설》도 근본적으로 부정한다. 다만, 야마토 왕조 건국자들이 한국인이라기 보다는 북방기마민족이라는 점에 방점을 찍고 있지만, 부여, 고구려, 백제가 그 뿌리를 북방기마민족에 두고 있으며 신라와 가야의 지배층도 북방기마민족의 후예라는 점에서 그가 북방기마민족과 한반도인을 굳이 구분하려는 시도는 무리해 보인다.

나미오 교수는 그의《기마민족 정복왕조설》이 나온 지 45년 만에 다시 책을 내어 가설로 출발한 자신의 주장이 1990년 김해 대성동 고분의 발굴로 완벽히 입증되었다고 했다. 대성동 고분에서 목곽묘, 순장자, 오르도스형 동복(솥), 호형 대구가 출토되어 북방 유목민의 묘제임이 밝혀졌고, 또한 후지노키 고분의 금동관이 아프가니스탄 금동관과 매우 유사한데서 보듯이 북방, 한반도 남부, 일본을 아우르는 기마민족의 자취가 뚜렷하다고 했다.[35]

이시와타리 신이지로는 한 걸음 더 나아가《일본인 단일민족론》을 반박하고 고분시대에 도래해 온 한반도 남부 사람들이 일본의 고대국가를 건설했다는 주장을 펼쳤다.[36]

> "곤다야마 고분(오진릉)의 연대는 500년 전후, 다이센 고분(닌토쿠릉)의 연대는 510년 전후로 추정된다. 현대 일본인의 주류가 된 한반도 남부 사람들이 가장 많이 도래해 온 시기는 고분시대 중, 후기인 5세기 3/4분기부터 6세기 중반까지다."

> "일본의 고대 국가를 건설한 것은 고분 시대에 도래해 온 한반도 남부사람들이다. 가라

(가야)계 집단이 전기 고분문화를, 백제계 집단이 5세기 말 이후 고분문화를 가져왔다. 콘다야마 고분의 피장자는 5세기 후반 도래해 온 백제의 왕자 곤지다. 그는 가라계 스진왕조의 데릴사위가 되어 왜국의 왕위에 올라 5세기 말 야마토왕조를 수립하였다. 다이센 고분의 피장자는 게이타이 천황이며 게이타이는 곤지의 동생이다."

이것은 1978년《일본의 고대국가 형성》을 쓰고, 백제 도래인 오진, 닌토쿠 천황의 고대국가 건설을 주장한 와세다 대학의 미즈노 유水野祐 교수와 이를 지지한 도쿄 대학의 이노우에 미쓰사타井上光貞 교수의 맥을 이은 것이다.[37] 이렇게 볼 때 일본 황실의 만세일계 주장은 일본사의 출발을 한반도로부터 건너간 도래인의 역사로부터 시작해야만 가능할 것이다.

우리나라에서는 강단사학의 원조로 알려져 있는 쓰다 소키치津田左右吉는 일본 실증사학의 선구자였다. 그는 기기記紀를 비판하면서 제15대 오진 천황 이전의 황실 계보가 당시 조정의 정치적 목적으로 조작되었다고 주장하였다. 제22대 세이네이, 24대 닌겐, 25대 부레츠 천황도 실재하지 않았고 진무의 동정과 진구황후의 삼한정벌설도 부정하였다. 그는 천황에 대한 불경죄로 기소되어 1942년 금고 처분까지 받았지만 전후 그의 주장은 통설로 받아드려지고 있다.[38]

이런 맥락에서 이시와타리 신이치로는《일본서기》가 초대 진무부터 9대 가이카까지 가공의 천황을 만들고 그 시기도 수백 년씩 끌어올렸는데, 이것을 5세기 말에 일어난 백제계의 야마토 왕조 수립을 은폐하기 위한 것으로 설명한다.[39] 이제 일본 열도의 지배자가 4~5세기에 걸쳐 가야계와 백제계의 한반도인으로 바뀌었다는《코리언 콩퀘스트》는 좀 더 분명해졌다.

한 · 일 고대 관계사가 갖는 의미

고대 한국과 일본은 우리의 상상 이상으로 가까웠다. 일본 열도 서부와 한반도 사이를 잇는 해상 세력의 활동이 이미 신석기 시대인 조몬 시대에도 있었다는 것이 밝혀졌다.[40] 고대 한반도와 일본 열도 간의 인적, 물적 교류는 마치 한 나라인 것처럼 활발했다. 문화는 수준이 높은 곳에서 낮은 곳으로 흐르기 마련이다. 이 기간에 한국에서 일본으로 문화가 넘어갔다. 나카쓰라 아키라中塚明 교수는 이렇게 말한다.

> "일본의 고대는 한국으로부터 커다란 영향을 받았다. 이는 부정할 수 없는 역사적 사실이다. 고분 시대에 해당하는 5세기의 선진 기술은 대부분이 한국에서 온 이주민을 통해 전해졌다. 문자, 유교, 불교의 전래는 물론이고 최근 새롭게 발견된 아스카무라明日香村의 거북형 석조유물을 살펴보더라도 한국으로부터의 영향을 반영한다. 일본 최초의 본격적인 사원인 아스카데라飛鳥寺의 가람 배치는 고구려 사원과 흡사하고, 기와는 백제 양식이다. 특히 백촌강 전투 이후에 일본에 정주한 백제의 귀족과 지식인들은 고대 일본의 학술, 사상, 문학을 일거에 바꾸었다."[41]

일본을 넘버원 국가로 치켜세운 에즈라 보걸은 5세기에 한국의 군사력이 일본보다 앞선다고 했다. 일본은 고구려로부터 말 타는 법을 배웠고, 6세기까지 문자가 없었고 승려들과 정치 지도자들마저 문맹이었으며, 6세기 중반에 한국인들이 일본으로 건너가 불상 제작과 사찰 건축에 참여하고 일본 공예가들을 교육하기 시작했다고 했다.[42] 윌리엄 그리피스도 이렇게 말했다.

> "진구 황후의 이야기가 어느 정도까지 진실인지는 정확히 말하기 어렵다. 그 연대는 믿

을 만한 것이 못 된다. 서력기원 이전의 시대에도 신라가 일본보다 훨씬 더 우월했다는 것만은 적어도 틀림없는 사실로 보인다."[43]

그럼에도 일본의 메이지 정부는 국수주의, 제국주의 국가 노선을 펼치면서 3세기 초 진구 황후의 삼한 정벌이나 임나일본부설 같은 주장이나 기억을 끌어내어 확산시켰다. 일본의 고대사 왜곡은 조선 멸시관으로 이어졌고, 도쿠가와 막부시 조선과의 평화적인 왕래 상태에서도 조선 멸시관이 마치 지하수와 같이 지속되었다는 사실은 주목할 만하다.[44] 급기야 정한론이 나왔고 한국은 일본의 식민지가 되었다. 역사 왜곡이 전쟁으로 비화한 사례는 멀리 갈 것도 없이 지금도 포성이 울리고 있는 러시아의 우크라이나 침략 전쟁에서도 볼 수 있다. 푸틴은 988년 성 루스Holy Rus 발데마르 군벌이 키예프에서 개종한 역사적 사실로부터 우크라이나 침략을 정당화하려고 한다.[45] 중국의 동북공정도 마찬가지로 매우 위험한 주장이다.

대략 6세기 전 시기에 대한 일본 역사 기록의 신뢰성이 크게 떨어진다는 데에 많은 학자들이 동의한다. 그것은 8세기 초에 나온 기기의 기록이《백제본기》등 일부 한국인들의 역사서를 근거로 했지만, 많은 부분이 인간의 기억에만 의존했기 때문이다. 그럼에도 전설이건, 역사건 기기의 많은 기록이 일본인들의 역사 인식의 일부로 남아 있다는 것도 엄연한 사실이다.[46] 한편 1990년 대 만요슈 풀이를 조선일보에 연재하고《노래하는 역사》를 발간한 이영희 작가는《일본서기》가 어느모로는 "정직하게 거짓말하는 역사책"이라고 했다. 왜곡서이기는 하나 어느 구석인가는 반드시 진실의 힌트를 박아 놓았기 때문이다.[47] 그는《만요슈》,《고사기》와《일본서기》,《풍토기》등 일본 고대사 문헌에는 우리 옛말이 무수히 숨어 있다고 했다. 특히 신들의 이름과 지명, 인명, 직관명의 태반은 우리말 이라는 것이다.[48] 그는 우리말과 우리 역사의 보물 창고는 일본에 있다고 했다.

그러므로 고대 한 · 일 관계사에 대한 정확한 이해와 함께 그 속에 녹아든 우리 역사를 발굴하기 위한 작업은 현실적으로도 매우 필요하다. 아울러 한 · 일 관계사를 바라보는 보다 관용적인 마음가짐 또한 요구된다. 천 년도 더 넘은 과거에 우리 문화가 우월하여 일본을 선도했다 하더라도 흘러간 과거지사일 뿐이다. 문화란 현지에서 융화, 새창조 과정을 거치기 마련이며, 문화는 결국 나누는 것이다.

《일본의 굴레》를 쓴 태가트 머피Taggart Murphy는 일본의 문화나 제도에서 한국적 요소를 찾아내려는 시도는 양국 간의 오랜 역사적 구원 때문에 심각한 논쟁을 불러일으킨다고 했다. 그는 이렇게 말했다.

> "일본이 대륙으로부터 받아들인 것의 상당 부분은 중국보다 훨씬 작은 나라인 한국이라는 필터를 통해 걸러져 들어왔다…. 그중에 어디까지가 한국 것이고, 어디까지가 중국 것이고, 또 어디까지가 더 멀리서 온 것인지를 구분하려는 것은 대체로 부질없는 시도다."[49]

제1부

일본 역사의 현장을 찾아서

▲ 가마쿠라 다이부츠(대불)

14일간의 여정, 첫 목적지 고베

▲ 고베 하버랜드 야경

3월 18일 아침, 인천공항을 출발하여 비행시간 1시간 10여 분 만에 오사카 간사이공항에 도착하니 여행사의 대형 버스가 대기해 있다. 안락함은 확실히 패키지여행의 장점이다. 공항에서 고베로 직행, 첫날 반나절 동안 고베를 둘러보았다. 로코산六甲山 정상부 가든 테라스에서 내려다보이는 고베 항만의 정경을 즐긴 후 메이지 시대 서양 무역상들이 살았던 기타노 지역의 이진칸異人館 거리, 등신대 인형을 사용, 옛 주조 공정을 실감 나게 보여주는 하쿠츠루 주조 자료관, 그리고 레스토랑과 카페가 몰려 있는 하버랜드 모자이크를 돌아보고 숙소로 돌아왔다. 이날 비행기도 타고 2만 보 가까이 걸었지만 전혀 피곤하지 않았다. 역시 여행은 즐거운 것인가 보다.

서양식 건물, 이진칸이 늘어선 기타노 지역

1868년 1월 고베항이 개항한 이래 구획이 정비된 외국인 거류지가 만들어졌고 이곳에 서양식 양옥(이진칸)이 들어서면서 지금의 기타노 지역 이진칸 거리가 생겨났다. 이곳에는 1909년 지어진 고트프리트 토마스Gottfried Thomas라는 독일의 무역상이 살았던 집 외에도 유럽식 건축물들이 수십여 채가 보존되어 있다. 토마스가 살았던 집은 뾰족하게 솟은 지붕 위에 수탉 모양의 풍향계가 있어 '가자미도리노 야카타風見鶏館'로도 불린다. 기타노 지역에는 지금도 가톨릭, 프로테스탄트, 유대교, 러시아 정교회 등 다양한 종교 공동체가 있다. 보스니아 내전 직후인 1996년 내가 방문했던 사라예보에도 다양한 종교 공동체가 있다. 이곳에서 모스크는 물론, 성당, 교회, 그리고 시나고그도 볼 수 있었다. 하지만 이런 다민족 사회는 언제나 갈등을 안고 산다. 갈등이 폭발하면 내전으로까지 번진다. 사라예보가 바로 그런 곳이다. 기타노마치 광장까지 오가는 길에는 많은 외국인 관광객들로 북적

▲ 니시무라 커피 나카야마테 본점

였다. 건물에서부터 레트로 감성이 흠뻑 묻어나는 백 년 역사의 니시무라 커피점과 백 년도 넘은 건물을 리모델링한 기타노이진칸 스타벅스도 여기에 있다.

양이를 유신으로 바꾼 격동의 개항장

고베는 로코산의 산세가 그대로 급격하게 떨어져 만들어진 깊은 수심을 가진 천연의 양항이다. 고베의 옛 이름은 효고兵庫였다. 효고는 옛 수도였던 나라와 교토의 인근 항만으로 헤이안 시대 천황의 사절이 중국으로 떠나던 항구였다. 일본 국내의 동서 항로와 대륙을 잇는 거점으로 고대로부터 발전한 일본 최초의 국제무역항이었지만, 16세기에 들어와 사카이와 나가사키에 그 자리를 물려주어야 했다.

1180년 겐페이 전쟁의 와중에서 2살짜리 안토쿠安德 천황이 그의 외조부이자 셋쇼(섭정)였던 타이라노 키요모리의 손에 이끌려 피신차 5개월 동안 이곳에 머물기도 했다. 이렇듯 천황이 잠시 머물다 간 곳이지만 이곳도 일본의 옛 수도 후쿠하라쿄福原京로 역사에 기록되고 있다. 도쿠가와 막부 시절에는 막부의 직할도시였고 메이지 유신 직전 막부에 의해서 사카이와 함께 1868년 1월 서양에 문을 연 개항장이었다. 1858년 막부가 미국과 맺은 수호통상조약상의 개항 약속에도 불구하고, 조정의 반대로 개항이 지연되어 온 고베의 개항은 유신의 와중에서 막부 측의 한 차례 값진 승리였다.[50]

하지만 개항 직후 1868년 2월 발생한 '고베 사건'은 일본의 권력이 막부에서 메이지 유신 세력으로 넘어갔음을 알렸다. 고베항을 경비하던 비젠번(오카야마현) 병사들이 그들의 대오를 가로지른 프랑스 수병을 공격하여 총격전으로까지

▲ 기타노 광장에서 내려다보이는 고베시. 오른편 서양식 건물이 고트프리트 토마스의 집

비화되었지만, 비젠군의 책임자인 타키 젠자부로湧善三郎의 할복 처분으로 일단락 되었다. 메이지 신정부는 대정봉환 후 불과 수 개월 만에 맞닥뜨린 이 사건에서 막부를 대신하여 외교 전선에 나서게 되었음을 구미 열강에 알렸고, 기존의 양이 정책을 개국 화친 정책으로 바꾼 계기가 되었다.

고베는 가쓰 가이슈勝海舟가 도쿠가와 막부 최초의 해군조련소를 설치한 곳이다. 그는 1860년 일본 최초로 스쿠류를 장착한 간린마루咸臨丸의 선장으로 막부의 미국사절단과 함께 미국을 갔다 오면서 근대적 해군 양성의 필요성을 절감하였고, 막부를 설득하여 1864년 고베에 선박 공창을 갖춘 해군조련소를 설치하였다. 이때 사카모토 료마板本龍馬가 그의 조수로 해군조련소 설치 사업을 도왔다. 일본 역사상 제일의 영웅이라는 사카모토 료마는 개국론자인 가쓰 가이슈를 암살하려다가 오히려 그에게 설복되어 그를 따르게 되었다는 일화를 남겼다.[51]

1899년 8월 고베 관함식에 참석한 독일군의 빌헬름 폰 리히트호펜Wilhelm von Richthofen 남작은, 교토가 역사가 충만한 도시임에 비해서 고베는 활기찬 상업과 산업 활동의 중심지이자 꾸준히 성장하는 국제 해운의 도시라고 평가했다. 당시 관함식에는 천황의 임석하에 18척의 전함과 순양함, 그리고 24척의 구축함이 퍼레이드를 벌였다. 여기에는 프랑스, 러시아 전함도 참여하였다.[52]

1995년 한신 대지진의 기억

1995년 1월 진도 7.3의 대지진이 이 도시를 덮쳤다. 고베에는 지반이 약한 매립지가 많아 피해가 더 컸다. 25만 호 이상이 피해를 입었고 6,400여 명이 사망했다. 당시 고베 총영사관에서 근무했던 외교부 동료는 잠을 자다가 침대에서 튕겨 나가듯 떨어졌지만, 운이 좋아 다치지 않고 살아남았다고 했다. 항만의 하버랜드에서 당시 무너져 내린 철근콘크리트 더미를 볼 수 있었다. 한신 대지진은 그동안 일본인이 가져왔던 일본의 건설 안전기준에 대한 신뢰를 산산조각 낸 일대 사건이었다. 고베시는 물론 중앙정부도 위기관리 절차나 제도가 미비했던 것으로 드러났다. 미국의 연방재난관리청에 해당하는 기관도 없었다.[53] 나도 자카르타 근무 시 두어 번 지진을 경험했다. 인도네시아도 일본과 함께 환태평양 '불의 고리'에 속하는 지역이다. 지진의 공포는 겪어보지 않은 사람은 제대로 실감할 수 없을 것 같다. 한 번은 아파트에서 식탁 위 전등이 뎅그렁거리며 흔들렸고, 또 한 번은 호텔에서 패닉에 빠진 사람들이 소리를 지르며 계단과 복도로 몰려나왔다. 그럴 때는 말 그대로 혼이 나간다.

한국도 이젠 지진으로부터 안전지대가 아니다. 20여 년 전부터 우리 건물에도 내진 설계를 하도록 하였는데 건축시 어떻게 이행되고 있는지, 또 실제로 얼마나 효과가 있을지 궁금하다. 일본의 건물들을 보면 상당히 단단한 느낌이 든다. 전반적인 건설 안전기준이 상당히 높을 것 같다. 물론 건축비도 그만큼 더 들겠지만 지진 시 보험 비용 정도로 생각한다면 기꺼이 지출할 수 있지 않겠나. 우리 건물들은 내진 설계가 의무화된 이후에도 적어도 외형적으로는 그전의 건물들과 별 차이가 없어 보이고, 시공회사들의 특별한 설명이나 홍보도 없어 여전히 의구심이 가시지 않는다.

건축의 나라 일본

일본의 도시 공공 시설물이나 건물들은 주변 경관과도 잘 어우러져 조화롭다는 느낌이 든다. 고층 건물들이 늘어선 곳에선 어김없이 매끈한 스카이라인을 볼 수 있다. 도쿄의 고쿄가이엔皇居外苑 쪽에서 바라본 마루노우치 빌딩가의 스카이라인도 조화롭고 아름답다. 아파트나 맨션이라는 집들도 내가 좋아하는 베란다가 있는 곳들이 많다. 일본 전통 건축의 특징 중 하나는 자연과의 조화를 강조하는 것이다. 베란다는 건물과 자연 간의 과도적인 공간이다. 바깥에서 보면 건물의 일부이지만, 안에서 보면 바깥의 일부다.[54] 건축은 침묵의 음악이라 한다. 소리는 없지만 음악처럼 우리에게 주는 메시지를 담고 있다. 한 나라의 국격은 건축에서부터 시작되지 않을까.

일본은 건축의 나라다. 세계에서 현대 건축을 리드하는 나라다. 안도 다다오는 우리에게도 익숙한 이름이다. 독학으로 공부한 그의 출세작은 1976년 오사카의 스미요시 지역 주택가의 협소한 부지 위에 세워진 아즈마 하우스다. 집안에서 다른 방으로 갈 때 마당을 지나가면서 자연과 만나도록 설계했다. 높은 인구 밀도, 발달한 경제, 오랜 역사와 전통, 그리고 지진과 같은 자연재해라는 요소들이 오늘날 수준 높은 일본 건축을 만들어 냈다. 건축계의 노벨상이라는 프리츠커상도 9명이나 받았다. 2024년도 수상자는 판교 월든힐스 2 단지를 설계한 야마모토 리켄山本理顕이다. 그는 공적인 영역과 사적인 영역을 허물어 교류와 통합을 강조한다.

꿈에 그리던 천년 고도 교토에 가다

3월 19일, 일본 여행 이틀 차다. 교토에 갔다. 오전에는 기요미즈데라淸水寺를, 오후에는 아라시야마를 둘러보았다. 교토에는 2,000개소가 넘는 사찰과 신사가 있으며, 이 중 17개소는 유네스코 세계문화 유산이다. 나도 해외는 많이 다녔지만 육십 평생 교토는 처음이다. 천년 고도 교토를 무덤덤하게 맞을 수 있는 사람은 아마도 없을 것 같다. 마음이 설렜다.

초기 왜왕들은 왜 궁도를 옮겨 다녔나?

헤이안쿄平安京로 불렸던 교토는 794년부터 메이지 유신의 막이 오른 1869년 초 도쿄로 천도할 때까지 천 년 이상 천황의 궁도이자 일본의 수도였다. 일본의 첫 궁도를 7세기 초 스이코推古 천황의 아스카 도유라궁으로 본다면, 여기서 교토로 옮겨 갈 때까지 일본의 궁도는 160여 년간 우리나라의 경기도 같은 기나이畿內 지역에서 아스카, 후지와라쿄(가시하라), 나라를 거쳤다. 아스카에서 조금씩 북쪽으로 옮겨갔다.

아스카 이전에도 5세기 야마토 왕조가 지금의 사쿠라이시 남쪽 가시하라시 일대인 이와레磐余 지역에서 천궁해온 자취가 있다. 이 지역에는 제17대 리추履中, 제22대 세이네이清寧, 그리고 제26대 게이타이繼体 천황의 궁적이 남아있다. 쇼토쿠 태자의 아버지인 제31대 요메이用明 천황도 585년 이곳에 궁을 지었다는《일본서기》의 기사가 있다.[55] 그러다가 33대 스이코 천황 때 아스카로 천궁하였다.

초기 일본의 궁도는 왕이 바뀔 때마다 계속 바뀌었다. 메이지 정부가 1876년 발간한《일본약사》에도 일본의 초기 왕들이 야마토 지역에서만 약 30곳의 궁도를 옮겨 다녔다고 기록하고 있다.[56] 게이타이繼體왕처럼 4개의 궁으로 옮겨 다닌 때도 있지만 보통은 '1왕 1궁'이었다. 이렇게 궁을 옮겨 다니는 관습은 방처혼의 관습으로부터 왔다고 한다. 태자가 태어나면서 부왕과 따로 사는 모친과 함께 지내다 그곳에서 즉위하기 때문이다. 결국 당시 각 통치자는 자신이 사는 지역에서 다스렸기 때문에 왕이 바뀔 때마다 궁도의 위치가 바뀌는 것은 자연스럽다 할 것이다.[57] 이세 신궁을 25년(한 세대)마다 새로 짓는 규칙도 왕의 죽음과 함께 새로운 곳으로 궁을 옮겨가는 고대 관습으로부터 생겨났다고 한다.[58]

헤이조쿄와 헤이안쿄는 장안을 모델로 한 도시인가

교토를 다니면서 보니 천 년 전 건설된 이 도시가 흡사 현대의 신도시 같은 반듯한 구획을 하고 있어 적잖이 놀랐다. 남북으로 뻗친 주작 대로를 가운데에 놓고 북쪽에서부터 1조로 시작되는 동서 대로가 남쪽의 10조까지 펼쳐지는데 흡사 맨

해튼의 거리를 보는 듯한 느낌이었다. 나라의 헤이조쿄도 마찬가지다.

《교토》를 쓴 하야시야 다쓰사부로林屋辰三郎 교토 대학 교수는 "교토가 고도라는 것은 거리 구획으로 상징된다. 이 장대한 구획을 설계하고 이를 바탕으로 도성을 건설한 정치력과 경제력은 과연 어디에서 탄생한 것일까."라고 감탄했다.[59] 이렇게 반듯한 도시 구획을 가진 도시들은 또 있다. 16세기 말 허허벌판에 새로 만들어진 에도(도쿄), 서쪽의 교토라는 야마구치, 그리고 에도 시대 초기에 뉴타운을 건설한 나고야, 그리고 19세기 홋카이도 개척사 고문으로 온 호레이스 케프론이 도시를 기초한 삿포로가 그렇다.

694년 지토 천황이 아스카에서 천도해 간 후지와라쿄가 《주례》에 따라 조방제에 의한 바둑판 토지 구획을 한 최초의 본격적인 도성이었다. 그 후 헤이조쿄와 헤이안쿄는 장안長安을 모방하여 만들었다고 한다. 하지만 최재석 교수는 이들 도읍이 신라의 지도하에 조영된 것으로 본다. 후지와라쿄가 조영되기 시작한 7세기 말부터 헤이안쿄의 조영이 시작된 8세기 후반까지 견당사는 단 4차례 갔지만 견신라사나 신라 사절의 일본 방문은 36차례나 이루어졌기 때문이다.[60] 아울러 후지와라쿄와 헤이조쿄는 모두 한국 자尺로 조영되었고, 여기서 출토된 기와의 문양이 통일신라 시대의 기와 문양과 같고, '나라'라는 헤이조쿄의 이름도 한국말에서 왔다는 주장이다.[61]

교토보다 나중에 자리 잡은 서울의 도시 모습은 어떤가? 경주는 이미 5세기에 시가지를 네모난 방坊으로 구획하는 방리제坊里制를 시행했다는데, 왜 신라의 수도 건설의 노하우가 조선의 한성에는 반영되지 않았을까? 내가 약 20년 전 방문한 네팔의 카트만두는 제대로 된 신작로 하나 없이 도시 전체가 미로 같다는 느낌을 받았다. 반란을 일으키지 못하도록 대로를 만들지 않았다는 건데, 조선의 한성도 그런 연유에서 도로가 막혀 있었던 건가? 지금의 태평로나 을지로같이 반듯한 도로는 1920년대 일제의 가로 정비 사업 때 만든 것이다.

일본의 중세 역사에서는 교토를 차지한 자가 권력자라는 말이 있을 정도로 교토는 각 세력의 각축장이었다. 바로 교토의 천황을 후광으로 업어야만 권력을 유지할 수 있었기 때문이다. 천황의 깃발인 니시키노 미하타錦の御旗가 내걸리면 상대는 영낙없이 도망쳤다.[62] 무로마치 막부 말기부터 전국 시대를 거쳐 도쿠가와 막부에 이르러 정권이 안정되기 전까지 교토는 전쟁터였다. 이 과정에서 패하여 도망가는 쪽에서 전쟁 목적상 궁이나 절을 불태워 버렸기 때문에 교토의 많은 문화유산이 피해를 당하곤 했다. 특히 1467년부터 10년이나 이어진 오닌應仁의 난은 교토를 거의 새카만 폐허로 만들었다.

고대 서민신앙의 중심지였던 기요미즈데라

아스카와 나라의 불교가 근육질의 활력적인 것이었다면 교토의 불교는 섬세하고 여성적인 것이었다.[63] 794년 간무 천황의 교토 천도는 불교의 정치 개입을 끊어내기 위한 것이었지만 기요미즈데라는 천도 후 예외적으로 절터를 하사받고 사찰로 인정되었다. 정이대장군 사카노우에노 타무라마로의 에조 평정의 공을 치하하기 위한 것이었다.[64] 이후 기요미즈데라는 노소와 귀천을 가리지 않는 고대 서민 신앙의 중심지가 되었다.[65]

▲ 기요미즈자카 골목길

지금 본당은 도쿠가와의 3대 쇼군 이에미츠 때 지은 것이다. 2008년부터 십여 년간 대보수 공사가 있었다. 산세가 남향 건물을 짓기에 적절치 않아 땅바닥에 약 5층 높이의 기둥을 세우고 그 위에 본당과 무대舞臺를 지었다. 본당 앞 약 60평의 무대는 본당의 감추어진 비불秘佛 천수관음상 개방 시 이를 감상하고 공연도 하는 공간이다. 녹물로 부식을 초래할 수 있는 못을 사용하지 않고 10m가 넘는 78본의 느티나무 기둥으로 무대를 받치는 하부 구조물을 만들었다. 가케즈쿠리懸造 양식이라는데, 흡사 개펄에 기둥을 박아 건물을 지은 베네치아를 연상케 한다.

일본의 절에서는 평상시에 본당의 불상을 볼 수 없다. 영험하다고 알려진 불상을 본당에 두지 않고 궤짝에 넣어 숨겨 두는 비불秘佛 관행 때문이다. 신비감을 더하기 위한 동기에서 비롯된 것일까. 비불은 카이초開帳 행사 기간에만 공개한다.[66] 기요미즈데라의 비불인 천수관음상처럼 33년에 한 번 공개하는 것도 있고 나가노 젠코지善光寺의 〈일광삼존一光三尊아미타여래상〉처럼 아예 공개하지 않는 절대비불도 있다. 이 아미타여래상은 552년 백제가 일본에 불교를 전하면서 들여온 일본 최초의 불상으로 주지 스님도 못 본다고 한다. 《사라진 일본》을 쓴 알렉스 커Alex Kerr는 이렇게 말했다.

> "일본은 온통 비밀에 사로잡혀 있다. 비밀이야말로 일본에서 전통 예술이 전수되고 보존되는 방식의 본질이다."[67]

▲ 기요미즈데라 본당, 무대

▲ 기요미즈데라 무대

우리나라의 절 중에서도 부처님의 진신사리를 모시는 5대 적멸보궁에서는 불상을 볼 수 없다. 이것은 일본과 달리 비불의 관행은 아니지만 진신사리가 곧 부처이므로 불상을 따로 모시지 않는다. 내가 가 본 설악산 봉정암 대웅전에도 불상은 없었다.

기요미즈데라로 올라가는 기요미즈자카 비탈길은 관광객들로 인산인해였다. 일본은 4월에 개학하므로 3월까지가 여행 피크 기간이다. 그래서인지 벚꽃이 만개하려면 아직 며칠이 남았지만, 많은 일본인을 볼 수 있었고 이 중 많은 여성이 기모노를 입고 있었다.

신불습합의 전통

신사에는 절이, 절에는 신사가 세워지면서 일본의 절과 신사는 한 곳에 있는 경우가 많다. 신불습합神佛習合의 전통이다. 백제에서 불교가 전해져서 이론화된 불교가 경전을 통하여 설득력을 갖고 사람들의 생활에 확산되었지만 그렇다고 예로부터 내려온 민속신앙을 부정하진 않았다. 산봉우리, 절벽, 폭포, 거목, 바위 등 경외감을 불러일으키는 자연에 특별한 표시를 하여 숭배했고, 이것을 '신도'라는 이름의 상자에 담아 포장한 것이 일본의 신도다. 그래서 일본의 신도는 다른 종교처럼 창시자도, 경전도 없고, 고대 초기 신사에는 신전도 없었다. 그저 가미神가 머물러

▲ 미와산 기슭의 고대 신사인 히바라 신사

있는 곳으로 숲으로 둘러싸여 있었고, 신자들은 가까이 갈 수는 있지만 들어갈 수는 없었다. 내가 가본 사쿠라이시 미와산 기슭의 히바라 신사가 그랬고 미와 신사도 마찬가지다. 미와산三輪山은 고래로부터 신이 머무는 신체산神体山으로 숭배되었다. 지금과 같이 신전을 갖춘 신사가 등장한 것은 가람불교 건축이 도입된 이후의 일이다.[68] 신불습합의 전통은 메이지 시대 1868년《신불 분리령》에 이은 폐불훼석으로 인위적인 종말을 맞았다.

신불습합의 전통은 한국도 마찬가지다. 한국의 절에서도 산령각이나 산신각, 또는 삼성각을 볼 수 있다. 내가 가 본 남양주 수종사에는 산령각이, 부여 고란사에는 삼성각이 있었다. 호랑이와 노인상으로 표현되는 산신을 탱화로 만들어 걸어 놓은 전각이다. 산신은 원래 부귀장수와 재액을 막아 복을 주는 토속신으로, 불교가 토착화하는 과정에서 수용된 것이라지만[69] 연원적으로 보자면 민속신앙의 중심인 사당에 불교가 들어오면서 절이 지어진 것으로 보는 게 맞을 것 같다. 산중의 절터가 자연재해로부터 안전한 것은 몇천 년 동안 내려온 민속신앙의 중심터를 물려받았기 때문이다. 다만 한국에서는 민속신앙이 일본의 신도와 같은 별개의 종교로 자리잡진 못했다.

기요미즈데라도 본당 뒤편에 지슈진자가 있고, 오도와노다키音羽の湧를 돌아서 내려오는 길에도 작은 신사가 있다. 일본 신도神道에서 가미는 신체로서 인격신에서부터 동식물에 이르기까지 실로 다양하다. 식물과 동물과 인간이 모두 하나이다. 이런 측면에서 힌두교와도 통한다. 일본의 가미는 서양의 신God과는 다르다. 모토오리 노리나가本居宣長는 "사람만이 아니라 새와 짐승, 목초, 해산海山 등 무언가 희귀한 것으로 심상치 않은 존재이며 뛰어나고 덕이 있으며 두려운 것이다. 모든 천황이 신인 것은 물론이다."라고 가미를 정의하였다.[70]

많은 일본인이 절이나 신사를 찾는다. 지금 일본 불교의 주류는 정토진종이다. 일본의 마르틴 루터라는 신란親鸞이 가마쿠라 시대에 결혼을 하면서 권위주의를 부정하였고, 렌뇨蓮如는 귀족과 무사의 전유물이었던 불교를 농민으로까지 확산시켰다. 지금도 일본의 스님들은 대처승이 많고, 복장이나 두발도 자유롭다. 신불교다. 재미있는 것은 신사와 절의 역할 분담이다. "삶은 신사에서, 죽음은 절에서"라는 것인데, 새해 첫날이나 개업 첫날의 의식, 또는 합격을 기원할 때는 신사를 찾고, 장례나 애도 의식은 절에서 한다.

교토의 선주민은 한반도 도래인이었다

오후에 아라시야마로 넘어갔다. 기요미즈데라와는 정반대 쪽인 교토 서북쪽이다. 노노미야 신사, 지쿠린 대나무 숲길을 지나서 덴류지를 둘러본 후 도게츠교를 건너가 보았다. 가는 곳마다 화창한 봄 날씨와 어우러진 인산인해의 관광객들로 넘쳐났다.

교토는 수도가 되기 전부터 한반도 도래인들이 건너와 도시의 기초를 만든 곳이다. 지금도 교토 곳곳에 선주민이었던 도래인들의 발자취가 남아 있다. 대표적인 지역이 우즈마사太秦이다. 여기에는 622년 교토에서 처음 세워진 사찰, 고류지廣隆寺가 있다. 고류지는 하타기미데라秦公寺라는 다른 이름이 있듯이 도래인인 하타 씨 일족의 씨사였으며 우즈마사라는 이름도 천황이 하타 씨에게 내린 성으로

부터 유래했다.[71]

하타 씨 일족은 수리 공사에 뛰어나 가쓰라강에 제방을 쌓아 농경을 일으켜 우즈마사를 고대 일본에서 가장 큰 생산력을 가진 지역으로 발전시켰고 양잠과 견직 기술도 보급했다.[72] 이들은 우즈마사를 중심으로 동서로 퍼져 나갔고 701년에 마쓰오松尾 신사를, 711년에는 이나리稲荷 신사를 건립하였고, 헤이안쿄 천도 이후에는 도지東寺와 함께 이나리 마쓰리를 개최하며 상업 활동으로 번영하였다.[73]

도래인이란 한국에서 바다를 건너 일본 열도로 와서 정착한 사람들과 그 후손들이다. '도래인'이라는 용어가 일본을 기준으로 한 것이어서 '도왜인'이라는 용어를 사용하기도 한다. 그들의 문화적, 기술적인 기여가 일본의 문명화를 결정적으로 촉진했다는 데는 이론의 여지가 없다. 도래인의 일본 열도 이동은 크게 3차례로 본다. 첫 번째는 기원전 첫 밀레니엄 초기에 벼농사를 짓는 사람들이 이주해 왔다. 두 번째는 기원전 4세기 무렵 청동기, 철기 문화를 갖고 왔고, 세 번째는 5~6세기에 걸쳐 유교, 불교와 함께 엘리트 장인과 관리 테크놀로지가 들어왔다. 1980년대 이후 일본 열도에서 이루어진 고고학적 발굴 조사 사업으로 이들 도래인의 초기 정착, 주거 생활이나 초기 일본 사회에 끼친 영향 등이 속속 밝혀지고 있다. 마찬가지로 지난 40여 년간 한반도 남부에서의 발굴 조사도 도래인들의 역사, 사회, 문화적인 배경에 관한 많은 정보를 제공하였다.[74]

한반도를 중국 문화의 단순한 가교나 전달자의 역할로만 보는 경향이 없지 않지만, 이러한 인식은 오류일 것이다. 3세기 후반부터 한반도에 출현한 정치체들은 중국 왕조의 단순한 확장이나 모방품이 아니라, 그 내적인 에너지와 물질적인 역동성이 문화적인 창조성과 자체 관리 능력을 입증한, 근본적으로 다른 것들이었다.[75]

아라시야마를 일주하다

아라시야마 일정의 첫 방문지는 노노미야 신사野宮神社였다. 콘크리트로 된 도리이들을 많이 봤는데 이곳의 도리이는 진귀한 흑목이다. 이곳은 이세신궁에서 봉사할 미혼의 왕녀 사이오우斉王가 1년간 몸과 마음을 닦는 곳이었다. 노노미야는 고정된 장소는 아니다. 사가嵯峨 천황 때 이곳을 노노미야로 지정했고, 그 후 사이오우 전통은 고다이고 천황 때 없어졌다고 한다. 겐지모노가타리에도 등장하는 이 신사는 좋은 인연을 맺어주고 출산을 점지한다고 해서 젊은 연인들의 방문이 끊이지 않는다. 그래서인지 이날도 이곳을 찾은 많은 남녀 젊은이를 볼 수 있었다. 지쿠린竹林의 긴 대나무 숲길을 지나 덴류지로 들어갔다.

덴류지天龍寺는 쇼군이 천황을 쫓아내고 그의 저주를 피하려고 세운 절이다. 가마쿠라 시대 말기 고다이고後醍醐 천황은 아시카가 다카우지足利尊氏 세력과 연합하여 가마쿠라 바쿠후의 호조北条 가문을 타도하고 친정 복귀에 성공하지만 3년 만에 아시카가와의 권력 다툼에서 밀려나면서 요시노 산중에서 죽었다. 이에 아시카가가 천황의 원혼을 달래서 그의 저주를 피하려고 무소 소세키夢窓疎石 국사를 개산자로 14세기 중엽 덴류지를 창건하였다. 바로 일본 역사에서 두 명의 천황이 대립하는 남북조 시대가 시작된 시기다.

▲ 지쿠린, 노노미야에서 덴류지로 가는 대나무 숲길

무소 소세키는 다카우지에게 건의하여 덴류지의 자체 무역선인 덴류지부네天龍寺船를 띄워 원나라에서 비단과 도자기를 가져와 팔아서 덴류지를 지었는데, 덴류지부네는 100명이 넘는 선원에 80톤의 화물을 실을 수 있었다.[76] 당시 중국 비단과 도자기를 일본으로 가져오면 상당히 비싸게 팔 수 있었다. 덴류지 내 수행 공

▲ 덴류지 고리, 목조와 흰 벽의 조화가 간소하면서도 중후한 멋을 지닌다.

▲ 덴류지 방장 앞쪽의 가레산스이 정원

▲ 덴류지 방장 뒤편의 지천식 정원 소겐치

간인 대방장大方丈의 앞, 뒤로 일본식 정원의 대표적인 두 가지 정원 양식을 볼 수 있었다. 바로 아라시야마와 가메야마를 차경借景으로 하여 연못을 중심으로 자연미를 살린 치센池泉 양식의 소겐치曹源池 정원과 돌과 모래로 산수를 표현하는 가레산스이枯山水 정원이다. 소겐치를 만든 무소 소세키는 1339년 만들어진 사이호지의 석정과 이끼정원의 설계자이기도 하다. 지금 우리가 교토에서 볼 수 있는 금각사, 은각사, 그리고 가쓰라리큐 등 정원들은 14세기 중반 무로마치 시대 이후 만들어진 것으로 사이호지의 석정과 이끼정원의 컨셉을 차용하였다.[77]

덴류지를 나와 《겐지모노가타리》에 등장하는 도게츠교渡月橋로 갔다. 도게츠교에는 발 디딜 틈이 없을 정도로 인파가 넘쳐났고, 다리 아래 가쓰라 강가에도 많은 사람이 나와 있었다. 도게츠교는 달이 다리에 걸쳐 넘어가는 듯한 모습을 볼 수 있어서 그렇게 이름 지었다 한다. 일본 최초의 고전 소설이자 현존하는 세계 최고의 소설인 11세기 《겐지모노가타리源氏物語》의 주인공 남녀가 이곳에서 만났

▲ 도게츠교

다. 내가 가 본 로미오와 줄리엣의 베로나Verona 집이나 세기의 연인 단테와 베아트리체가 만났다는 피렌체의 베키오 다리가 생각나는 대목이다.

고래로부터 다리는 인간의 감성을 자극하는 힘을 갖고 있었다. 다리 건너 강 건너편은 다른 세계이며 다리를 건넌다는 것은 다른 세계로의 여정을 의미했다. 우키요에 목판화에서도 볼 수 있는 홍예다리는 인간과 신의 세계를 나누는 경계였다. 산악 불교의 성지 고야산으로 가는 길목에 있는 극락교나 닛코의 신교가 바로 그것이다.

아라시야마를 둘러본 후 오사카로 와서 오사카에서 최고층이라는 아베노 하루카스에 올랐다. 이 마천루는 60층에 높이가 300m다. 그러니까 비슷한 층수를 가진 한국의 63빌딩이 250m임을 볼 때 일본 빌딩의 층고가 우리보다 많이 높음을 알 수 있다. 층고는 건물의 경쟁력이기도 하다. 60층 꼭대기 전망대에서 아래를

▲ 아베노 하루카스 빌딩

▲ "하루카스 300" 전망대

내려다보니 오사카 평원에 펼쳐진 메트로폴리탄의 위용을 실감할 수 있었다. 저녁에는 신세카이의 츠텐카쿠通天閣 거리로 나갔다. 츠텐카쿠는 하늘에 이르는 문이라는 뜻으로 에펠탑과 개선문을 모델로 삼았다. 1912년 건립 당시 64m의 동양 최고층 타워형 건물이었다.

패키지 투어의 장점은 안락함이지만 단체 식사의 질은 기대에 못 미쳤다. 일본의 웬만한 도시에서 괜찮은 식당이라면 늘 손님이 넘친다. 그러니 굳이 외국인 단체 관광객을 받을 필요가 없다. 우리도 마찬가지겠지만 일본 사람들은 외국인 단체 관광객이 왁자지껄 한꺼번에 밀어닥치는 걸 좋아하지 않는다. 기본적으로 우리나라만큼 인구 대비 식당이 많은 곳도 없다. 인구 대비 식당이 적은 유럽이나 일본에서는 식당이 비즈니스이기도 하지만 동시에 사회에 기여한다는 자부심 또한 크다.

▲ 츠텐카쿠

신흥 일본의 탄생을 세계에 알린 도다이지

3월 20일, 일본 여행 3일 차다. 나라의 외경外京, 나라 공원에 자리한 도다이지東大寺에 갔다. 나라 공원 일대에는 많은 사슴이 있었다. 사슴들은 울타리도 없는 공원에서 스스럼없이 사람들에게 다가오기도 하고 먹이를 받아먹기도 한다. 그리 크지 않고 뿔도 없는 녀석들이라 친근하게 느껴졌다.

도다이지는 천황가의 씨사氏寺이자 국립 사찰 고쿠분지國分寺의 총본산이다. 쇼무聖武 천황이 8세기 중반 도다이지 건립을 발의하면서 "지금 고쿠분지를 건립하는 것은 국태민안을 도모하고 재난을 없애 행복에 이르고자 하는 것이다."라고 하였다. 금당과 함께 대불의 완성은 신흥 일본의 탄생을 대내외에 알리는 국가적 사업이었다.

▲ 도다이지, 금당(대불전)과 쿄치鏡池 / 2024.11. 촬영

세계 최대의 목조 건축 금당

입구에서 맞이한 남대문부터 그 스케일이 크고 시원시원하다. 13세기 초 승려 초겐重源이 송나라 목공을 불러 개축하였다. 부재의 규격을 통일하여 공사 기간을 단축한 다이부츠양식大佛様의 건축이다.[78] 이것이 인도의 덴지쿠양식天竺様이라는 설명도 있다.[79] 도오시바시라通柱 기둥 하나가 21m에 이른다. 초겐은 금당도 재건하였으나 센고쿠 시대 다시 불타버렸다. 남대문 현판에는 대화엄사大華嚴寺라 쓰여 있다. 도다이지는 일본 화엄종의 본산이다. 도다이지를 국가 사찰인 코쿠분지國分寺로 건립하라는 쇼무 천황의 조칙이 있기 전 그 자리에는 콘슈지金鐘寺가 있었고

여기서 신라의 심상審祥이 와서 화엄경을 강독하였다는데, 아마도 이것이 도다이지가 일본 화엄종의 본산이 된 기원일 것이다.[80]

금당이라고도 하는 대불전大佛殿은 세계 최대의 목조 건축물이다. 바깥에서는 이층으로 보이지만 내부는 한 공간, 즉 중층이라는 구조다. 경복궁 근정전이나 공주 마곡사 본당, 그리고 자금성의 정전인 태화당이 이와 같은 구조다. 나는 오래전에 일제 시대 우편엽서에 소개된 도다이지의 거대한 대불전과 대불 앞에 선 자그맣게 보이는 사람들을 보고 그 규모에 놀랐다. 은연중 언젠가는 꼭 한번 보고 싶다고 생각했는데 이번 여행에서 그 순간을 맞았다.

▲ 금당 현관

▲ 금당 내부

대불전은 751년 완공 후 두 차례 병화로 소실되어 1709년에 재건되었으니, 지금의 대불전은 3세대 건물이다. 건축비가 부족하여 정면의 길이를 30% 정도 줄여서 정육면체에 가까운 형상을 갖게 되었다. 약 2,000톤에 달하는 지붕도 조금씩 내려앉아 왔기에 그 무게를 12% 정도 줄였다. 대불전 안에 비치된 8세기 창건 당시 도다이지의 모형을 보면 대불전 양옆으로 지금은 없어진 100m가 넘는 두 탑이 있었다. 나라 시대 가람 배치가 이미 금당을 중심으로 바뀌어 있음을 보여준다.

대불전 천장 목구조가 남대문과 같이 당차고 호쾌한 모습이다. 가마쿠라 시대에 채용된 다이부츠양식大佛様을 에도 시대 재건 시에도 그대로 승계했다.[81] 일본의 전통 건축에서 지붕은 높고 가파르며 처마가 깊다. 아마도 눈, 비가 많이 내리는 일본의 기후 특성 때문일 것이다. 지붕선은 크게 굴곡진 중국의 지붕선과는 대조적으로 처마의 양 끝을 제외하면 거의 직선이다. 이것은 살짝만 휘어진, 절제미가 돋보이는, 직선이자 동시에 곡선인 일본의 소리反り다. 칼이나 심지어는 석벽도 살짝 휘어져 있다.

작은 나라 야마토의 기적, 세계 최대의 청동 불상

금당에 안치된 대불은 화엄경의 주존불로 부처의 광명이 온 누리에 두루 비추어 모든 세계를 포용한다는 비로자나불상이다. 높이 15m의 세계 최대의 구리 주조 불상이다. 대불전 완공 2년 전인 749년에 조성되었고, 3년간 8번의 시도 끝에 완성할 수 있었다. 그러니까 대불을 먼저 만들고 나서 그 집인 대불전을 만들었다. 그 반대의 순서라면 거대한 불상을 집 안으로 들여다 놓지 못했을 것이다. 권진 역할을 했던 교기 스님은 필생의 과업이 완성된 그 다음날 눈을 감았다.[82]

▲ 대불(비로자나불). 752년 덴표 시대에 완성되었지만 여러 차례 훼손되어 가마쿠라 시대에 복원되었고, 머리 부분은 에도시대에 복원되었다. 연잎 좌대에 부조된 모조보살상만이 덴표 시대 원형을 간직하고 있다.

중국 대륙에서도 5~7세기에 걸쳐 대동운강석굴이나 둔황의 거대한 불상이 조성되었지만, 도다이지 대불 같은 청동 주조상은 아니다. 그리피스는 일본의 청동불이 인도나 중국의 것을 능가함을 넘어서 세계 어느 것과도 비교할 수 없을 정도로 우수한 것이라고 극찬하면서 당시 일본의 반도 지배하지 못했던 야마토의 조그만 땅에서 세계에서 가장 큰 청동 주조가 이루어졌다는 것은 역사의 기

적이라 하였다.[83]

도다이지 대불은 조성 후에도 부족한 황금을 수집하여 금도금을 계속하여 752년 불상의 눈을 그려 혼을 집어넣는 의식, 즉 개안 공양하였다. 신라에서 700명의 대규모 사절을 파견하였고, 당, 발해, 인도에서까지 축하 사절이 왔다. 대불 조립의 조칙이 내려진 이후 광배가 완성되어 완전히 작업이 마무리될 때까지 소요된 기간이 10여 년, 매일 200명 이상이 대불 조성 작업에 매달렸다. 당시 어려운 상황에서도 대불을 조성하였던 일본인들의 노력과 의기는 놀라운 일이 아닐 수 없다.[84]

대불의 주조를 기념하여 당시 쇼무 천황은 연호를 덴표天平에서 덴표간포天平感寶로 바꾸었는데, 간포는 "보물(대불)을 느낀다, 인지한다."라는 정도의 의미다. 동일한 천황의 치세에서 연호를 바꾸는 건 관례가 아니다. 그만큼 이 대불에 거는 기대는 전 국가적이었다. 파손된 손 부분은 16세기 후반 모모야마 시대에, 머리 부분은 17세기 에도 시대에 다시 만들었다.

모리셔스 총독을 지낸 영국의 후버트 저닝험Hurbert Jerningham 경은 일본 여행 중 1906년 3월에 도다이지 대불을 보고 단상을 남겼다.

> "나는 왜 일본인들이 이런 대불을 만들었는지 만족스러운 답을 구할 수 없다. 부처가 범인보다 큰 덕을 쌓은 건 맞지만 그렇다고 해서 그것이 꼭 엄청나게 큰 대불을 만들어야 하는 이유가 되지는 않을 것이다. 그럼에도 천 년 전으로 거슬러 올라가는 일본인들의 금속을 다루는 기술은 세계 어느 곳과도 비교할 수 없이 우수한 것이다."[85]

▲ 호케도 정당(왼쪽)과 예당(오른쪽)이 붙어있다. 가장 왼쪽 건물은 니가츠도

대불당을 나와 왼쪽으로 올라가면 입구부터 석등이 나란히 늘어선 부속 건물인 니가츠도二月堂와 호케도法華堂를 볼 수 있다. 호케도는 2동의 건물이 연결된 구조다. 왼쪽의 정당正堂은 대불당 건립 전 콘슈지의 유구로서 도다이지 건물 중에서 가장 오래된 나라 시대 건축이다. 오른쪽의 예당은 신자들이 예배드리는 공간으로서 가마쿠라 시대에 개축하였다. 이곳 호케도에는 도다이지의 초대 주지였던 로벤良弁이 안치했다는 비불인 집금강신상(소상) 외에도 불공견색관음상(건칠상)과 월광, 일광보살상 등 걸출한 조각상들이 전시되어 있다.

불교는 일본의 '심장'이었다

불교의 영향력은 일본 열도의 다민족을 통합시킨 가장 강력한 힘이었으며 국가 발전의 기폭제였다. 압도적인 다수의 국민이 불교에서 위안과 희망을 찾았다. 불교를 아리안Aryan 신앙으로 본 그리피스는 "불교는 일본의 심장이다.Buddhism is the heart of Japan"라고 단언했다. 대승 불교는 욕망으로부터 벗어난 해탈의 상태인 '니르바나'를 목표로 한다. 중국이 불교를 받아드렸을 때 불교는 아직 제대로 정립되지 않았고, 그저 힌두교의 이것 저것을 갖다 붙인 정도였다. 수천 명의 인도 승려들이 중국을 방문하여 살면서 육성과 펜으로 불교의 교리를 전파하였다. 그러다가 불교가 일본에 들어왔을 때는 사찰이 생겨나 불사를 모시는 단계에 도달했다. 한국의 승려들이 일본으로 들어갔고 불경과 불상이 백제로부터 전해졌다. 불교를 배척하는 모노노베와 나카토미 가문에서 불경을 불태우고 불상을 연못에 집어 던졌으나 불교를 숭상하는 소가 가문에 의해 진압되면서 일본은 불교의 전성 시대를 맞게 된다.[86]

593년 스이코 천황이 즉위하면서 그의 조카인 쇼토쿠 태자가 학자, 예술가, 평론가, 설교자, 그리고 법률가로서 일본인들의 가슴에 신앙을 불어넣었다. 604년 그가 만든 《헌법 17개조》는 법전이라기보다는 도덕율에 가까운 것이었다. 쇼투쿠 태자는 역성혁명을 인정하는 중국의 철학이 군주의 강력한 통치하에 통일국가를 건설하는데 걸림돌이 될 수 있음을 알아차렸다. 그래서 왕은 하늘, 신하는 땅이라고 하여 군신 간의 충돌을 제거하고, 천황의 정치적 중립을 내세워 온갖 혁명의 위험으로부터 그를 지키고자 했다.[87] 그래서인지 덕을 잃으면 황제가 바뀌는 중국과 달리 오오카미大王를 신(천황)으로 만든 일본은 만세일계를 유지하고 있다. 그가 49세로 죽었을 때 일본에는 이미 46개의 사찰과 820 명의 승려, 560 명의 비구니승이 있었다. 당시 당나라 낙양에는 3천 명의 힌두승려들이 수십 명의 일본인 제자들을 두고 있었다. 그들은 그들 자신의 문자로 한자의 음가를 가르쳤고 이것이 일본을 포함한 동아시아 각 나라로 흘러들어가 문자로 개발되었다. 중국의 힌두화 과정을 거쳐 중국에는 불교, 유교, 그리고 도교의 세 종교가 태어났고, 일본에서는 신교, 유교, 불교로 정착되었다.[88]

도다이지와 한반도 도래인

도다이지 대불전과 대불의 조성 과정에서 도래인의 영향이 컸다. 대불의 조성 책임자는 백제인의 후손인 대불사 직위를 가진 구니나카노 기미마로國中公麻呂였다. 그의 조부는 백제의 멸망 직후인 663년 일본으로 건너왔다고 한다. 백제 의자왕의 4대손인 경복敬福은 대불의 동상 완성 후 표면에 칠할 황금이 부족하자 금을 바쳐서 대불의 도금을 완성했다. 백제 왕인박사의 후손이라는 교기行基 스님은 쇼무 천황으로부터 대승정으로 임명받고 대불의 조성 자금을 모집하는 권진勸進 역할을 맡았다.[89] 당시는 국가불교의 시대였던 만큼 쇼무 천황이 민간불교에 앞장섰던 교기 스님과 합작한 것은 비로소 국가불교 속에 민간신앙을 포용하고자 하는 의도를 보여주는 것으로 의미가 크다.[90] 백제계 도래인인 로벤良弁은 개산자이자 초대 주지가 되었다. 이렇게 본다면 도다이지와 한반도 도래인을 떼어놓고 생각할 수 없을 정도다.

그런데 영국의 후버트 저닝험 경은 1906년 3월에 쓴 자신의 기행문에서 흥미로운 이야기를 하고 있다. 즉,

"일본의 안내서를 보면 예술품 중 주목을 끌 만한 것은 모두 그 우수성이 한국 승려들의 가르침에 있음을 강조하면서, 일본인들의 독창성은 거부한다. 그런데 이것은 매우 불공평하다. 적어도 청동 제조술만큼은 일본인들의 독창성을 인정해야 한다. 벌거벗은 사실에 옷을 입히는 작업이야말로 최초로 그 사실을 발견하는 것에 못지않은 독창성을 갖는다.[91]

여기서 우리가 역설적으로 알 수 있는 것은 저닝험 경이 일본을 여행했던, 20세기 초까지, 그러니까 아마도 한일합방 이전까지는 한국이 일본 예술과 건축에 끼친 영향을 일본인 스스로도 인정하고 그것을 스스럼없이 드러내었다는 사실이다.

20세기 초 세계적인 베스트셀러 《부시도武士道》를 쓴 니토베 이나조도 대륙 문화가 일본에 전달되는 과정에서 한국이 수행한 역할에 높은 경의를 표했다. 그는 대륙 문화가 일본에 건너오기 전 적지 않은 단계에서 한국에서 '수정modification'이 이루어졌고 그 영향으로 일본의 행정과 예술 분야에 많은 한국말 전문 용어가 남아 있다고 했다. 그는 동아시아 역사에서 한국의 존재를 초기 유럽 문명에서 크레타Crete와 상응한 것으로 평가하였다.[92]

도요토미 가문의 영욕을 함께한 오사카성

▲ 오사카성 천수각 / 2025. 11. 촬영

3월 20일 오전에 나라에서 도다이지를 보고 오후에 바로 오사카성으로 갔다. 사쿠라몬을 지나 천수각天守閣으로 들어갔다. 지금 오사카성의 자리에는 원래 잇코슈一向宗(전토진종)의 거점이었던 이시야마 혼간지라는 큰 절이 있었지만 1580년 오다 노부나가가 10년간의 싸움 끝에 이곳에서 잇코슈 세력을 몰아내었고, 3년 후 그의 뒤를 이은 도요토미 히데요시가 이 자리에 성을 축성하였다. 그는 1593년 아들 히데요리를 얻은 후에 오사카성을 4년에 걸쳐 대대적으로 확장, 보강하였는데, 이것은 오로지 늦둥이 어린 자식 히데요리를 보호하려는 생각에서 비롯된 것이라 한다.[93]

일본 통일의 아성이자, 도요토미 가문이 멸문된 오사카성

도요토미 히데요시는 두 겹의 해자를 갖추고 가파르고 높은 성벽을 쌓아 난공불락의 성을 만든 후 이곳을 일본 통일 원정의 아성으로 삼았다. 외부 해자는 폭이 75m, 수심이 6m의 물길이 동서남북으로 각각 1km에 달한다. 성의 본채인 천수각은 세를 과시할 목적으로 교토의 황궁보다 더 크게 짓고 기와에 금박을 입혔다. 히데요시는 이곳에서 일본 국내를 통일하고 임진왜란까지 일으켰지만, 그의 사후에는 아들인 히데요리가 1615년 이곳에서 벌어진 여름 전투에서 도쿠가와 측에 패한 후 자결하여 멸문하게 되었다. 히데요시의 부인이자 히데요리의 모친인 요도도노도 이곳에서 함께 자결하였다. 결국 오사카성은 도요토미가의 영욕을 고스란히 간직한 곳이 되었다.

도요토미 가문의 멸문을 두고 세간에 말이 많았다. 도요토미 히데요시가 1591년에 첫아들 쓰루마쓰가 죽자, 조카인 히데쓰구를 후계자로 지목하였지만, 1593

▲ 오사카성 남쪽 바깥해자南外堀 / 2025. 11. 촬영

년 히데요리가 태어나자 히데요리의 후계 구도를 만들기 위해 1595년 히데쓰구를 제거했다. 그의 어린 아들을 포함한 전 가족을 몰살시켰다. 한국에서 《대망》으로 번역된 야마오카 소하치의 소설을 보면 그의 아들이 무사들의 경호를 받으며 사형이 집행될 언덕으로 가면서도 끝까지 장난으로 알고 놀아서 주위 사람들을 숙연하게 했다는 대목이 나온다.

히데요시를 키워준 오다 노부나가의 두 아들도 히데요시와의 전투에 패하여 할복하거나 오와리 영지를 고수하려다 유배를 당하는 등 푸대접을 받았다. 히데요시 가문의 맥이 끊긴 것을 이런 히데요시의 도를 넘는 행태와 연관 짓기도 한다. 어쨌거나 히데요시는 조선을 두 번이나 침략하여 당시 조선 인구의 10분의 1에 달하는 백만 명 이상을 죽이고 그들의 코와 귀로 산 같은 무덤을 만든 잔인한 전쟁 범죄자였다.

일본 통일의 마지막 승자가 된 도쿠가와 가문의 2대 히데타다는 1620년 도요토미의 천수각을 해체하여 땅에 묻어 버리고 그 옆자리에 더 높은 천수각을 새로 지었다. 도쿠가와의 천수각은 8층에 58m이며, 도요토미의 천수각보다 19m를 더 높였다. 해자 쪽 방벽도 24m로 높였는데, 이 방벽은 수직이 아니라 위로 올라가면서 안쪽으로 기울어진 설계로 그 견고함을 더하여 400년이 지난 지금도 건재하고 있다. 실용적인 일본인들이라지만 경쟁자가 미운 건 어쩔 수 없나 보다.

20세기 전반 동양 최고의 근대 건축물이었던 조선 총독부(중앙청)가 아무 대안없이 철거되었다. 그런데 우리는 바로 이곳에서 1948년 제헌의회를 열어 대한민국의 헌법을 채택하고 독립정부를 출범시켰다. 6.25 전쟁 때는 공산 치하로부터 서울 수복을 알리는 태극기도 올렸다. 흔적도 없이 사라져 버린 중앙청으로 민족적 분함이 풀리고 카타르시스를 느낀 국민이 과연 몇이나 될까.

1919년 준공된 타이페이의 일본 총독부는 지금 타이완 총통부가 그대로 사용하고 있고, 자카르타의 인도네시아 대통령궁은 과거 네덜란드 총독 관저로 일본군 사령관도 썼던 건물이다. 그런데 만약, 일제가 조선총독부를 경복궁 한 가운데 짓는 무리수를 두지 않았더라면, 가령 광화문 바깥 쪽 육조 거리 정도에 지었더라면 훗날 비극적 운명을 피할 수 있었을런지도 모르겠다. 함석헌 선생은 우리 민족

▲ 오사카성 다코이시(문어돌)

이 문화를 파괴하는 버릇이 많다고 했다. 한번 판국이 바뀌면 전에 것은 싹 없애 버리려는 버릇이 있다는 것이다. 그러면서 문화는 나와 다르더라도, 비록 원수의 것일지라도 보존하는 데서 인류문명이 발전한다고 했다.[94] 아쉬운 대목이다.

성 내부에 전시된 축성용 거석 운반도를 보면 바위의 채굴, 절단부터 해안으로 옮겨서 선적 후 해상, 육상으로 운반하는 지난한 과정을 알 수 있다. '슈라'라는 특수 목재 운반용 썰매가 사용되었다. 축성은 전국의 다이묘들을 동원하여 그들의 힘을 소모케 하여 통일 막부의 세력을 결집하는 방편으로 활용하였다. 중앙집권 국가로서 지방 세력을 견제할 필요가 없는 조선도 한양도성 축성 시 각 지방

의 관민을 차출하여 한 구역씩 맡긴 걸 보더라도 성을 짓는다는 게 당시로서는 엄청난 공사였다. 축성에 사용된 큰 돌 중 가장 큰 것이 다코이시(문어돌)인데 돌 하나에 130톤에 이른다. 1620년 오사카성 재건 시 오사카 서쪽 약 200km 떨어진 이누지마섬에서 가져왔다. 내가 본 이집트의 기자 피라미드의 돌들과도 견줄 만하다. 성벽의 돌 사이로 손가락 하나 들어갈 빈틈도 없다. 기리코미하기切込み接ぎ 방식이다.

그동안 여러 차례 파괴되어 전후에 재보수한 천수각에는 머리는 호랑이, 몸통과 꼬리는 물고기 형상을 한 금색 샤치가와라鯱瓦가 있다. 금색의 샤치가와라는 히데요시를, 흰색 건물 외관은 도쿠가와 가문을 나타낸다는데, 일본의 봉건세력들은 각 가문의 문장과 상징색이 있다. 에도 시대에 술, 간장을 수송하는데 항아리가 아닌 나무통을 사용하였는데, 이것은 유럽말고는 동아시아에서 일본이 유일했다고 한다.[95] 천수각을 갖추고 높고 가파르게 휘어진 성벽에 해자를 두른 오사카성의 모델은 포르투갈인이 가르쳐준 유럽의 성이었다. 유럽식으로 만든 최초의 성은 1567년 마쓰나가 히사히데가 축성한 나라 북쪽의 다몬성多聞城이다. 오다 노부나가가 허물어 뜨려 지금은 유구만 남았다. 그 이전 아시카가 시절의 성은 호조 가문의 오다와라성小田原城에서 보듯이 성벽이 낮고 천수각이 없었다.

침략인가, 출병인가?

마침 천수각에서 도요토미 히데요시 특별전시회가 열리고 있었다. 그의 조각상을 보니 꽤 희멀겋게 생겼다. 임진왜란 전 일본에 가서 히데요시를 만나고 돌아온 선조의 사신 황윤길과 김성일의 관찰, 보고는 달랐다. 황윤길은 "히데요시의 눈에

▲ 도요토미 히데요시

정기가 쏘이는 것이 반드시 조선에 출병을 하고야 말 것입니다."라고 했지만, 김성일은 "히데요시의 눈이 쥐눈 같아 큰 뜻이 없는 인물이올시다."라고 했다. 결과적으로 황윤길이 맞았지만, 당시 조정의 권력 향배에 따라 동인 김성일의 말에 무게가 더해졌다. 선조는 이렇게 말했다, "일본이 명나라를 친다 함은 가재가 바다를 건너려 하고, 벌이 거북의 등을 쏘려 하는 셈이다."[96]

히데요시는 직계든 방계든 황공족들이었던 역대 쇼군들과 달리 유일하게 평민 출신이었다. 그래서 천황으로부터 쇼군 칭호를 받지 못했고, 대신 다이코太閤라는 타이틀을 스스로 달았다. 그는 히젠 나고야성에 대륙 정복을 위한 군사기지를 만들고 16만 대군을 결집시켜 조선 침략을 실행하였다. 왜군이 서울을 점령하자 히데요시는 자신이 직접 조선으로 오겠다며 명나라 침공을 지시하기도 했지만 일본 수군의 패배와 조선 의병의 궐기로 전황이 불리해 지면서 없던 일이 되었다. 그럼에도 이 특별전에서는 임진왜란을 두고, 침략이란 말 대신 이를 미화한 출병出兵이란 용어를 사용하고 있었다. 히데요시는 필리핀, 타이완, 오키나와 류큐 왕국에도 사신을 보내 복속을 요구했다. 이것은 중국을 중심으로 하는 대륙 세력에 대하여 일본이라는 해양 세력의 첫 도전이었다.

임진왜란은 일본이 조선의 도공들을 끌고 갔기에 도자기전쟁이라고도 한다. 심수관이니, 이삼평이니 하는 조선의 도공들은 기술직을 천시하는 조선보다 일본에서 더 대우받았고 이들이 정착한 마을을 몇백 년간 먹여 살렸다. 조선의 도자기보다 도공을 끌고 간 일본인들의 꾀가 돋보인다고나 해야 할까. 조선의 도자기와 함께 임진왜란 전 일본에 전수된 조선의 연은 분리법에 의한 은 제련법도 일본의 국부의 원천이 되었다. 이와미 은광에서 대규모로 채굴된 은은 '실버 러시'를 일으키면서 일본의 경제를 폭발적으로 성장시켰다. 모리 가문이나 도요토미 히데요시는 '실버 다이묘'로 불렸다.[97] 당시 은과 도자기는 데지마의 네덜란드 동인도회사의 주요 수입품이었다. 한편 일본은 전쟁을 하면서 조선 사람들을 끌고 가서 포르투갈 상인들에게 노예로 팔기도 했다. 이때 끌려간 조선인들은 수만 명에 달했는데 대부분이 전쟁 포로가 아니라 노동력을 착취하거나 팔기 위한 경제적 목적을 위한 노예였다.

일본의 만행을 비판한 프로이센 대사

19세기 말 프로이센의 외교관으로서 아시아 전문가였던 막시밀리안 폰 브란트M. von Brandt 대사는 그의 저서 《동아시아 문제》에서 일본의 노예시장에 조선인 노예가 넘쳐났다면서, 교토에 남아 있는 조선 사람들의 귀무덤과 함께 이것을 '7년 전쟁'의 유일한 성과라고 혹평하였다. 아울러 정유재란 시 궁지에 몰린 왜군이 퇴각 경로에 있던 모든 도시와 마

▲ 천수각에서 전시 중인 임진왜란 게시물

을을 불태우고 한때 일본에 문명을 전해 주었던 한국의 사찰들과 학교들을 잿더미로 만들었다면서 특히 한국인들의 긍지이며 성도聖都로 여겨졌던 신라의 고도 경주를 약탈하고 잿더미로 만든 것은 한국인들의 비통한 증오를 불러일으켰다고 썼다.[98]

1592년부터 시작된 일본의 침략 전쟁은 조선인들을 엄청나게 살육한 잔인한 전쟁이었다. 적이 항복하지 않으면 전부 죽여도 좋다는 당시 일본의 전쟁 관습을 조선인들에게 고스란히 적용하였다. 히데요시는 첫 전쟁(임진왜란)에서 뜻대로 되지 않자 두 번째 전쟁(정유재란)을 일으켰고 한반도 남부라도 차지하려는 자신의 의도가 좌절된 데 대한 보복으로 남부 점령지의 조선인들을 무차별 학살하였다. 히데요시를 기리는 교토의 토요쿠니豊國 신사와 그의 원찰인 다이부쓰지大佛寺 인근에는 조선인 귀무덤 미미즈카耳塚가 있다. 히데요시의 명에 따라 왜군이 조선인의 귀와 코를 잘라 소금에 절여 일본으로 보낸 것을 묻은 곳이다.

폰 브란트 대사는 일본의 사료를 근거로 그 정확한 숫자를 “185,738명의 조선인과 29,014명의 중국인의 귀와 코”라고 쓰고 있다.[99] 이렇게 히데요시는 조선의 원수가 되었다. 히데요시가 조선을 침략한 명분 중 하나는 13세기 몽골과 함께 일본을 침공한 고려에 대한 복수였다. 당시 여몽 군사는 쓰시마섬과 이키섬 등지에 상륙하여 주민들에 대한 무자비한 살육을 자행했다고 한다. 하지만 일본이 세계제국이 된 몽골의 압박에서 벗어날 수 있었던 것은 고려가 40년간 몽골에 항거한 덕택임을 일본 중세 연구자인 아미노 요시히코網野善彦가 밝히고 있다.[100]

▲ 오사카 도톤보리

오사카성을 보고 난 후 시내로 들어오면서 기타하마 카페 거리 찻집에서 차를 마셨다. 저녁 무렵에는 네온사인이 꺼지지 않는다는 오사카 밤 문화의 중심지라는 도톤보리道頓堀를 찾았다. 도요토미 히데요시에게 받은 토지를 개발하려고 운하를 파기 시작한 야스이 도톤의 이름을 따왔다. 파리 센강의 바토무슈와 같은 유람선을 타고 운하를 오르내렸다. 글리코맨 전광판 앞에서 양팔을 들어 올리고 나 자신 글리코맨이 되어 보았다. 그리고 도톤보리에서 신사이바시 쪽 아케이드 상가로 걸어갔다. 에비스바시에서부터 신사이바시 쪽으로 끝없이 이어지는 아케이드 상가에는 사람의 물결로 발 디딜 틈이 없었다. 돈키호테 슈퍼에는 소문대로 한국인 관광객이 압도적으로 많았다.

▲ 도톤보리와 신사이바시를 연결하는 아케이드 상가에 인파가 넘친다.

신칸센은 고속철의 세계 챔피언이다

▲ 내가 구입한 2주짜리 JR 패스

3월 21일, 일본 여행 4일 차다. 오늘 아침 일찍 아내는 패키지여행팀과 함께 귀국길에 올랐고, 나는 도쿄로 출발했다. 이제부터는 나 혼자만의 자유여행이다. 나는 비행기는 일등석을 못 타지만 기차는 가급적 일등석을 탄다. 가성비가 좋기 때문이다. 이번에도 2주짜리 JR 패스를 사면서 일등석인 그린석을 끊었다. 그린석은 한 줄에 4개 좌석이, 이등석은 5개 좌석이 들어간다. 우리 KTX나 독일의 ICE보다 차량wagon 내부의 폭이 더 넓어 보였는데, 철로는 1,435mm의 표준궤로 마찬가지다.

이번 여행에서 탄 첫 신칸센은 신오사카에서 도쿄로 가는 도카이도선 히카리였다. 신칸센은 정차역의 과다에 따라 노조미, 히카리, 고다마 3개 등급이 있다. 도쿄에서 신오사카까지 초특급 노조미는 시나가와, 신요코하마, 나고야, 교토에만 정차하고, 특급 히카리는 노조미보다 조금 더 많은 역에서 정차하고, 완행 고다마는 모든 역에 정차한다.

효율적이면서도 친절한 신칸센의 세계를 체험하다

신오사카역으로 가서 역무원으로부터 한국에서 사 온 JR 패스 교환권을 주고 JR 패스를 받았다. 이 패스로 오늘부터 이 주간 신칸센을 포함, 모든 일본철도Japan Rail를 탈 수 있다. 그런데 분실하면 복구할 방법이 없다. 잘 갖고 다녀야 한다. 좌석을 예약하는데, 역무원이 내 짐가방을 보여달란다. 왜 짐가방까지 보여달라는 건지 영문을 몰랐는데, 기차를 타고 나서 보니 내 짐가방을 선반에 올릴 수 없는 게 아닌가. 결국 내가 앉은 자리 앞에 놓고 겨우 앉아 가는데, 몇 정거장을 가도 내 옆자리에는 사람이 타질 않았고 그제야 내 옆자리를 비워두었다는 걸 알 수 있었다. 역무원은 내 짐가방의 크기를 보려고 했던 것이다. 사려 깊은 역무원의 배려로 좌석 2개를 차지하고 편하게 올 수 있었다. 번역기를 가운데 놓고 대화를 나눈 JR 직원의 넘침도, 모자람도 없는 업무 자세가 쿨하게 느껴졌다.

신오사카역에서 8시 48분 출발한 열차가 도쿄역에 11시 42분에 도착했다. 515.4km를 오는 데 채 3시간이 안 걸렸다(나는 반년 후 캘리포니아에서 여행하면서 암트랙을 탔는데, 샌프란시스코에서 산타바바라까지 약 700km 거리를 9시간 반이나 걸려 도착했다). 이 구간의 편도 승차 운임은 14만 원 정도다.

신칸센은 차량 기술상 모든 차축에 동력을 공급하는 동력 분산 방식을 채용하

▲ 이번 여행에서 마지막으로 탄 신칸센

여 가감속 성능이 뛰어나다. 그래서 고속으로 달리면서도 많은 역에 정차할 수 있다. 이와 달리 독일의 ICE, 프랑스의 TGV, 한국의 KTX는 기관차에만 동력을 집중하는 방식이다. 실제로 신칸센은 8개 노선, 총연장 2,830km에 모두 114개의 정차역이 있다. 노선 대비 정차역이 가장 많은 고속철이다.

내가 이번에 타보니 커브 구간을 달릴 때 안쪽이 내려가고 바깥쪽이 올라가는 걸 확실하게 알 수 있었다. 그렇게 해야 커브 구간에서도 속력을 낼 수 있다. KTX에서는 느끼지 못한 것이다. 신칸센의 승차감은 벤츠 S클래스 같은 대형차를 탄 느낌이랄까, 달그락거리는 KTX는 물론이고, 독일의 ICE보다도 묵직한 중량감이 느껴졌다. 한창 속력을 낼 때는 시속 300km를 넘나드는데 무서울 정도다. 신칸센은 1964년 세계 최초로 고속철의 개념을 도입, 운영하고 있다. 배차 간격이 생각보다 촘촘해서 출퇴근 시간대에는 거의 4~5분 간격으로 운행하므로 좌석 예약을 하지 않고 자유석을 이용하는 승객이라면 언제든 역에 가면 바로 승차할 수 있다. 그런 가운데 고도의 정시성과 안전성을 유지한다니 실로 놀랍다.

일본은 시속 514km까지 달릴 수 있는 자기부상열차 야마나시 마글레브를 개발, 시험 운행 중이다. 1km를 7초 만에 주파할 수 있는 속도다. 야마나시 쓰루都留시에 42.2km의 시험 운행 트랙을 갖고 있고 2027년 상업 운행을 목표로 하고 있다.[101] 고속철의 세계 챔피언 일본의 위상은 미래에도 흔들리지 않을 것 같다.

일본은 청결의 세계 챔피언이다. 객차 내에서 커피를 팔던 여승무원이 다시 와서 커다란 비닐봉지를 들고 다니며 승객들의 쓰레기를 거둬 갔다. 하기야 암트랙 승무원들은 열차 내 쓰레기통을 치우고 화장실까지 청소한다. 우리나라 KTX에서는 커피도 팔지 않는다. 객차 내 서비스라곤 도무지 찾아볼 수 없다. 일본에는 에도 시대부터 가도와 역참이 정비되면서 여행 문화가 발전하기 시작했다. 도쿠가와 막부가 시행한 참근교대제의 역할이 컸다. 당시 영주나 귀족만 여행한 건 아니었다. 서민도, 개도 여행에 나섰다. 당시 짓펜샤 잇쿠十返舍一九가 쓴《도카이도 도보 여행기》가 큰 인기를 끌었다고 한다. 에도 시대 이후의 이러한 여행 전통은 오늘날 신칸센에도 살아 숨 쉬는 듯하다.

도쿄역에 도착한 후 JR 전철로 도쿄돔 인근의 숙소로 왔다. 도쿄역에서 JR 야마노테선山手線을 타고 두 정거장 만에 JR 츄오선中央線으로 갈아타고 다시 한 정거장 와서 스이도바시水道橋역에서 내렸다. 도쿄돔이 인근에 있고 진보초에서도 멀지 않은 곳이다. JR 패스로 도쿄 시내 JR이 운영하는 전철도 탈 수 있다.

세계에서 제일 높은 방송탑, 스카이트리

▲ 스카이트리

숙소 체크인 후 바로 나와 제일 먼저 찾아간 곳이 도쿄 스카이트리다. 2012년 세워진 일본의 과학 건축 기술이 농축된 세계에서 제일 높은 방송송신탑이다. 1958년에 세워진 도쿄타워가 일본의 고도 성장기를 체험한 장년층에게 '후루키요키지다이古き良き時代', 즉 과거의 좋은 시절을 회상하는 도쿄의 상징물로 남아있는 반면, 2011년의 동일본 대지진을 견뎌낸 스카이트리는 오랜 경제불황으로 움츠러든 청년층에게 힐링과 재기를 상징하는 장소로 인기가 있다.[102] 그 높이가 634m인데 하늘로 힘차게 뻗어 있는 쇠기둥을 보면서 그 위용을 실감했다. 맑은 날에는 여기서 후지산이 보인다. 마침 오늘이 3월 21일 춘분이다. 일본의 공휴일이다. 날씨가 매우 흐렸는데도 인산인해였다. 표 사는 데만 40~50분이 걸렸던 것 같다. 1차로 350m 천망天望 데크, 2차로 천망 회랑까지 두 번으로 나누어 엘리베이터를 탔다. 발아래로 스미다강이 내려다보였고 광활한 도쿄 시내가 눈 아래 펼쳐졌다.

고찰 센소지와 니혼바시

스카이트리에서 내려와 센소지淺草寺로 갔다. 센소지는 아스카 시대였던 628년 스이코推古 여왕 당시 창건되었다. 도쿄에서 가장 오래된 절이다. 백제에서 일본에 불교를 전래한 후 6세기 중에 아스카데라와 시텐노지가 세워졌고 7세기에 들어서면서 호류지가 창건되었다. 그 시기에 벌써 센소지가 세워져 간토 일대에서 관음신앙의 중심지로 자리매김한 것을 보면 불교의 확산이 일찌기 전국적으로 이루어졌음을 보여준다. 가미나리몬風雷神門부터 센소지로 가는 나카미세仲見世 거리의 노포에선 다양한 선물용 잡화나 핑거 푸드를 팔았다. 내가 사 먹은 오차와 팥 과자, 조그만 생선을 통째로 튀긴 것들은 길거리에서도 손쉽게 먹을 수 있도록 만들었다. 맛

▲ 센소지

도 좋았지만 간편하게 먹을 수 있도록 한 작은 아이디어와 배려가 돋보였다.

스카이트리와 센소지가 있는 아사쿠사는 에도시대부터 서민들에게 최고의 인기를 누렸던 거리였다. 도쿠가와 이에야스가 에도성으로 입성할 당시만 하더라도 아사쿠사 일대에는 센소지를 제외하곤 황량한 벌판이었다. 그러다가 1625년 도쿠가와 가문의 쇼군을 모시는 간에

▲ 나카미세 노포 거리

이지寬永寺가 세워지고 1657년 메이레키 대화재 이후 도심의 신사와 사찰이 이전해 와서 비불을 공개하는 가이초開帳나 스모 행사가 열리면서 이곳 서민들에게 진귀한 볼거리를 제공하였다. 나중에는 도심의 유곽까지 이전해 와서 불야성을 이루었다. 아사쿠사가 많은 사람들이 북적이는 장소를 의미하는 사카리바盛り場로 자리매김한 것이다.[103]

밤에 찾아간 니혼바시日本橋 인근 지역은 은은한 조명 속에서 고풍스러운 멋을 풍기고 있었다. 1603년 지어진 니혼바시는 그동안 화재로 여러 번 소실되어 지금의 다리는 20번째로 1911년에 돌로 만든 아치형 다리다. 19세기 초 우타가와 히로시게의 우키요에인 《니혼바시》를 보면 다리 자체도 지금 것과 전혀 다르고 다리 뒤쪽으로는 에도성과 후지산이 보인다.

니혼바시는 도쿄의 도로 원점이다. "도쿄까지 몇 km 거리다."라고 할 때 그 거리는 바로 니혼바시까지의 거리를 말한다. 서울의 원점은 광화문이다. 이에야스가 히데요시의 영지 교체 명령에 따라 1590년 에도에 왔을 때 에도는 갈대밭뿐인 한촌이었다. 그러다가 니혼바시가 지어졌고, 에도는 전국에서 몰려드는 상인과 무사들로 번창하기 시작했다. "니혼바시의 노동자 수천이 끄는 짐차의 울려 퍼지는 소리로 알고 듣는다."라는 표현이 있을 정도로 니혼바시 일대는 상인과 수공업자가 집중적으로 거주했던 지역이었다.

이 분주했던 니혼바시에도 1853년 7월 페리 제독이 흑선을 이끌고 나타나 무력시위를 할 즈음에는 사람이 없어졌다. 마귀 인간들이 탄 시커먼 배의 출현으로 사람들이 집을 버리고 도망을 갔다. 훈련을 하지 않고 지내던 사무라이들은 칼을 꺼내 녹을 벗겨내려고 안간힘을 썼다.[104] 필모어 대통령의 친서를 휴대한 페리 제독이 이끌고 온 '구로후네黑船'는 일본에서는 여전히 힘으로 밀치고 들어오는 외세를 상징한다. 당시 막부는 미군과 일전을 불사할 준비를 하였고 전사를 예상하여 흰 기모노를 준비했다.[105] 에도는 18세기에 이미 인구가 100만 명을 넘어섰고, 활발한 상거래와 풍성한 예술공연이 펼쳐지던 메트로폴리탄이었다. 에도 시대는 "밀리미터 단위까지 사회가 구분되어 있다"라고 할 정도로 엄격한 신분제 사회였다.[106] 무사가 아닌 농공상인들은 무명옷을 입고 초가집에서 살고 무사 앞에서는 말에서 내려야 했다. 하지만 그들의 생명과 재산은 보장되었고, 산업과 상업 활동은 장려되었다. 에도 시대 일본의 국력이 꾸준히 성장한 배경이다.

▲ 니혼바시

지금도 니혼바시 일대는 상업과 금융의 중심지로 번창하고 있다. 인근 주오도리中央通 거리에는 유명 백화점과 대형 상업시설들이 모여 있다. 일본 최초의 백화점인 니혼바시 미쓰코시 본점과 니혼바시 다카시야마 백화점 건물이 특히 아름다웠다. 현대 과학기술의 결정체, 스카이트리를 보면서, 그리고 고층 빌딩가를 걸으면서도 센소지나 니혼바시 같은 유서 깊은 사찰과 건축물들을 볼 수 있는 도쿄가 첫날부터 마음에 끌렸다.

일본말의 뿌리는 한국 고대어

오사카 도톤보리에도 '일본교日本橋'가 있는데 이건 니혼바시가 아니라 닛폰바시라고 발음한다. 《천황은 백제어로 말한다》의 저자 김용운 박사는 도쿄어는 신라어, 교토어는 백제어와 통한다고 했다. 도쿄 등 관동지방에는 경상도나 함경도 말처럼 탁음이 많고, 교토를 중심으로 하는 기나이 지방에는 충청도 말처럼 유음이 많다는 것이다. 그리고 한국의 고어는 지금의 한국어보다 일본어에 가깝다고 한다.[107]

《노래하는 역사》의 저자 이영희 교수도 일본말의 뿌리가 한국말이라며 이렇게 말한다.[108]

> "말은 지배자의 말로 지배된다. 그 좋은 보기로 영어를 들 수 있다. 11세기 영국을 정복한 노르망디공은 프랑스말을 썼다. 영국왕 윌리엄 1세로 즉위한 다음에도 그는 줄곧 프랑스말을 썼고 상류층도 덩달아 이를 따랐다. 이후 프랑스말은 3백여 년 간에 걸쳐 선주민의 언어인 앵글로색슨말과 섞여 오늘날의 영어가 되었다... 그러나 일본의 경우는 좀 특수하다. 극히 소수의 원주민을 제외한 선주민 자체가 한국계였으므로 1천여 년에 걸쳐 한국의 고대어가 쌓이고 쌓여서 오늘날 일본말의 뼈대가 되었다.… 결국 7, 8세기 고대 일본말은 "일본식 한국 고대 방언"이다."

이영희 교수는 일본의 4대 고전《고사기, 일본서기, 풍토기, 만엽집》이 이두식 우리 고대어로 쓰여져 있기 때문에 이 일본 고전들은 우리말과 우리 역사의 보물 창고라고 했다. 특히 인명, 지명, 풍속, 기술, 노래 등에 우리 고대어가 많이 숨겨져 있다고 했다. 일본서기는 총 30권 중 중국인인 속수언과 살홍각이 중국어로 쓴 것을 제외한 신대~20대 안고우安康 천황, 33대 스이고 천황~34대 조메이 천황 그리고 40대 덴무 천황 시기의 기사는 당나라가 아닌 신라에 유학한 야마다노 후히토미가타山田史御方가 왜음과 일본식 한문으로 집필하였다.[109] 그래서 역시 우리 고대어의 잔재를 볼 수 있다는 것이다.

그리피스는 인도게르만어를 쓰는 아이누족의 언어 흔적이 아직도 일본 열도 전역의 산하 지명에 남아있는데, 나중에 한자가 들어 오면서 당시 아이누 발음을 한자로 치환했다고 한다. 그래서 지금 한자 지명은 넌센스이기 때문에 뜻풀이가 아무런 의미를 갖지 못한다. 예를 들면 야마토는 '밤나무 연못'이라는 의미이며 후지산은 '아이누 신의 불'로부터 온 것이다. 사쓰마, 하코다테, 에도 같은 지명도 아이누말이다.[110] 그는 아리안인 아이누를 매개로 일본의 역사, 언어, 고고학이 서양과의 친척성을 드러낸다고 했다.[111]

하루 종일 도쿄 시내를 발로 누볐다

3월 22일, 일본 여행 5일 차다. 아침에 호텔을 나와서 진보초 책방 거리를 거쳐 야스쿠니 신사까지 걸어갔다. 야스쿠니 신사와 부속 박물관인 유슈칸을 천천히 둘러보고 나와서 기타노마루 공원과 천황궁인 고쿄皇居를 둘러싼 해자를 끼고서 걸었다. 국립극장, 최고재판소, 국회의사당을 지나 고쿄 정문 쪽으로 내려왔다. 마침 활짝 핀 벚꽃이 화사한 분위기를 연출했다. 거리는 벚꽃놀이를 나온 사람들로 붐볐다. 사쿠라다몬櫻田門 게이트로 들어가 고쿄가이엔皇居外苑을 거쳐 사카시타몬坂下門 게이트 앞까지 갔다가 마루노우치 빌딩가를 가로질러 도쿄역에서 JR 전철을 타고 호텔로 돌아오니 5시간 반 정도가 걸렸다. 지도를 보니 고쿄 주위 둘레길 4분의 3 정도를 온전히 도보로 걸어서 돈 셈이었다.

중고 책방이 몰려 있는 진보초神保町 거리는, 고서의 내음이 짙게 밴 연륜이 쌓인 고서점 책방을 연상했던 탓인지 생각보다는 덜 매력적으로 보였다. 하지만 길거리에 내놓은 책들의 면면을 보면서 역시 일본이 독서와 기록의 왕국임을 새삼 깨닫는다.

야스쿠니에 모셔진 천황 군대와 갈 곳 없는 나치 군대

야스쿠니 신사에는 4개의 도리이가 있다. 진보초에서 걸어가 25m 높이의 다이이치도리이第一鳥居를 지나니 중앙 광장에 동상 하나가 보인다. 1893년 세워진 일본 최초의 서양식 동상이라는 오무라 마스지로大村益次郎의 동상이다. 조슈 출신인 그는 근대 일본 군대의 창설자로서 야스쿠니 신사 창건에도 간여하였다. 배전에는 참배 중인 일반 참배객들이 많았다. 영령을 모신 본전은 배전 뒤에 있어 바깥에선 잘 보이지 않았다.

야스쿠니 신사靖國神社는 우리의 현충원 같은 곳이다. 안내 팸플릿에서도 "조국

▲ 야스쿠니 신사의 다이니 도리이, 두 번째 도리이로서 청동으로 만든 도리이 중 일본에서 제일 크다

수호를 위한 공무로 희생된 사람들의 영혼"을 모신 곳이라고 설명한다. 야스쿠니 신사는 메이지 시대 세워진 쇼곤사招魂社가 그 전신이다. 메이지 유신 이후 천황 숭배와 민족주의를 고양하기 위한 정치적, 사회적인 역할을 강조하는 국가신도의 대표적인 신사다.[112] 지방에는 이와 유사한 고코쿠護國신사가 산재해 있다.

메이지 유신 당시의 내전이었던 보신, 세이난 전쟁부터 일청, 일러, 일중 전쟁을 거쳐 태평양 전쟁까지의 전몰 군인과 민간인 등 총 246만 6천여 명의 영혼을 안치했다. 1978년에 태평양 전쟁 전범들을 여기에 합사合祀했다. 천황을 위해 죽은 사람이라면 누구인지 굳이 가리지 않았지만 막말 내전에서 막부에 충성을 다했던 불쌍한 영혼들은 여기에 없다.[113] 1959년 일본정부에서 관리하는 지도리가후치 전몰자묘원이 설립되었다. 2013년 존 케리 미국무장관은 야스쿠니 대신 이곳을 방문하였다.

야스쿠니 신사는 매년 일본 총리가 참배했다느니, 공물을 바쳤다느니 하는 뉴스로 우리의 이목을 끈다. 일본으로서는 어쨌거나 나라를 위해 목숨을 바친 전몰 영령들이니 이들을 어디선가는 거두어야 할 것이다. 더욱이 일본은 죽은 이의 영혼을 숭배하는 신도의 나라다. 그래서 이런 역할을 이곳에 떠맡긴 것이 아닐까? 신도가 민간 차원의 종교라지만 야스쿠니 신사를 그렇게만 보기는 어렵다. 신사의 격 중에 가장 높은 신궁의 경우 운영 주체가 국가로서 그 종사자들은 국가 공무원의 신분을 갖는다. 야스쿠니 신사는 신궁의 격은 아니지만 실질적으로 신궁과 상응한 격을 갖는다고 보는 게 맞겠다.

천황은 야스쿠니 신사를 찾지 않는다

히로히토 천황은 도조 히데키를 포함한 전범들을 합사한 이후 야스쿠니 신사를 찾지 않았다. 그전까지는 이곳을 8번 찾았다. 그의 아들 아키히토 천황도, 손자인 지금의 나루히토 천황도 이곳을 찾지 않는다. 1978년 전범들의 합사는 당시 야스쿠니 궁사였던 마츠다이라 나가요시에 의해 결정되었는데, 그의 부친 요시타미는 평화주의자로서 전범들의 합사를 원치 않았다. 히로히토는 이렇게 말했다고 한다.

> "자식이 애비의 마음을 몰랐다.
> 그것이 내가 더 이상 신사를 방문치 않는 이유다.
> 그것이 내 마음이다This is my heart"[114]

▲ 야스쿠니 신사 배전

독일에는 전쟁 전몰장병들을 위한 이런 국가적 차원의 국립묘지나 영령 안치 시설은 없다. 전쟁 당시 만들어진 장병들의 묘지나 비석들이 동네마다 남아 있을 뿐이다. 대다수 독일의 전몰장병들이 홀로코스트라는 제노사이드 범죄에는 간여하지 않았지만, 그들에게 일종의 연대 책임을 지운 셈이다. 그래서 똑같이 제2차 세계대전을 일으키고 전쟁 범죄를 저질렀지만, 독일의 군인들은 일본처럼 국가 차원의 예우가 없다.

그러고 보니 많은 일본 시민이 이곳을 방문해서 동전을 던지고 참배한다. 우리 현충원이 그저 고위공직자나 정치인들의 의례적인 방문지가 되고 있는 것과는 대조적이다. 일본의 신도는 메이지 유신과 함께 일본 정부가 국책으로 진흥시켜 대중화에 성공했다. 이것은 국가신도의 출현이었다. 이승만 대통령은 1941년 《Japan Inside Out》에서 일본의 국가신도에 투영된 천황의 "무오류성"과 같은 신성사상이 전쟁 심리를 부추기고 있다면서 그 위험성을 지적하였다.[115] 패전 후 1945년 12월 연합국의 《신도지령神道指令》으로 국가신도는 공식적으로 해체되었다.[116] 국가신도가 천 년 이상 이어져 온 일본의 고대 전통에 결합해 천황이나 국가를 일반 시민과 가까이 다가가게 한 것은 에릭 홉스봄Eric Hobsbawm이 말한 '만들어진 전통'의 가장 전형적인 사례인 듯하다.

유슈칸, 침략 전쟁의 기억을 기리고 배운단 말인가

야스쿠니 신사의 부속 박물관 유슈칸遊就館에는 주로 전몰 군인과 함께 무기 등 전쟁에 관한 기억이 전시되고 있었다. '유슈'는 중국 고전에 나오는 말로 귀중한 영혼들을 접촉하고 배운다는 의미다. 그렇다면 침략 전쟁을 도모하고 참전한 군

▲ 유슈칸

인들로부터 무엇을 배운다는 말인가? 또 일본 군인들이 나라를 "지키기defend" 위하여 전몰했다고 설명하고 있다. 그렇다면 나라를 지키기 위하여 남의 나라를 침략했다는 말인가? 일방적인 관점임을 토로치 않을 수 없다.

오사카성에서 도요토미 히데요시의 조선 침략도 '침략' 대신 '출병'이란 말을 쓰고 있음을 보았다. 왜 이들은 침략을 침략으로 부르지 못할까? 침략이 악행임을 안다는 점을 제외하면 이들의 인식은 보편적인 인류의 공동 인식과는 한참이나 먼 것이다. 일본 속담에 "과거는 물에 흘려보낸다."라는 말이 있는데 지나간 분쟁은 빨리 잊고, 실수를 언제까지나 추궁하지 않는다는 의미라 한다.[117] 그래서일까?

문명국 일본의 아쉬운 대목이다. 대부분의 전시실에선 사진 촬영이 금지되고 기념품 가게의 판매 책자들도 일어본 외에 영어본은 없었다. 야스쿠니 신사를 일본인들을 위한 국가 내부적 시설물로 이해해 달라는 메시지인 듯하다.

고쿄와 가스미가세키 관청가

고쿄皇居는 일본 천황이 사는 곳이다. 고쿄가 있는 에도성은 일본에서 가장 큰 성이다. 면적이 경복궁의 3~4배이고 자금성보다도 크다. 지금은 없어졌지만 에도성의 천수각은 아즈치성이나 오사카성의 천수각보다 높았다. 이것은 도쿠가와 이에야스가 오다 노부나가와 도요토미 히데요시를 물리친 최후의 승자임을 알리는 것이다. 바깥에서부터 산노마루, 니노마루, 혼마루의 세 겹에 이르는 해자가 있어 마치 소라 껍데기 같은 구조를 갖고 있다.[118]

고쿄를 둘러싼 해자에서는 시민들의 뱃놀이가 한창이었고 건너편 둘레길에는 벚꽃놀이를 나온 사람들로 붐볐다. 1868년 초 보신전쟁 당시 신정부군의 사이고 다카모리와 막부군의 가쓰 가이슈 간의 협상으로 신정부군이 에도에 무혈 입성하였고, 에도는 파괴를 피할 수 있었다. 이듬해 3월 교토에 살던 천황이 쇼군이 살던 에도성으로 옮겨왔다. 처음으로 천황과 정부가 같은 수도에 머물게 되면서 그간 천 년을 지배해 온 천황과 쇼군 간의 듀아르키duarchy가 물리적으로 깨지는 순간이었다. 에도의 새 이름 도쿄는 말 그대로 동쪽의 서울이라는 의미다. 그러니 교토는 여전히 일본의 서울인 셈이다. 천 년의 수도 교토를 배려한 개명이었다. 정문 앞 석교가 고색창연하다. 안경 다리로도 불리는 이 정문석교를 건너 다시 니주바시(이중교)로 불리는 철교를 건너면 니시노마루 현관문을 통하여 에도성 궁전으

▲ 고쿄를 둘러싼 해자에서 뱃놀이 하는 시민들

▲ 세이몬이시바시正門石橋, 뒤쪽에 하얀 후시미 망루伏見櫓가 보인다

▲ 고쿄 내 후지미 망루富士見櫓 뒤로 마루노우치 빌딩가가 보인다 / 2025. 6. 촬영

로 들어가게 된다. 나는 2025년 6월 도쿄 방문시 walk-in 프로그램으로 예약없이 고쿄를 방문하였다. 기쿄몬桔梗門으로 들어가 궁전 앞 광장을 거쳐 니주바시로 나오니 후시미 망루가 보였다.

고쿄의 바깥 정원 고쿄가이엔皇居外苑 넓은 잔디밭에는 남북조 시대 고다이고 천황의 충신 구스노키 마사시게楠木正成가 말을 타고 있는 모습의 동상이 있다. 그는 천하가 천황에게 등을 돌린 뒤에도 싸우다 죽으라는 칙명을 내려 달라고 했던 인물이다. 지금 천황가는 남북조 시대 이래 북조의 혈통을 이어 받았다. 그런데 고쿄의 바깥 정원에 남조에 충성을 다한 인물의 동상이 세워져 있는 것을 어떻게 봐야 할까. 이곳에 조성된 소나무들을 보니 예사롭지 않다. 적당한 크기로 찍어낸 듯 일정한

▲ 고쿄가이엔에서 바라 본 마루노우치 빌딩가 / 스카이라인이 조화롭다

▲ 일본 국회의사당 / 왼 쪽이 중의원, 오른 쪽이 참의원

형태를 취하고 있다. 본사이盆栽의 확대형이라 할까. 단조로운 듯하면서도 아름답다.

고쿄의 해자 건너편에 최고재판소, 국회의사당, 국립극장 등이 몰려 있는 가스미가세키의 관청가가 있다. 가스미가세키는 에도 시대 전망 좋고 주거 조건이 쾌적하여 무사들의 저택이 늘어선 야마노테山の手 지역의 대표적인 곳이다. 이와 대비되는 곳이 매립지가 많은 시타마치下町 지역으로서 여기에는 주로 상공업에 종사하는 조닌들이 거주하였다. 긴자, 니혼바시, 아사쿠사가 시타마치에 속한다. 역시 건축은 그 나라의 국격이다. 일본의 최고재판소를 보니 서초동의 우리 대법원 건물이 생각났다. 멋없이 키만 큰 감동 없는 건물이다. 김수근 씨의 작품인 여의도 국회의사당은 일본의 국회의사당에 견주어도 손색이 없을 듯하다. 내가 근무했던

▲ 도쿄역 / 마루노우치 역사

도하의 카타르 대사관 건물도 김수근 씨의 작품이었다. 작지만 아름다웠다. 도쿄역의 역사 건물은 1914년 준공되었는데 적벽돌의 외양이 아름답다. 인근 마루노우치 금융가의 고층 건물들과 신구의 대조와 조화가 빚어내는 아름다움이 돋보인다.

호텔로 돌아와서 시간 반을 쉬고 다시 나갔다. 우에노上野 공원부터 갔다. 해 지기 전에 벚꽃을 보기 위해서였다. 이제 막 벚꽃이 피기 시작했다. 이 공원은 1873년 지정된 일본 최초의 공원이다. 공원 내에 박물관, 미술관, 콘서트홀, 그리고 동물원이 있다. 현대 건축의 거장 르코르뷔지에가 설계한 국립서양미술관은 유네스코 세계문화유산이다. 때마침 벚꽃 구경하러 나온 인파로 걷기 힘들 정도였다. 이번 일본 여행에서 보니 인도 관광객들이 눈에 많이 뜨였다. 이들은 자신의 전통 복장을 하고 다니니 금방 알 수 있다. 여행을 한다는 건 사는 형편이 나아졌다는 것이리라.

신주쿠 오모이데요코초 골목, '혼술'의 소소한 행복

날이 저물었다. 다음 행선지인 신주쿠新宿로 향했다. 꼬치 거리라는 오모이데요코초 선술집 골목에서 닭고기, 돼지고기 꼬치구이로 삿포로 맥주 한 병을 비웠다. 1,800엔이 나왔다. 싸지 않나? 여행 중 마시는 맥주 맛은 일품이다. 체코에서 왔다는 미

▲ 오모이데요코초 선술집

국 유학생과 옆에 앉아 대화를 나누었다. 이 친구는 한국도 몇 번을 다녀왔다고 한다. 그러다가 가부키초歌舞伎町를 보고 시부야澁谷로 넘어왔다. 그 유명한 스크램블 교차로를 건너 저녁을 먹고 호텔로 돌아오니 밤 10시가 훌쩍 넘었다. 신주쿠나 시부야는 24시간 잠들지 않는 거리다. 오늘 걸음걸이가 3만 보를 넘었다.

시부야 스크램블 교차로는 세계에서 가장 사람들의 왕래가 많은 교차로라 한다. 그런데 가만 보니 대각선 얼룩말 선이 두 방향으로 교차하지 않고 한 방향으로만 그어져 있다. 그 많은 사람이 서로 부딪히지 않고 잘 걸어 다닌다. 시부야역 앞에 충성스러운 개, 하치의 동상이 있는데 놓치고 보지 못해 아쉽다. 그곳엔 세계

▲ 밤 10시가 넘은 시부야 지하철역

의 사람들이 다 모여 있었다. 다양한 인종, 국적의 사람들이 거침없이 부딪힌다.

도쿄의 거리나 지하철에서 볼 수 있는 일본 사람들은 외모나 복장에 그다지 신경을 쓰지 않는 것 같다. 서울에선 이제 볼 수 없는 통 넓은 바지나 넥타이도 드물지 않게 보인다. 남에게 보여주기 위한 꾸밈의 생활이라기보다는 자신을 위한 삶을 살아가는 이들에게서 자유분방한 개성과 멋, 그리고 인간적인 매력을 느낀다. 아카데미상을 3번이나 수상한 메릴 스트립Meryl Streep은 성형을 하지 않는 이유로, 자신의 얼굴 하나하나가 인생 경험을 나타내고 있기에 그대로 간직하려 한다는 말을 남겼다.

이사일사二社一寺의 닛코산나이

▲ 닛코행 열차를 타는 아사쿠사역

3월 23일, 여행 6일 차다. 아사쿠사浅草에서 기차를 타고 도쿠가와 이에야스의 묘소가 있는 닛코日光로 향했다. 도쿄 근교의 목적지로는 원래 가마쿠라만 계획에 넣었다가 닛코는 도쿄 현지에서 급작스레 결정하여 가게 되었다. 여행의 반은 준비라는데, 준비가 부족하니 허둥댈 수밖에 없었다. 다행히도 큰 실수 없이 볼 건 다 봤고, 안 보면 후회할 뻔했다.

닛코는 도쿄에서 동북쪽으로 140km, 가마쿠라는 정반대인 도쿄 남서쪽으로

50km 떨어져 있다. 아사쿠사역에서 닛코역까지는 2시간이 채 안 걸렸다. 1899년 6월에 닛코를 방문한 독일군의 빌헬름 폰 리히트호펜 남작은 도쿄에서 이곳까지 기차로 5시간이 걸렸다고 했다. 그는 자신의 기행문에서 "닛코를 보지 않은 자는 '멋있다'라는 말을 할 자격이 없다."라는 일본 속담을 인용했다.[119] 닛코역에서 기차에서 내려 시내로 들어갔다가 버스를 타고 이로하자카 48 구비 도로를 꼬불꼬불 돌아서 산 위로 올라갔더니 놀랍게도 산 정상에 큰 호수가 나타났다.

주젠지호中禪寺湖다. 주젠지호는 해발 1,200m가 넘는, 일본에서 가장 높은 곳에 있는 호수다. 여름 피서지로 각광받는 곳으로 메이지 시대에는 외교관들의 여름 별장이 몰려 있었다. 여기에서 케곤華嚴 폭포를 볼 수 있다. 20세기 초 니체와 쇼펜

▲ 봄비로 젖어 있는 주젠지 호수. 몽환적이다.

하우어를 추종하는 청년들의 자살이 이 폭포에서 줄을 이었다고 한다. 호숫가를 거닐다 우연히 들어간 한 카페에서 내다본 호수는 마침 잔잔하게 내리는 비와 물안개로 몽환적인 풍경을 연출하고 있었다. 잠시나마 진한 여수를 느껴본다.

▲ 케곤 폭포

닛코는 이사일사二社一寺의 도시다. 두 곳의 신사와 한 곳의 절이 있다는 의미다. 닛코산나이日光山内라는 이곳 닛코 일대가 모두 유네스코 세계유산으로 포괄 등재되었다. 개별적인 유산이 아니라 특정 지역 전체를 등재한 첫 사례다. 도쿠가와 이에야스를 모신 도쇼쿠東照宮와 고대로부터 내려온 산악신앙의 중심지인 후타라산二荒山을 신체로 하는 후타라산 신사, 그리고 린노지輪王寺가 있다. 린노지 본당에는 3개의 대불상(천수관음상, 아미타여래상, 미륵관음상)이 있어 삼불당이라고도 한다. 소요원이라는 부속 정원이 있다.

도쿠가와 이에야스를 신격화한 도쇼쿠

닛코산나이 입구에 다이야강을 가로질러 세워진 신교神橋는 붉은색 주칠로 단장한 나무다리다. 닛코가 도쿠가와 막부 최고의 성소임에도 이 다리는 오직 천황만이 사용토록 지어졌다고 한다.[120] 우선 린노지와 부속 정원인 소요원을 둘러본 후 도쇼쿠로 넘어갔다. 도쇼쿠는 국보를 8개나 갖고 있다. 당시 최고 기술을 동원한 옻칠과 극채색을 구사한 화려한 조각이 뛰어나다. 본전과 배전이 이시노마石の間(신발을 신은 채로 들어갈 수 있는 바닥)로 연결된 곤겐즈쿠리權現造 양식으로 지어졌다. '곤겐즈쿠리'라는 말은 도쇼쿠로부터 유래되었으며 영묘 건축의 대표적 양식이다.[121]

1616년 도쿠가와 이에야스가 죽으면서 그 이듬해에 아들인 2대 쇼군 히데타다秀忠가 시즈오카의 구노잔久能山에서 유해를 가져와 영묘를 만들어 도쇼쿠를 창건하면서 이에야스의 신격화 작업이 시작되었다. 손자인 3대 쇼군 이에미츠家光가 확장, 재건하여 지금의 모습을 갖추게 되었다. 이에미츠는 도쿠가와 막부의 초기 기반을 확립한 쇼군이다. 그는 천주교도의 시마바라 난을 진압하고 스페인과 포

▲ 요메이몬 / 가운데 건물이 요메이몬이다

르투갈에 대한 도항 금지를 단행하면서도 네덜란드와의 교역 창구로 나가사키에 데지마를 만들었다. 그는 훗날 자신도 도쇼쿠 경내의 다이유인大猷院에 묻혔다. 그의 무덤은 할아버지 이에야스를 존경하는 마음에서 도쇼쿠를 바라보는 동북쪽으로 지어졌다고 한다. 그는 제2의 이에야스로 불린다.

재미있는 것은 이에미츠가 이에야스의 손자가 아니라 아들이라는 이야기다. 이에야스의 아들인 2대 쇼군 히데타다가 장남인 이에미츠가 아닌 차남에게 쇼군직을 물려주려 하였으나 오고쇼로서 막후 권력을 행사하던 이에야스의 반대로 장남인 이에미츠가 3대 쇼군이 되었다. 그런데 이것은 이에미츠가 이에야스와 그의 유모 사이에서 낳은 아들이기 때문이었다는데 진실은 무엇일까.

이에야스는 그의 치세에서 학문을 장려했지만 이것이 부지불식간에 도쿠가와 막부의 몰락을 불렀다. 학자들이 듀아르키와 봉건제를 폐지하고 일본을 현대국가로 나아가는 단초를 제공했기 때문이다.[122] 고쿠가쿠國學와 미토가쿠水戶學가 그 대표적인 학파로서 천황 중심의 사관을 강조하여 메이지 혁명의 존왕양이 사상을 배태시켰다.[123]

습합신도와 유일신도 간의 경쟁

645년 소가 씨의 멸문으로 신도파였던 후지와라 씨가 득세하면서 불교와의 경쟁에서 신도가 우위를 나타내게 되었다. 센고쿠 시대에는 불교가 핍박 받았으며 자연스레 유일신도가 두각을 나타내게 되었다. 그러다가 에도 막부 때부터 메이지 유신 때까지는 양자 간에 균형적인 입장을 취하는 습합신도가, 그리고 메이지 유신 때부터는 폐불훼석으로 천황을 정점으로 하는 국가신도가 다시 지배적이 되었다. 도쿠가와 이에야스의 신격화 과정에서 습합신도와 유일신도, 두 신도 종파가 대립하였고, 습합신도 쪽의 덴카이天海가 승리하여 이에야스에게 '도쇼다이곤겐東照大權現'이란 신호神號가 주어졌다. 애초에는 유일신도에 의한 '다이묘진大明神'이라는 신호가 고려되었으나, 그 신호를 받은 도요토미 가문이 멸문되었다며 덴카이가 반대하자 히데타다가 도쇼다이곤겐으로 결정했다고 한다. 곤겐權現은 이자나기, 이자나미 두 신만이 사용하는 신호다.[124] 다이곤겐을 모신 도쇼쿠도 이세 신궁에 버금가는 지위를 부여받았으며 각 지방에도 40여 개의 말사를 설립하여 전국적인 제의 조직을 갖추었다.

이에야스 이전에 유일하게 신호를 부여받은 도요토미 히데요시도 신격화되었다. 히데요시가 기독교를 금하면서 "일본은 신국인 까닭에"라고 하였고, 이에야스는 "일본은 신국이자 불국이므로"라고 하였다. 히데요시는 유일신도이며, 이에야스는 습합신도임을 나타낸다. 즉 히데요시는 신도 신자이며 이에야스는 불교 신자다.[125] 도쇼쿠의 건축 양식도 신사보다는 불사에 가깝다. 20세기 초 독일의 건축가인 브루노 타우트는 이세 신궁의 순수성과 단순성을 높이 평가하면서도 도쇼쿠의 장식성을 인공적이라 비판하였다.[126] 히데요시는 고요제이後陽成 천황으로부터 도요토미 성姓을 하사 받은 후 천황의 권위를 적극 활용하여 전국의 다이묘들을 복속시켰으며 그들에게 관위를 주어 서열화 시켰다. 이것은 이들을 율령적인 관위 체계에 묶어 두려는 사실상의 왕정복고였고, 습합을 중시하는 이에야스는 이를 부정하였다. 이렇게 본다면 출신 성분 때문에 쇼군의 지위에 오르지 못한 히데요시가 천황의 권위를 더욱 존중한 셈이다. 메이지 유신은 동군에 대한 서군의 승리이자 유일신도의 습합신도에 대한 승리다.

요메이몬, 모모야마 시대보다 더 화려해졌다

▲ 산자루, 3마리 원숭이 조각

흰색 기둥, 황금색 단청 그리고 검은색 기와는 요메이몬陽明門의 화려함의 극치를 보여준다. 여기에는 용, 기린, 새, 물고기와 같은 동물과 꽃식물, 그리고 공자, 맹자 등 사람을 모두 합하여 500개의 조각에 금과 칠보를 입혔다. 그래서 히구라시몬日暮門이라는

▲ 요메이몬, 카라몬 쪽에서 찍었다 / 2025.6. 촬영

별명이 말해 주듯 이 문 하나를 해가 저물 때까지 하루 종일 볼 만하다는 것이다. 세 마리의 원숭이가 눈, 귀, 입을 가리고 있는 산자루三猿나 잠자는 고양이 네무리네코眠猫도 눈여겨볼 만하다. 네무리네코는 평화를 기원하며, 산자루는 나쁜 것을 보지도, 듣지도, 말하지도 말라는 도쿠가와 이에야스의 교훈을 나타낸다.

도쇼쿠가 건립된 때는 모모야마 문화를 계승한 간에이寛永 시대(1624~1644년)로 권력을 과시하려는 호화로운 영묘 건축이 유행하였다. 기존의 서원조 건축에 초암풍의 다실을 덧붙인 스기야즈쿠리數奇屋造 건축 양식도 나타났다.[127] 당시 정묘,

병자호란으로 피폐된 조선의 상황과 대조되는 시기였다.

닛코가 막부 창건 시조의 영묘로 간택된 까닭은?

본전에서 네무리네코를 지나 긴 계단 길을 올라가면 이에야스의 영묘다. 금, 은, 동 합금으로 만든 5m 높이의 청동 보탑寶塔 아래 그가 잠들어 있다. 1617년 이에야스를 이곳으로 이장한 후 보탑은 목재에서 석재, 그리고 1683년 지금의 금속탑으로 바뀌었지만, 무덤은 한 번도 열지 않았다고 한다. 20세기 초 일본을 방문한 영국의 후버트 저닝험 경은 교토나 나라의 쟁쟁한 신사나 사찰에 견주어 도쇼쿠

▲ 도쿠가와 이에야스의 영묘에 올려진 청동 보탑

가 최고의 찬사를 받을 수 있는 것은 뛰어난 건축이나 화려한 단청보다는 40마일에 걸친 아름드리 삼나무 숲으로 둘러싸인 빼어난 자연경관 때문이라며, 그것이 바로 닛코가 도쿠가와 왕자들의 영묘로 간택된 주된 이유라고 했다. 이에야스는 "몸은 구노산에 묻고, 닛코산에 사당을 세워 혼령을 모셔라."라는 유언을 남겼다.

도쇼쿠가 400년 가까운 세월에도 섬세하고 화려한 색채가 생생하게 살아 있는 것을 보면서 일본의 문화재 보존 수준이 상당히 높다는 걸 새삼 알게 되었다. 일본은 유지, 보수, 관리의 달인이다. 문화재를 대략 50년 단위로 보수, 관리한다고 한다. 한국에도, 중국에도 이미 남아 있지 않은 세계에서 가장 오래된 호류지 같은 고대 건축물들이 일본에 남아 있는 건, 지금도 지속되고 있는 일본인들의 문화재 재건, 보수 덕분이다.[128]

조선통신사는 사실상의 조공 사절이었나

요메이몬으로 올라가는 마당에는 인조가 조선통신사 편에 보낸 조선종과 네덜란드 동인도 회사가 가져온 오란다 회전 등롱燈籠이 좌우에 자리 잡고 있다. 조선통신사는 삼구족三具足(향로, 촛대, 화병)도 함께 가져갔다는데, 도쇼구에서는 볼 수 없었다. 이 중 청동 촛대 한 쌍은 이에미츠를 기리는 다이유인에 일본의 영주들이 보낸 다른 촛대들과 함께 전시되어 있다고 한다.

1636년 도쇼쿠가 완공되면서 일본은 네 번째 조선통신사를 통하여 편액, 시문, 종 등을 보내 달라고 요청하였고, 조선이 이에 부응하여 1643년 다섯 번째의 조선통신사가 에도로부터 이곳 산중까지 조선종을 갖고 왔다. 이 범종에는 도쿠가와 이에야스를 기리는 송문이 새겨져 있다. "일광산의 도량은 도쇼다이곤겐을 위해 세워졌는데 다이곤겐은 끝없는 공덕이 있어서 끝없이 섬기려는 것이다"로 시작하는 명문銘文이 바로 그것이다.[129] 내가 만난 빈 대학의 일본사 전공 제프 린하르트Sepp Linhart 교수는 당시 막부가 주민에게 과시할 목적으로 조선에 제철 재료를 보내서 조선에서 주조한 종을 가져오게 한 것이라고 했다. 그는 중국도 일본의 통신사 파견 요구를 받았지만 이를 거절했다며, 조선통신사의 방문시 수반된 교역에서는 조선의 서적류와 일본의 구리 등 광물이 교환되어 전형적인 선, 후진국 교역 패턴을 띠었다고 했다.[130]

▲ 도쇼쿠 조선종. 1643년 제5차 조선통신사가 가져왔다. 아무런 안내판이 없다.

▲ 도쿠가와 이에야스의 송문이 새겨진 조선종

도쿠가와 막부 당시 도쇼쿠는 막부의 시조인 이에야스를 모신 성소였던 만큼 이곳의 참배는 특별한 의미를 지닌다. 도쇼쿠의 4월 대제에 쇼군이 직접 다이묘들을 거느리고 참배하는 닛코고샤산日光御社參은 대대적인 국가 행사였다. 당시 수십만에 이르는 병졸과 인부들이 동원되었는데, 건국신화를 재현하는 의식이었다고 한다.[131] 막부는 바로 이곳에 조선과 류큐의 사절이 참배토록 요청하였다. 조선통신사는 1607년부터 1811년까지 모두 12차례 일본에 갔지만 국교 회복을 목적으로 한 제1차만 제외하고 나머지는 모두 쇼군의 취임 등을 계기로 한 축하 사절이었다.

전쟁의 피해를 봤던 당사자인 선조가 조선통신사의 파견을 재개한 것이나 쇼군이 교체될 때마다 축하 사절로 통신사가 파견되었던 의미가 과연 무엇이었던가?

조선은 일본의 요청을 수락지 않을 경우 일본의 재침을 우려하였다. 1635년 쓰시마 번주와 가신 간에 벌어진 국서개작 사건인 '야나가와 사건柳川事件'을 빌미로 일본이 통신사 파견을 요청하여 네 번째 조선통신사가 파견되었다. 이에미츠는 에도성에서 이들을 접견한 자리에서 닛코 방문을 권하였다. 조선통신사는 닛코 방문이 애초 일정에 없음을 이유로 거절하였으나 이에미츠의 집요한 압력으로 결국 1636년 정월의 혹한에도 불구하고 이들 중 207명이 7박 8일 일정으로 닛코로 떠났다. 이들은 외국인으로서는 완성된 도쇼쿠를 처음 보고 경탄하였다고 한다. 이에미츠가 조선통신사에 닛코행을 강권한 것은 야나가와 사건에도 불구하고, 일본이 동요치 않음을 조선에 보여주기 위해서 도쇼쿠의 위용을 빌린 것이라 한다.[132]

1636년 네 번째 통신사가 일본 방문을 마치고 귀국하였을 때는 병자호란이 일어나 삼전도의 굴욕을 겪은 직후였다. 조선은 통신사를 파견하여 전쟁 중 잡혀간 조선인들을 데려오고, 일본의 국정을 파악하여 후환이 없도록 한다는 목적과 함께 청과 일본 사이에서 조선의 존재감을 높인다는 명분을 내세웠다.[133] 이렇듯 일본이 더 이상 침략할 계획이 없는지를 확인하는 임무를 맡았던 초기 통신사의 적대감과 두려움은 시간이 지날수록 점차 냉정함과 적당한 호감으로 바뀌었다지만 일본의 인식은 달랐다.[134]

▲ 네덜란드 동인도 회사가 진상한 등롱 / 조선종과 달리 안내판이 있다

진구 황후 이래 일본이 번국으로 간주한 한반도에서 보내왔던 조공이 고려 시대가 되면서 뜸해지다가 일본이 센코쿠 시대의 혼란기에 접어들자 완전히 끊어져 이에 분노한 히데요시가 전쟁을 일으켰고, 그 결과 조선의 조공이 재개된 것이 통신사라는 것이다.[135] 일본은 네덜란드에도 조선통신사를 조공 사절로 설명했다.[136] 더욱이 1719년 조선통신사로 갔던 신유한 일행은 조선의 원수인 도요토미 히데요시의 원찰인 다이부쓰지大佛寺에까지 가서 내키지 않은 연회에 참석해야 하는 수모를 겪기까지 했다.[137] 이렇듯 조선통신사의 위상에 대한 일본의 시각은 조선과 달랐다. 일본은 막부의 권위를 높이는 방편으로 조선통신사를 활용하려 했으니 대등한 선린외교의 의도는 잘 읽히지 않는 대목이다. 류큐의 사절도 구리 화병 등

헌상품을 갖고 닛코를 세 차례에 걸쳐서 참배하였다.

이 당시 일본은 자신들을 세계의 중심으로 자처하였다. 도쿠가와 정권은 나가사키, 사쓰마, 마쓰마에松前, 쓰시마(왜관) 등 네 지역에서 중국, 네덜란드, 류큐, 아이누, 조선과 교역을 하면서 일본 중심적인 또 다른 화이 질서를 구축하였다.[138] 스페인, 인도, 사이앰의 왕, 그리고 로마교황은 히데요시나 이에야스에게 사절을 몇 번씩이나 보냈다. 일본의 쇼군들은 이들 사절을 융숭히 대접해서 돌려보냈지만, 결코 그 나라들을 일본과 동급으로 여기지 않았다.[139]

그런데 조선종 건너편에 있는 네덜란드의 등롱 앞에는 이것을 상세히 설명하는 안내판이 있지만 조선종 앞에는 아무런 안내판이 없다. 나도 주변 일본인에게 물어봐서 이것이 조선종임을 확인할 수 있었는데, 왜 일본은 안내판을 만들지 않았을까? 아마도 조선통신사에 대한 한 · 일 간의 큰 인식 차이 때문일 것이다. 네덜란드 등롱은 1636년 네덜란드 동인도회사가 도쇼쿠의 완공에 즈음하여 쇼군 이에미츠에게 직접 기증한 것이다.[140] 일본과 상업 거래를 원활히 하기 위한 진상품이었다.

일본의 첫 무가 시대를 연 가마쿠라

▲ 가마쿠라 다이부츠(대불)

3월 24일, 여행 7일 차다. 도쿄역에서 JR 기차에 몸을 실었다. 목적지는 12세기 말 미나모토 요리토모源頼朝가 일본의 무가 시대를 연 가마쿠라였다. 에노시마江の島부터 보려고 오후나大船역에서 내려 쇼난湘南 모노레일로 갈아탔다. 나는 아직 모노레일을 타본 적은 없었는데, 완만하게 움직이는 롤러코스터를 탄 기분이었다. 좁고 기복이 심하고 커브 길이 많은 도로 사정상 공중에 매달아 움직이는 모노레일이 적합한 교통수단이 되었을 것 같다.

종점인 쇼난에노시마역에 내렸다. 골목길을 따라 해안 쪽으로 내려가다 보니 큰길 건너편으로 에노시마섬이 보였다. 그런데 도쿄에서 은행에 들렀다 늦게 출발하였기에 점심을 먹고 나니 이미 12시가 넘었다. 아무래도 에노시마섬에는 들를 시간이 없을 것 같다. 바로 가마쿠라로 향했다. 에노시마역에서 에노덴 전차를 타고 가마쿠라로 가는 길에 일본 애니메이션 《슬램덩크》의 성지라는 고코마에高校前역을 경유했지만, 그냥 지나쳤다. 여행하다 보면, 보고 싶지만 포기해야 할 때가 있다. 나의 우선순위는 가마쿠라의 쓰루가오카하치만구鶴岡八幡宮 신사와 대불大佛이었다.

가마쿠라는 800년 전 일본의 최대 도시였다

가마쿠라역에서 내려 길거리 음식 등을 파는 조그만 가게들이 늘어서 있는 고마치도를 지나서 쓰루가오카하치만구까지 걸어갔다. 신사 경내의 겐지못源氏池 주위로 벚꽃이 화사하게 피었다. 이 신사는 1185년 시모노세키의 단노우라 전투에서 승리하여 겐페이 전쟁의 대세를 결정짓고 가마쿠라 막부를 열었던 미나모토 가문을 기리는 곳이다. 가마쿠라는 천혜의 요새였다. 앞으로는 바다, 뒤로는 산들이 연이어 에워싸고 있어 오직 7개의 인공 통로를 통해서만 이곳에 들어올 수 있었다. 요리토모가 이곳을 본거지로 정하게 된 것도 자기 고향이기도 했지만, 방어에 유리한 지형 때문이었다고 한다. 가마쿠라는 당시 교통 사정으로 교토로부터 열흘이 걸리는 곳이었다. 교토와 가마쿠라 간 왕래가 잦아지면서 도로가 발달하게 되었고 교토 중심의 일본 권력과 문화가 가마쿠라로 옮겨지면서 이원적인 구조를 만들어 냈고, 일본의 이중 통치 체제인 듀아르키가 공식화 되었다. 각 지방마다 행정 책임자인 슈고守護를 두었고 그는 그 지방 수확의 1/5을 봉급으로 받았다. 작은 지역에는 군사 책임자인 지토地頭가 행정권도 장악하였다. 한번 준 권력은 거둬들이기 힘들다. 임시적 처방이라고 생각했던 슈고, 지토 제도는 이후 메이지 유신 전까지 700년 동안이나 지속되었다. 이들은 각 지역의 독립적인 봉건 영주 다이묘가 되었다.[141] 일본의 봉건제가 본격적으로 가동되는 시기였다.

▲ 가마쿠라 고마치도

가마쿠라에서 무가 정권이 세워졌으나 천황의 권력은 여전히 건재하였고, 특히 관서 지방 쪽으로는 무가의 힘이 미치지 못했다. 교토에서도 조정을 감시하고 서국을 통제하기 위하여 무가의 사신이나 관리들이 거주하였던 로쿠하라六波羅 지역 정도만 그 실권이 미쳤다 한다. 1250년 당시 가마쿠라는 인구 20만 명을 가진 일

▲ 쓰루가오카하치만구 신사

본 최대의 도시가 되어 교토를 능가했다.

조각의 황금기, 가마쿠라 시대를 엿보다

신사 경내의 가마쿠라 국보관國寶館에 들렀다. 이곳은 조각의 황금기였던 가마쿠라 시대의 국보급 목조각품들을 상시 전시하고 있다. 여성적이고 센티멘털리즘적인 헤이안 시대를 지나 무가의 시대였던 가마쿠라 시대에는 남성성과 충직한 이상, 그리고 서사적 시문이 돋보인 시대였다. 이곳 국보관에서 본 가마쿠라의 조각들에서도 이런 역동적인 모습을 볼 수 있었다. 약사여래좌상, 지장보살좌상, 천수관음보살좌상 등 불교 목공예품 외에도 당대의 권력자들을 소재로 한 작품들도 전시되고 있다. 그중 대표적인 일본 무사의 목상인 호조 도키요리北条時頼 좌상이 인상적이었다. 까만 옻칠을 한 에보시烏帽子를 쓰고 온후하지만 단호한 표정을 짓고 있다. 부풀어진 바지가 발목에 걸려 있다. 불상이 아닌 세속적인 초상 조각이 만들어지기 시작한 것은 이때(13세기)부터였다.

▲ 당대의 권력자인 호조 도키요리 좌상, 세속적인 초상 조각의 대표작이다.

▲ 사하데바俱生神 좌상

십이신장十二神將 입상은 녹청patina을 입히고 눈에는 수정을 박았다. 당대의 대표적 조각가인 운케이運慶의 작품이다. 당시에는 사실적 작품 경향의 경파慶派가 대세였다. 도다이지 남대문의 금강역사상도 이들 경파의 작품이다. 불상의 눈에 수정을 박기 시작한 건 헤이안 시대 말기부터이며, 가마쿠라 시대에 널리 유행했다. 열 명의 지옥왕 중 한 명인 초강왕草江王 좌상은 지옥 입문 14일째를 맞은 자를 심판하는 지옥왕답게 근엄한 표정이지만 코믹하기도 하다. 산 자의 일생을 좇아다니며 그 선악의 행실을 염라대왕에게 보고한다는 사하데바俱生神 좌상도 재미있다. 허공에 떠 있는 두 팔에는 염라대왕에게 보고하는 두루마리가 들려 있음을 암시한다. 두꺼운 눈썹과 휘말린 턱수염을 강조하여 지옥신의 사악한 페르소나를 드러내고 있다. 작품마다의 표정이나 동작이 매우 풍부하고 역동적이다. 내가 가본 자바의 보로부드르나 캄보디아의 앙코르와트 불교 유적에는 석가의 일생 등 불교에 연관된 스토리를 보여주는 불교 조각들이 새겨져 있다. 일본의 불상이나 조각에도 이런 작품들이 많이 눈에 띈다.

도고쿠의 경제력을 과시하기 위한 가마쿠라 대불

가마쿠라 대불을 보러 다시 에노덴을 타고 하세역으로 갔다. 가마쿠라 대불은 고도쿠인高德院 경내에 있는 청동 불상이다. 미나모토 요리토모는 가마쿠라에 본거지를 둔 막부를 창시하고 나서 수도인 나라와 교토에 맞설만한 것이 가마쿠라에도 필요함을 느꼈고, 도다이지의 대불을 보수, 재건하면서 가마쿠라에도 대불을 만들고자 했다.[142] 하지만 그가 말에서 떨어져 급작스레 죽음을 맞이하면서 이 계획은 몇십 년 간 지연되었다. 그러다가 1252년에 만들기 시작해서 10년 정도가 걸려 완성했는데, 대좌를 포함한 높이가 13.4m, 무게가 121톤으로서 일본에서는 도다이지 대불 다음으로 큰 것이다.

가마쿠라 시대는 종교적 열정이 증대되고, 개인적 자각이 새롭게 태동하던 시기로서 덜 귀족적인 불교가 대중화 되기 시작했다. 바로 신불교인 정토종이다. 각박한 현실 세계를 벗어나 사후에라도 행복을 약속하는 극락정토로 가기를 원했던 대중들은 이것을 약속한 아미타여래를 믿었다. 가마쿠라 대불은 아미타여래상이다. 당초에는 금으로 입혀져 있었고, 교토로부터 가마쿠라로 들어오는 사람들이 잘 볼 수 있도록 그 길목에 서향으로 세워져 도고쿠東國의 경제력을 과시했다.[143] 이것은 5백 년 전 쇼무 천황이 진호국가의 염원을 담아 도다이지 대불을 조성한

것과 같이 가마쿠라 대불도 정치적 동기에서 제작되었음을 말해 준다.[144]

별도의 입장료를 내고 불상 내부로 들어가 대불의 텅 빈 속을 들여다볼 수 있었다. 원래는 대불을 안치한 건물이 있었지만 1498년 발생한 지진과 쓰나미로 쓸려 나갔고 대불이 야외로 노출되었다. 100년도 더 전에 이곳을 방문한 영국의 후버트 저닝험 경은, 절대 쉽지 않았을 이 거대한 대불의 온화한 표정을 만들어낸 일본의 금속 예술을 극찬했다. 그는 16세기 피렌체의 조각가 벤베누토 첼리니도 이 가마쿠라 대불은 생각조차 못 했을 거라고 했다.[145]

▲ 대불의 내부, 속이 텅 비었다.

▲ 대불의 뒷모습

대불이 있는 고토쿠인 경내에는 관월당觀月堂이 라는 맞배지붕의 사당이 있었다. 조선 왕실의 것으로 추정되는 전통 건축물로서 1924년 경 도쿄로 반출되었다가 이곳 고토쿠인으로 이축되었는데. 사토 다카오佐藤孝雄 주지의 결심으로 올해 백년만에 다시 한국으로 반환되었다. 그는, "문화재는 역사적 맥락과 분리, 보존해선 안된다"는 신념에 따라 관월당을 반환하게 되었다고 그 동기를 밝혔다.

무가의 등장은 일본의 "특수한 길Sonder Weg"인가?

일본의 중세가 그렇듯 가마쿠라 시대도 피비린내 나는 역사로 점철되었다. 미나모토 요리토모는 1192년 겐페이 전투 승리 후 정이대장군으로 임명된 이복동생 요시츠네源義經를 제거하고 가마쿠라에서 일본의 첫 무가정권을 열었지만, 얼마 되지 않아 정권이 외가인 호조北条 가문으로 넘어갔고 쇼군은 꼭두각시가 되었다. 이후 130년이란 세월이 흘러 1333년 천황파인 닛타 요시사다新田義貞가 2만 명의 군대로 난공불락이라는 가마쿠라를 해안가 쪽으로 우회, 공략하자 호조가도 종말을 피할 수 없었다. 14대 당주인 다카토키와 900여 명의 호조가 무사들이 집단 자결하였고 그 뒤를 따라 6천여 명의 주민들도 자결하는 엄청난 비극이 일어났다.

무사가 역사에 등장한 것은 9세기 경이다. 율령 제도가 붕괴하고 장원이 난립하면서 영주는 자신의 토지를 지키기 위해 무장 집단을 조직하였다. 무사단의 시작이다. 무사는 조정 귀족의 신변도 경호하였다. 그래서 귀족 주위에서 대기한다는 의미의 '사부라우'에서 '사무라이'라는 말이 나왔다. 헤이안 시대에 천황의 외척이 권력을 잡은 셋칸攝官정치를 거쳐 11세기 말부터는 천황의 친아버지(상황)나 친할아버지(법황)가 실권을 장악한 인세이院政가 시작된다. 인세이 시기에 중용된 무사들이 점점 더 강력해진 데다, 조정 내 불륜으로 빚어진 내분 해결에 무사들이 동원되면서 정권이 무사들에게 넘어갔다. 그리고 마침내 12세기 말 최초의 막부인 가마쿠라 막부가 수립되었다.

애초 귀족은 무사를 인간이 아니라 집 지키는 개 정도로 여겼다지만, 이후 무가 시대는 약 700년이나 이어졌다. 이것은 무사가 자신의 힘을 자각한 결과일 것이다. 오다 노부나가가 승병과 맞서면서 히에이산 전체를 불태워 삼천 암자를 재로 만든 것에서 보듯이 이들은 신도, 부처도 전혀 두려워하지 않았다. "항상 준비하라. 집 밖을 나서면 영영 돌아올 수 없다는 듯 행동하라." 이것이 무사의 큰 계명이다. 무사의 계명은 점차 체계화되었고 무사도가 만들어졌다. 이들의 등장으로 진정한 정교분리가 일어났다. 쇼군은 무로마치 막부 때 일부 시기를 제외하면, 자신을 일본의 국왕이라고 생각하지 않았고 왕이란 호칭도 사용하지 않았지만, 서양이나 조선에서는 쇼군을 황제(왕)로 보았고 문서에도 그렇게 표기하였다. 천황은 교황과 비슷한 존재로 여겼다.

일본학의 황제라는 라이샤워 교수는 무가 정치가 일본 사회 전반에 영향을 미쳐 봉건 무사의 태도나 관념이 자연스레 일본인의 의식에 깊숙이 스며들어 갔다며, 근대에 들어와서도 거의 본능적으로 군인의 지도력을 따르고, 군인은 정직하고 성실하다고 믿는 경향이 생겨났다고 했다.[146] 중세 일본인들은 용맹함과 군사 경험 그리고 특히 무기 제조에서 전체 아시아의 어떤 국가보다 훨씬 앞서 있었다.[147] 군대의 전통이 강했던 프로이센이 독일제국이 되어 제1, 2차 세계대전을 일으킨 역사적 경로에 대하여 독일의 "특수한 길"이라는 분석틀이 나왔지만, 만주사

변을 거쳐 태평양 전쟁을 일으킨 일본의 "특수한 길"도 바로 무가 정치로부터 출발한 것은 아닌지 생각해 본다. 원래 "야마토타마시大和魂"로부터 출발한 무사도는 독일어로 "전사의 길der Weg des Kriegers"로 번역되어 "특수한 길"을 연상시킨다.[148]

상무의 나라 vs 문약의 나라

이렇듯 일본이 상무尙武의 나라였던 데에 비해 조선은 상문尙文의 나라였다. '무'의 폐해란 난폭함이고, '문'의 폐해란 약함이라 하겠다. 일제 시대 조선 유학을 연구한 다카하시 도루는 조선인의 열 가지 특성 중 하나로 문약文弱을 꼽았다. '문'을 행함에도 사상의 고착으로 600년 이상 오로지 주자학이라는 한 가지 학문에 만족하여 다른 학문이나 원리를 받아들이지 않은 민족은 세계 사상사에서 드물다는 것이다. 그는 '문'을 숭상하고 '무'를 천시하는 것은 유교의 가장 큰 결점이며, 조선이 다른 민족을 이겨본 적이 없는 역사를 가졌다고 했다.[149] 한국의 유교화 과정을 연구한 마르티나 도이힐러Martina Deuchler도 이러한 입장에 동의한다. 그는 조선과 고려의 사회상이 서로 다른 요인으로 신유학, 즉 주자학을 지목했다.[150] 그런데 사실 일본의 무사는 칼과 펜, 무기와 책을 겸비한 군인이었다. 일본의 무사상은 아시아 어느 곳에서도 볼 수 없는 전형적인 일본 봉건시대의 산물이었다.[151] 독일이나 일본의 "특수한 길"을 비판하기 전 우리 자신의 문약함도 돌아봐야 하지 않겠나.

"일본은 무사와 장인의 나라, 한국은 선비와 무당의 나라"라는 말을 한다. 한국에서는 선비가 되어 벼슬을 탐하든가 무당(광대)짓 해서 돈을 벌든가, 둘 중 하나다. 인생의 목표에 일본의 무사와 장인처럼 자기 완성에 대한 추구가 없다. 그저 돈 아니면 감투다.[152]

일본의 최남단 가고시마에 가다

어제 도쿄에서 나고야로 왔다가 오늘 3월 26일 아침 일찍 일본 열도의 최남단 가고시마鹿兒島로 향했다. 가고시마는 삿초薩長동맹으로 조슈와 손잡고 메이지 혁명을 이루어낸 사쓰마薩摩였으며, 두 혁명 영웅 사이고 다카모리와 오쿠보 도시미치의 고향이다. 내가 도쿄에서 1,300km나 떨어진 가고시마까지 간 것은 이 두 사람 때문이었다. 신오사카역에서 기차를 갈아타고 가고시마 중앙역에 내렸다. 호텔 셔틀을 타고 시로야마산으로 올라가니 바다 건너 맞은편으로 연기가 피어오르는 사쿠라지마의 활화산이 눈앞에 펼쳐졌다. 사쿠라지마의 온타케산은 1914년 대규모 폭발 이후 지금까지 분화를 계속하고 있는 활화산이다.

사무라이의 본고장 사쓰마

사쓰마는 사무라이의 본 고장이랄 만하다. 농사를 병행하는 무사인 고시鄕士 제도를 채용하여 다른 지역보다 무사의 비중이 훨씬 높았다. 에도 시대 전체 인구 대비 무사 계급의 평균 비중이 7% 정도였지만 사쓰마는 30%에 달했다. 그만큼 다른 어떤 번보다 강력한 무장집단을 갖춘 곳으로서 일본 역사에서 두드러진 역할을 보여주었다. 임진왜란 시 사쓰마의 영주였던 시마즈 요시히로가 도요토미 히데요시를 도와 참전하였는데, 영화《명량해전》에서 순천성에 고립된 고니시 유키나가를 구출하여 달아나는 장면이 나온다.

17세기 초에는 류큐 왕국(오키나와)을 정복하였고, 19세기에 들어와서는 번주 시마즈 히사미쓰의 행렬에 끼어든 영국 상인을 베어버린 나마무기生麥 사건을 일으켰다. 이에 배상을 요구하는 영국과 사쓰에이 전쟁에 휘말렸고, 라이벌 조슈와 대립하지만 결국 조슈와의 삿초동맹으로 메이지 유신의 주역이 된다. 하지만 이후 메이지 신정부와의 대립으로 1877년 1월 일본 역사에서 최후의 내전이라는 세이난西南 전쟁에 패하면서 사이고 다카모리가 자결하고 1만 3천여 명의 전사자가 생겨나는 비극을 맞았다. 메이지 혁명에 그 어느 곳보다 크게 기여한 사쓰마의 사무라이들이지만 혁명이 마무리 되면서 퇴물이 되었고 결국 그 불만이 유신 정부를 향해 폭발한 것이다.

류큐 왕국은 멸망 전까지 명나라와의 조공무역을 주축으로 북으로는 일본 본토와 조선, 남으로는 샴, 믈라카, 루손 등과 활발한 중계무역으로 최전성기를 맞이하고 있었다. 하지만 류큐의 지배자였던 쇼尙 가문이 경제적 풍요와 평화에 안주한 나머지, 류큐의 지정학적 위험을 잊고 군사적 방비를 게을리 했기 때문에 사쓰마의 침략에 무너졌다. 사쓰마의 시마즈 가문은 류큐를 지배해 류큐가 중계무역에서 벌어들이는 돈으로 재정 위기를 타개하려 했다.[153]

가고시마는 일본의 넬슨이라는 도고 헤이하치로東鄕平八郎 제독의 고향이기도 하다. 그는 1905년 대한해협에서 러시아 발틱함대를 격파하고 일러전쟁을 승리로 이끌었다. 추후 사쓰마 출신들이 일본 해군의 간성이 되었는데, 제2차 세계대전 시 조슈 출신들이 지배한 일본 육군과 대립하게 된다.

제2차 세계대전 개전 시, 그리고 종전 시 두 번이나 일본의 외무장관을 역임했던 도고 시게노리東鄕茂德도 이곳 사쓰마번 출신이다. 그는 정유재란 시 붙들려 온 도공 박평의의 후예로서 아버지 박수승 대까지 박씨 성을 유지하였다. 박평의는 명절이 되면 동네 인근 옥산궁에서 마을 사람들과 한국 땅을 향하여 제사를 지냈다. 옥산궁은 가고시마현 미야마美山에 있는 심수관 등 17개 성씨의 조선 도공들이 만든 단군 사당이다.[154] 1860년대에 조선 도공들의 마을인 나에시로가와苗代川를 방문한 사무라이가 다른 언어와 다른 복장을 한 도공 공동체를 발견하고 놀라움을 감추지 못했다고 한다.[155] 시게노리는 직업 외교관으로 성장하여 주독일, 주소련 대사를 지낸 후 외상이 되었다. 패전 막바지에 육군 수뇌부가 본토결전을 부르짖으며 끝까지 항전을 주장하였지만, 그는 간타로 스즈키 총리와 함께 이에 반대하고 천황을 움직여 〈포츠담선언〉을 수락하여 항복을 관철했다.[156]

사쓰마의 두 영웅, 사이고와 오쿠보

내가 머물렀던 시로야마 호텔은 시로야마城山산 중턱에 있다. 호텔 내 노천 온천에서 맞은편 사쿠라지마의 활화산을 볼 수 있다. 호텔 셔틀이 거의 30분마다 중앙역과 시내를 연결해 준다. 그런데 워낙 큰 호텔이고 손님이 많다 보니 아침밥도 대형 홀에서 먹는데 마치 군대에라도 온 듯한 기분이 들었다. 이 호텔이 있는 시로야마城山산은 메이지 유신을 이끌었던 사이고 다카모리가 한때 동지였던 오쿠보 도시미치가 보낸 유신 정부군과 싸우다 생명을 마친 곳이다.

가고시마 도착 첫날 사이고 다카모리西鄕隆盛와 오쿠보 도시미치大久保利通의 동상부터 찾아 나섰다. 해는 이미 넘어갔지만, 다음 날은 여기서 300km나 떨어진 나가사키를 다녀와야 했기에 부득이 밤거리로 나갔다. 사이고의 동상은 시립미술관 옆에 있었다. 도쿄의 우에노 공원에도 그가 애견을 데리고 있는 모습의 동상이 있지만 사이고의 부인과 가고시마 주민들이 마음에 들지 않아 해서 주민들의 성금

▲ 사이고 다카모리의 동상. 육군 대장의 제복을 입었다.

▲ 오쿠보 도시미치 동상

으로 이 동상을 세우게 되었다고 한다. 사이고가 고질적인 설사병으로 생전에는 거의 입지 않았다는 육군 대장의 제복을 입고 있다. 이 동상은 가고시마의 유명 조각가 안도 테루安藤照의 작품이다. 여기 안내판에는 이렇게 쓰여있다.

"경천애인敬天愛人. 그는 메이지 혁명의 리더로서 특히 메이지 천황의 신임을 받았고, 신설된 천황 경비대 사령관인 육군 대장으로 임명되었다. 그는 청년 시절부터 농업 개혁론을 주장해 번주였던 시마즈 나리아키라를 감동시켰다. 오쿠보 도시미치와 의기투합하여 반막부파에 합류하였고 비밀협상에 참여하여 삿초 동맹을 이루어 낸다. 막부군과의 보신 전쟁에서는 막부군이 저항 없이 에도를 내어주도록 교섭하는 데 주역을 담당한다. 메이지 혁명이 성공하면서 폐번치현에 앞장섰고 이와쿠라 사절단의 해외 방문 중에는 국내에 남아서 루스정부留守政府를 책임졌다. 유신 후 폐도령으로 무사들의 입지가 좁아지면서 사이고는 이를 해소할 겸 정한론(이 안내판에는 '겐칸遣韓사절'이라 표현)을 주장하였다. 그러나 정한론이 받아들여지지 않자 그는 가고시마로 낙향하여 사숙을 설립하여 후진 양성에 매진한다. 1877년 사쓰마의 사무라이들이 반란을 일으켜 세이난 전쟁이 나자, 반란군을 지휘하게 되었고 패퇴하면서 시로야마산에서 자결하여 생을 마쳤다."

한때 사이고의 고향 친구이자 혁명 동지였지만 시세의 흐름을 피하지 않고 그가 지휘하는 반란군을 타도한 오쿠보 도시미치의 동상에도 가보았다. 안내판에 소개된 그의 신조는《이세이세이메이爲政淸明》이다. "정치가는 순수한 마음을 가져야 한다."라는 의미다.

"그는 1863년 사쓰에이 전쟁 직후 영국과 평화협정을 이끌어 내면서 일본의 고립을 끝냈다. 한때 천황과 막부가 힘을 합쳐 국난을 극복해야 한다는 공무합체론을 주장하였지만, 유배 중인 사이고를 돌아오게 하여 그와 함께 조슈와의 비밀협상을 주도하여 삿초동맹을 추동하였고 토바쿠討幕에 앞장섰다. 1868년 혁명 정부가 수립되자 1871년 번주의 땅과 사람을 천황에게 돌려주는 폐번치현과 판적봉환을 성사시켰다. 재무장관으로 토지세를 개정하고 이와쿠라 사절단으로 구미를 방문 후 돌아와서는 내무장관이 되어 혁명 정부의 가장 막강한 실권자가 되었다. 그는 사이고 다카모리의 정한론을 누르고 일본이 국력을 충분히 길러 대내 문제가 안정될 때까지 해외 원정을 보류한다는 정책을 관철했다. 그래서 그는 일본의 비스마르크로 불린다(비스마르크도 해외식민지 반대) 친구 사이고가 세이난 전쟁에 가담하자 정부군을 지휘하여 이를 진압하였지만, 그도 다음해인 1878년 도쿄에서 친 사이고 사무라이들에게 살해되었다."

메이지 혁명을 물고 뜯고 반추해야 한다

조슈와 함께 일본 메이지 혁명의 발상지라 할 수 있는 이곳에서 과연 메이지 혁명은 무엇이던가? 라는 물음에 다시 한번 마주할 수 있었다. 나의 한 페이스북 친구는 우리가 일본 메이지 시대의 역동성을 돌아보고 물고, 뜯고 해봐야 한다고 했다.[157] 동의한다. 그들이 메이지 혁명으로 승리의 길로 나아갈 때 메이지 천황과 동갑인 고종 치하의 조선은 패자의 길을 걸었다. 메이지 혁명을 물고 뜯고 반추해야 할 충분한 당위성이 있지 않겠나.

메이지 혁명은 당시 서양의 압박에 직면하여 천황을 중심으로 하는 단일 중앙 집권국가 체제를 확립하고, 쇄국 대신 개국을 택하여 세계열강으로 발돋움할 수 있는 근대 국가의 출발점이 되었다. 이것은 도쿠가와 이에야스가 멸망시킨 도요토미 히데요시의 복수극인지도 모른다. 1600년 세키가하라 전투에서 패한 서군의 편에 섰던 사쓰마나 조슈 같은 도자마한外様藩들은 도쿠가와 막부 치하에서 변두리로 내몰렸고, 이들이 도쿠가와 막부를 쓰러뜨려 다시 권력의 전면으로 등장했다. 이들은 천황의 권력 기반을 급조했다. 빈 대학의 제프 린하르트 교수는 이렇게 말했다.

> "혁명을 전후하여 조슈번 출신의 이토 히로부미, 야마가타 아리토모 등은 1870~1890년 기간 중 천황의 권력 기반을 급조했다. 그 전까지 천황은 권력도 재산도 없었을뿐더러 많은 사람이 그 존재조차 알지 못했다."[158]

하지만 국가의 위기에 처하여 이를 극복한다는 대의를 내세우면서 쿠데타는 성공할 수 있었고, 혁명으로 승화되었다. 즉, 혁명은 나중에 왔을 뿐이다.[159] 한국의 5.16혁명도 당초 군사쿠데타였지만 이땅에서 오천년 빈곤의 질곡을 끊어내고 한국을 세계 문명사의 대열에 합류케 한, 한나 아렌트가 말한 '불멸의 공공성'을 창조한 진정한 혁명으로 승화된 사례다.[160] 《피크 재팬》의 저자 브래드 글로서먼은 이렇게 말한다.

> "군벌 지휘관으로서 1192년 이래 실질적으로 일본을 지배해왔던 쇼군은 국가 개조의 필요성을 깨달은 일본의 지역 영주들로 형성된 연합군과의 전쟁에서 패하고 권좌에서 물러났다."[161]

일본의 듀아르키 체제에서 아무리 쇼군의 권력이 강하더라도 지금까지 천황의 자리를 찬탈하려는 시도는 없었다. 이것은 천황이 신으로부터 내려진 만세일계의 자손이라는 믿음이 있기 때문이다. 천황은 모든 질서와 계급의 원천이었다. 쇼군은 천황의 임명이 필요했고, 천황과 독대할 수 없었다. 19세기까지 이러한 천황의 권위는 일본 역사를 통하여 한번도 깨지지 않았다.[162]

충효보다 기리(의리)를 앞세우는 일본인

《국화와 칼》을 쓴 루스 베네딕트 여사는 일본인의 기리義理에 대하여, 이것을 모르면 일본인의 행동을 이해할 수 없다고 했다. 기리는 충효와도 다른 것이며, 유교나 불교의 덕목도 아니라고 했다.[163] 가고시마 사람들이 사이고 다카모리를 특별히 생각하는 발로가 바로 기리가 아닐까? 오쿠보 도시미치도 동향 출신으로서 메이지 유신에 몸 바친 사람이지만, 가고시마 사람들은 유신에 저항한 사이고를 더 좋아한다고 한다. 단순하게 말하자면 사이고는 메이지 천황에 대한 충성보다는 자기 고향 사츠마에 대한 기리를 앞세웠기 때문이다.

일본인들이 사랑하는 역사상의 인물은 주로 기리를 앞세운 비극적 영웅들이다. 쫓기는 주군 미나모토 요시쓰네에게 열렬한 기리를 보여준 벤케이弁慶(12세기 말), 그는 요시쓰네의 마지막 순간에, 온몸에 화살을 맞아가며 그를 지키려 했다. 고다이고 천황에게 기리를 다한 구스노키 마사시게(14세기 초), 그는 천하가 천황에게 등을 돌린 뒤에도 싸우다 죽으라 칙령을 내려 달라고 했다. 메이지 혁명의 심장, 요시다 쇼인은 제자들에게, "구스노키 마사시게는 한 줄의 시도 쓰지 않았지만, 그의 인생이야말로 어디에도 비길 바 없는 서사시가 되었다."라고 가르쳤다. 아코의 로닌 47인(18세기 초), 그들은 멸문지화를 무릅쓰고 주군의 복수를 감행하였다. 이 반열에 사이고 다카모리가 이름을 올렸다. 이들은 모두 오늘날까지 일본인들의 영웅이자 국민적 서사시가 되었다.

베네딕트 여사는 일본인의 기리를 자신의 명성에 대한 오점이 없도록 하는 의무로 보았다. 기리는 복수와 연결된다. 그런데 중국인이나 태국인, 인도인에게서는 이런 문화가 없다고 했다. 오히려 중국인은 모욕이나 비방에 대해 신경 쓰는 것을 소인배적인 행태로 본다고 한다.[164] 우리는 어느 쪽일까?

쇄국 아닌 쇄국, 나가사키

가고시마에서 나가사키로 가는 교통편이 꽤 번거롭다. 3월 27일 아침에 신칸센으로 가고시마 중앙역을 떠나 신토스新鳥栖, 타케오온센武雄溫泉, 두 곳에서 기차를 갈아타고 2시간 40분 만에 나가사키長崎에 도착할 수 있었다. 규슈에서는 어딜 가든지 한국어로도 잘 안내되어 있다. 나가사키역 구내의 관광안내소에 들러 간단한 설명을 듣고 시내 전차 1일 승차권과 함께 데지마出島, 구라바엔Glover Garden, 그리고 나가사키 원폭자료관 3곳의 통합 입장권을 샀다. 우선 나가사키역에서 그리 멀지 않은 데지마부터 찾았다.

일본 내 유럽의 한 조각, 인공섬 데지마

데지마는 나가사키만에 위치한 인공섬이다. 17세기 말 데지마를 방문한 엥겔베르트 켐퍼는 236 걸음의 길이에 82 걸음의 너비를 가진 일본부채 모양의 땅이라고 했다.[165] 1636년 도쿠가와 막부가 천주교 포교를 막기 위하여 시내에 흩어져

▲ 왼편 다리는 데지마와 육지를 연결하는 유일한 통로였다.

살던 포르투갈인들을 한곳으로 모아 거주하도록 만들었다. 나가사키의 유력 상인 25명이 출자하였다. 하지만 이듬해 일어난 천주교도들의 반란인 시마바라의 난 이후 포르투갈인들의 내항이 금지되면서 1641년 히라도平戶의 네덜란드 동인도 회사 상관이 이곳으로 옮겨왔다. 조선에서 13년 간 억류되었다가 1666년 탈출한 하멜 일행의 당초 목적지도 이곳 데지마였다.

포르투갈, 스페인, 영국보다 나중에 일본에 온 네덜란드는 기독교 포교를 포기하였을 뿐 아니라, 오히려 기독교의 위험성을 막부에 주입했다. 시마바라의 난 때는 포르투갈의 배후 원조설을 퍼뜨리고 포르투갈이 일본을 식민지로 만들려고 한다는 위기감을 부추겨 일본과 무역을 독점하는 데 성공하였다.[166]

▲ 데지마 경내를 재현하였다.

이후 데지마는 막부 말기까지 200여 년 동안 일본과 유럽 간의 유일한 무역 통로이자 난학蘭學의 전파지로서 중요한 역할을 했다. 데지마의 네덜란드인들은 종교와 정치활동이 금지되었지만 일본인들에게 의학과 과학 지식을 전수하였고, 일본인들은 그들로부터 돈을 버는 것보다 진리를 캐내는데 더 열심이었다. 네덜란드는 무역의 이익이 없을 때도 일본과 무역을 계속하였고, 페리 제독이 흑선을 이끌고 일본에 나타난 후에는 나가사키에 군함을 보내 일본 해군을 훈련시켰다. 그들은 러시아의 근대화 시기에 표트르 대제에게 제공한 것을 일본에도 제공한 것이다.[167]

▲ 데지마 가옥 내부 재현 모습

이렇듯 역사적인 곳이지만 19세기 후반부터 주변 하천의 매립 등으로 점차 그 부채꼴 모양의 원형을 잃게 되었다. 지금 데지마의 모습은 1951년부터 시작된 복원 사업에 따른 것이다. 카피탄商館長 주택, 취사실, 양곡 창고, 일본인 관리인 대기실 등 16채가 복원되어 19세기 초기 데지마의 모습을 재현하고 있다. 선원들을 위한 당구대도 볼 수 있다. 동인도회사의 데지마 상주 인력은 16~20명이었다고 한다.[168]

네덜란드 상인의 감옥, 데지마

일본인이 외국인을 다루는 솜씨는 가히 수준급이다. 외국인과 하인을 제일 잘 다룬다는 영국인을 뺨칠 정도다. 어느 나라에서든지 외국인에 대한 관리 부실은 혼란을 불러온다. '다문화 사회'라는 것도 지나치면 사회 혼란을 가중시킬 뿐이다. 보초가 배치된 돌다리 하나가 데지마와 육지를 연결하는 유일한 통로였다. 이 다리는 복원 시 철제 다리로 만들었다. 네덜란드인들은 특별 허가 없이는 이 다리를 건너 육지로 나올 수 없었다. 드물게 허용되는 외출은 대개 시내 유곽을 방문하기 위한 것이었다 한다. 종교 행사도 할 수 없었고 무장도 허락되지 않았다. 인도와 자바에서 무자비한 실력 행사로 해상 거점을 구축해 온 네덜란드가 일본에 와서는 고분고분해진 것이다.

더욱이 데지마 내에는 일본인 관리자이자 감시자들이 상주해 있어 그들은 감옥살이하는 것이나 마찬가지였다. 네덜란드는 매년 데지마 임대료를 냈고 이 섬의 운영을 위해 투입된 70여 명의 일본인 인력의 소요 비용도 부담해야 했다. 일본은 약 20개 가문이 통역 업무를 담당케 했다. 네덜란드인들의 일본 사회 침투를 막기 위해 그들이 일본어를 배우는 것을 권하지 않았고 일본어를 유창하게 하는 상관장은 이곳을 떠나야만 했다.[169] 이것은 언어와 민족을 동일시하는 일본인들의 독특한 심리로부터 나온 것이라 한다.[170]

데지마에 도착하는 네덜란드 선장은 유럽 사정 보고서를 제출하는 의무를 지녔고, 상관장은 해마다 쇼군을 알현하였다. 이러한 접촉으로 일본은 쇄국에도 불구, 서양 세계에 대한 정보를 입수할 수 있었다. 바로크 시대의 대여행가이자 독일인 최초의 일본학 대가로 불린 엥겔베르트 캠퍼Engelbert Kaempfer는 1690년 데지마에 왔고 에도까지 가서 5대 쇼군인 도쿠가와 쓰나요시를 알현하였다. 그는 일본이 데지마 상관을 유지한 목적이 교역보다는 외부 세계에 대한 정보 획득이라고 단언했다.[171] 당시 나가사키에서는 중국과의 교역이 더 활발했다. 1689년 도진야시키唐人屋敷라는 중국인 구역이 세워졌는데, 데지마의 2배 면적으로 설립 당시 4,888명의 중국인이 거주하였고 많을 때는 한 해에 약 200척의 중국 상선이 들어왔다고 한다.[172] 쇄국 아닌 쇄국이다. 나가사키, 요코하마, 고베에 일본의 3대 차이나타운이 있다.

조선의 데지마, 삼포 왜관

일본에 네덜란드의 데지마가 있었다면 조선에는 삼포 왜관이 있었다. 서양이 조선을 '은자의 나라'로 보았지만 조선은 중국과는 물론 일본과도 통교하였다. 일본과의 통교는 노략질을 일삼던 왜구를 양성화하기 위한 목적도 있었다. 1439년 예조에서 쓰시마 도주에게 보낸 서계에 따르면 한 해에 조선에 오는 일본인이 1만 명이나 되었고 그들에게 지급한 쌀이 거의 10만 석에 이르렀다. 1426년에는 염포(울산), 부산포, 제포(진해)의 3곳이 일본인 내항지로 지정되면서 삼포 왜관 제도가 정비되었다. 이곳에 왜관과는 별도로 왜인 마을이 형성되어 항구적인 왜인촌으로서 가히 '재팬 타운'이 생겨나기도 했다.[173]

그러다가 1510년 삼포왜란과 1592년 임진왜란을 거치면서 왜관은 없어졌지만 1609년 기유약조로 양국 간 국교가 재개되면서 부산 초량에 왜관을 두게 되었다. 초량 왜관의 자리는 일제 시대 부산의 중심지가 되었다. 지금의 광복동 일대다. 광복동이란 이름도 과거 왜관이었기 때문에 국권을 회복한다는 의미로 붙인 것이다. 그런데 당시 왜관의 규모가 데지마의 25배나 되었고[174] 출입을 통제한다고 하였지만 왜관 안에서 거래장開市이 서면 상거래가 이루어 지면서 수많은 조선인들이 들락거렸다. 왜인들의 생필품 조달을 위한 조시朝市 때는 왜인들이 왜관 바깥으로 나오기도 하였다. 이렇듯 조선의 왜관 관리는 데지마에 비해 한참 더 느슨한 것이었다.

조선 도공이 빚은 일본 도자기를 네덜란드 상인이 유럽에 팔았다

10여 년 전인가, 내가 독일 드레스덴의 츠빙거궁을 방문했을 때 전시된 일본의 도자기 컬렉션을 보고 깜짝 놀랐다. 일본 도자기의 전시 규모가 중국 것만큼 많은데다 중국 도자기나 마이센과 견주어도 손색이 없을 정도의 수준으로 보였다. 일본 도자기는 20여 년 전 이스탄불의 톱카피 궁전에서도 보았는데 당시 유럽과 일본을 오가는 교역이 상당히 활발했음을 짐작할 수 있다. 네덜란드 무역선의 주요 상품이 된 일본의 청화백자는 조선의 도공들이 빚어낸 것이다.[175]

▲ 나가사키 짬뽕과 군만두

데지마를 본 후 인근의 조그만 중식당에서 나가사키 짬뽕과 군만두로 점심을 했다. 나가사키 짬뽕은 우리가 먹는 짬뽕의 원조라는데, 장사하고 남은 재료를 모두 넣어 만든 것이 그 출발이었다. 약간 싱거운 듯했지만 해산물의 담백한 풍미가 제대로 느껴졌다. 보통 일본 음식이 그렇듯이 원재료의 맛을 제대로 느낄 수 있었다. 한 그릇에 750엔이었다. 나가사키의 명물 카스텔라도 샀다. 버터기름을 사용하지 않아 담백하고 고소하다. 일본은 빵의 천국이다. 빵, 카스텔라, 덴푸라는 모두 포르투갈로부터 들여온 것이지만 수백 년 동안 일본인들이 발전시켜 왔다. 팥빵은 중국의 찐빵을 발전시켜 일본인이 만들었다고 한다.

메이지 혁명의 수훈자, 스코틀랜드 상인 토머스 글로버

구라바엔은 스코틀랜드 무역상 토마스 글로버Thomas Glover의 저택과 정원을 보존한 곳이다. 해가 꽤 따갑게 느껴지는 날이었지만 나는 전차로 이시바시역 종점에서 내려 이곳까지 걸어 올라왔다. 1863년 건축된 그의 저택은 일본 내 현존하는

▲ 구라바엔에서 내려다 본 나가사키 항구

▲ 구라바엔, 구라바 저택

가장 오래된 서양 건물이다. 넓은 베란다로 둘러싸인 L자형 방갈로로 지붕에는 일본 기와인 카와라를 얹고, 벽은 전통 일본식인 진흙으로 지었다. 내부 인테리어는 전형적인 유럽풍이다. 여기서 바다 건너편으로 미쓰비시 조선소가 내려다보인다. 글로버는 이곳에서 조선소를 지휘, 감독했다.

글로버는 일본의 근대사에서 매우 중요한 역할을 한 외국인이다. 21세 청년으로 1859년에 나가사키로 와서 무역업을 시작하였고 선박 수리소도 건설, 운영하였다. 이토 히로부미 등 조슈 5걸과 사쓰마 청년 15명의 영국 유학을 주선하고, 보신 전쟁 시에는 사쓰마 편에서 무기와 군함을 공급하였는데, 이것은 막부 측이 영국 여왕에게 친서를 보내 항의할 정도로 막부에 대한 심각한 위협이었다. 하지만 사쓰마 측에서 보자면 혁명의 수훈자였다. 그는 메이지 혁명이 성공하고 신정부가 들어서자, 기존의 친분 관계를 기반으로 군함 건조나 맥주 등 일본의 산업화에 적극적으로 참여하였다. 지금의 미쓰비시나 기린 맥주도 글로버가 관여한 사업체들이다.

스페인 '콩퀴스타도르'는 왜 일본을 무력 점령하지 않았나?

구로바엔에서 내려오다 만난 오우라大浦 천주당은 1863년 쇄국이 풀리면서 건

▲ 오우라 천주당

립된 일본에서 가장 오래된 성당이다. 1596년 겨울 도요토미 히데요시가 이곳 니시자카 언덕에서 교토, 오사카 등지에서 체포해 온 프란치스코회 선교사와 일본인 신자 26명을 처형하여 가톨릭 탄압의 신호탄을 쏘아 올렸다. 이곳에서 처형된 자들의 시체는 십자가 위에서 썩도록 방치하였다고 한다. 1862년 이들은 모두 성인으로 시성되었고, 오우라 천주당은 '26인 성순교자 성당'으로도 불린다.

종교 문제는 사실 정치와 연결된다. 도요토미 히데요시는 처음에는 기독교를 자유롭게 전도할 수 있도록 하고 예수회에 세금과 부역을 면제하는 등 특권도 부여했다. 그런데 예수회가 나가사키를 교회령으로 만들고, 규슈에서 불교가 축출되기 시작했다. 당시 고토五島, 히라도平戸, 나가사키를 드나들던 서양 상인들은 일본인들을 수백 명씩 사들여 수족을 쇠사슬로 묶고 배 밑바닥에 싣고 다니며 거래했다. 히데요시는 기독교에 본격적인 혐오감을 느끼기 시작했고 1596년《노예구매자 파문령》을 내렸다.[176] 도쿠가와 이에야스도 기독교가 군대의 도움을 받는 정복종교라는 것을 알게 되었다.[177]

포르투갈 사람 멘데즈 핀토가 1543년 다네가시마種子島에서 철포를 전하고 1549년 스페인 선교사 프란시스코 사비에르가 들어온지 100년이 채 안되어 포르투갈 선박의 일본 내항이 금지되었다. 1637년 시마바라의 난이 일어난지 2년 만의 일이었다. 이 기간을 "기독교의 세기"라 한다.[178] 이들은 가톨릭만 가져온 게 아니라 대포, 성병, 담배, 노예, 식민지화의 문제들도 함께 가져왔다.[179] 예수회의 일본 책임자였던 알렉산드르 발리냐노는 스페인 국왕의 명나라 식민지화 계획에 일본이 도움이 될 것이라는 편지를 마닐라의 스페인 총독에게 보내기도 했다.[180]

가톨릭과 총칼로 중남미를 침략한 스페인의 정복자, "콩퀴스타도르conquistador"는 아즈텍, 마야, 잉카 제국을 무너뜨렸다. 포르투갈, 스페인이 일본에 상륙한 그즈음이다. 당시 선교사를 동반한 포르투갈, 스페인 무역업자들의 배에는 낙타와 돈주머니 대신 총이 가득 실려 있었다. 그들은 기회만 된다면 교역보다는 약탈을 할 준비가 되어 있었다.[181] 그런데 어떻게 일본은 그들에게 정복당하지 않았을까. 스페인의 당시 인구는 7백 만, 일본은 3천 만이었다. 더욱이 일본은 치열한 통일 전쟁을 치르는 동안 세계 최강의 전투력을 가진 군대를 보유하고 있었다. 포르투갈, 스페인의 일본 무력 점령은 군사적으로 애당초 불가능한 일이었다. 일본이 기독교를 금지한 것은 외국 세력에 위협을 느껴서라기 보다는 위정자의 입장에서 서양 문물을 봉쇄하는 것이 통치에 유리했기 때문이다.[182]

조선인 징용자의 감옥, 군함도

구라바엔에서 내려와 인근의 군함도軍艦島 디지털 박물관을 찾았다. 실제 군함도는 나가사키 항에서 남서쪽으로 약 19km 떨어진 앞바다에 있는 하시마端島섬이다. 이 섬은 남북으로 약 480m, 동서로 약 160m의 작은 해저 탄광 섬이다. 철근 아파트가 늘어서 있는 모습이 마치 일본 군함 '도사土佐'와 닮았다 해서 군함섬으로 불린다. 여기서 1810년 무렵 석탄이 발견되어 소규모 채굴이 시작되었고 미쓰비시가 본격적인 해저 탄광으로 1974년 폐광 시까지 조업하였다. 해저 1,000m 아래까지 파고 들어갔고 이곳에서의 작업 조건은 기온 30도, 습도 95% 정도로 매우 열악한 조건이었다.

2015년 일본 정부는 이곳을 《규슈 · 야마구치 근대화 산업유산》으로 묶어 유네스코 문화유산으로 등재하였다. 유네스코 문화유산 등재 시 논의되었던 조선인 징용자들의 징용 작업의 실상을 소개하는 설명이나 안내는 이곳 박물관에서는 볼 수 없었다. 디지털 자료를 위주로 전시하는 곳임에도 입장료가 무척 비쌌다. 메이지 산업 유산은 일본의 산업화와 근대화를 넘어서서 제국주의 침략에 동원되었다는 점에서 인류가 길이 보존해야 할 세계문화유산으로 등재하기에는 왠지 적절치 않아 보인다.

▲ 군함도 모형

비운의 나가사키

▲ 나가사키에 떨어진 팻맨 모형

나가사키에서의 마지막 방문지는 원폭 자료관이었다. 구로바엔에서 전차를 타고 도심을 다시 가로질러 북쪽으로 올라갔다. 자료관에 들어서자마자 1945년 8월 9일 11시 2분에 멈춰버린 시계를 볼 수 있었다. 이 시계는 폭심지로부터 800m 떨어진 민가의 것이다. 자료관을 나와서 공원으로 내려갔다. 이곳이 바로 원자탄이 떨어진 폭심지爆心地다. 여기에 희생자 추모비가 서 있다. '팻맨Fat man'이라는 별명을 가진 20kt 플루토늄탄이 이 폭심지 상공 439m에서 터졌다. 7만여 명이 죽었다. 팻맨은 히로시마에 떨어진 '리틀보이'보다 더 큰 위력을 가졌지만, 살상 규모는 14만 명이 죽은 히로시마보다 작았는데 인근의 산에 막혔기 때문이라고 한다. 일본에서 가장 먼저 기독교가 정착했던 나가사키가 기독교 문명권으로부터 원폭을 맞은 사실에 많은 일본인이 경악했다. 역사의 아이러니랄까.

이날 미군이 애초 계획했던 원폭 투하지는 고쿠라(북규슈)였다. 하지만 구름이 시야를 가려 현장에서 나가사키로 바꾸어 투하했다고 한다. 미군은 애초 원폭 투하지 중 하나로 교토를 유력한 후보지로 올려놓았다. 군수 공장들이 교토의 문화적 환경 속에 숨어 있었고 또 무엇보다 교토는 천년의 수도로서 일본인의 정신적 지주였다. 미군은 이런 교토에 타격을 가해서 일본인들의 항전 의지를 완전히 꺾어 전쟁을 조기 종결하여 전쟁 막판의 불필요한 희생자들을 줄이려 했다. 그러나 당시 헨리 스팀슨Henry Stimson 전쟁 장관의 반대로 교토에 대한 원폭 투하 계획은 백지화되었다. 스팀슨 장관은 교토에 원폭을 투하하면 미국이 전쟁에 승리하더라도 일본을 천 년의 적으로 만들 수 있음에 우려했다고 한다.

나가사키 원폭 희생자 중에는 1만여 명의 조선인들도 있었다. 나는 희생자 위령비 앞에서 잠깐 눈을 감고 묵념했다. 히로시마 원폭에 희생된 2만여 명으로 추산되는 조선인을 합하면 최소 3만여 명의 조선인이 희생되었다. 원자폭탄의 희생자 규모가 지구상에서 일본인 다음으로 한국인임을 새삼 생각하게 된다.

▲ 나가사키 원폭 폭심지의 희생자 위령비

메이지 혁명이 태동한 땅, 하기

일본 여행을 시작한 지 11일 차, 3월 28일이다. 사쓰마와 함께 메이지 혁명을 이끌었던 조슈로 향했다. 메이지 혁명 시 단행된 폐번치현으로 조슈번長州藩은 야마구치현山口縣이 되었다. 가고시마에서 아침 9시 17분 신칸센으로 출발, 신야마구치新山口역에 도착하니 11시 20분이다. 일본 도시 이름 앞에 '신新'이 붙은 역은 신칸센 정차를 위하여 새로 만든 역이다. 신칸센은 커브를 줄이고 최대한 직선으로 만들어야 하므로 도심까지 들어가지 못하고 인근 지역에 새 역을 만들었다. 신오사카新大阪, 신시모노세키新下關가 그렇다. 도쿄, 교토, 나고야에는 신역新驛이 없다.

일본 여행을 할 때는 신칸센을 타든지 아니면 도심에서 지하철을 탈 때 한자 지명을 잘 알아야 한다. 노선 안내도에 한자로만 지명을 표기해놓는 경우가 많기 때문이다. 예를 들면 도쿄 순환선인 야마노테선을 타고 '이케부쿠로'를 가는데 '池袋'라는 한자 이름을 함께 알지 못하면 곤란할 것이다. 내가 이 책에서 지명이나 인명에 한자를 병기하는 것도 그런 이유에서다. 일본어에서는 특히 이름에 쓰는 한자를 읽는 정해진 원칙이 없고, 조금이라도 근거가 있으면 어떤 식으로든 읽을 수 있다. '무원칙의 원칙'이다. 음과 훈이라는 쌍칼쓰기二刀流는 물론, 음과 훈을 다는데도 일정한 규칙이 없다.[183] 그래서 일본어는 우리가 배우기 쉬운 듯 하지만 결코 쉽지 않다. 특히 철도역 이름은 교토와 도쿄 정도를 제외하면 거의 훈독을 한다.

신야마구치역 인근 숙소에 가방을 맡기고 조슈번의 수도였던 하기萩로 넘어갔다. 메이지 혁명 지사들을 배출한 쇼카손주쿠松下村宿부터 보고 싶었다. 하기는 야마구치현의 북단, 동해 쪽에 있다. 신야마구치역에서 JR 지역 열차를 타고 야마구치역으로 가서 다시 JR 버스로 1시간여 산간 도로를 넘어가야 했다. JR 버스는 JR 열차가 연결되지 않는 구간을 버스로 연결해 주는데 JR 패스로 탈 수 있다. 독일이나 미국에도 똑같은 사정으로 독일연방철도DB나 암트랙에서 운영하는 버스가 있다. 오후에 하기에 도착하여 쇼카손주쿠와 조카마치城下町를 둘러보니 어느덧 어둠이 깔리기 시작했다.

존왕양이가 존왕토막으로

1853년 7월 페리 제독의 내항 이후 막부는 천황의 칙명을 어기고 미일수호통상조약을 체결하였다. 그런데 이것은 류큐, 시모노세키, 나가사키 등 이미 열린 항구를 갖고 있는 사쓰마, 조슈, 히젠, 도사 같은 서남 웅번들의 이익을 결정적으로 침해하는 일대 사건이었다. 막부가 개국하게 되면 이들이 누렸던 기존의 통상 이익이 사라져 버릴 터였다. 이들에게는 쇄국이 이익이었다.[184] 이에 존왕양이란 슬로건을 앞세우고 막부에 저항한다. 메이지 혁명의 발단이다. 메이지 혁명은 하늘과 땅을 뒤바꾸었다. 하늘이었던 쇼군이 사라지고, 땅이었던 천황이 올라섰다.

조슈는 1862년 나마무기生麥 사건 이후 양이 정책의 강화에 따라 서양 함대의 포격에 취약한 항구 도시인 하기로부터 내륙인 야마구치로 수도를 옮겼다. 서양 세력에 대한 저항 의지를 엿볼 수 있는 대목이다. 하지만 조슈는 1864년 8월 서양 4개국 연합군과 시모노세키 전쟁에서 패하면서, 서양 세력에 대한 도전의 한계를 실감하게 되었다. 사쓰마는 1863년 7월 사쓰에이 전쟁에서 패배 후 이미 영국에 협조적으로 돌아선 터였다. 1866년 조슈와 사쓰마 간 삿초동맹이 성립할 즈음에는 종전의 존왕양이尊王攘夷 슬로건이 존왕토막尊王討幕으로 바뀌었다. 양이 대신 개국으로 돌아서, 도쿠가와 막부를 넘어뜨리겠다는 기치를 높게 들었다.

메이지 혁명의 정신적 뿌리, 요시다 쇼인

쇼카손주쿠는 에도 시대 중후반기에 유행했던 개인이 문하생을 모아서 가르치는 사숙이다. 하기 시내버스 터미널 인근에서 메이린칸明倫館을 보았는데 이곳은 관립학교인 번교였다. 요시다 쇼인은 메이린칸의 병학 사범이었던 그의 양부인 작은아버지의 가업을 이어받아 일찍이 메이린칸에서 가르쳤고, 훗날 옥고를 치른 후 쇼카손주쿠를 세워 가르쳤다. 쇼카손주쿠 경내에 "배움이란 인간에게 무엇이 가장 가치가 있는 것인지, 그리고 어떻게 인생을 살아가야 하는지를 알아가는 것이다."라는 요시다 쇼인의 가르침이 새겨진 돌이 있다. 그런데 쇼카손주쿠를 사숙이라기보다는 일종의 정치 결사에 가까운 조직으로 보는 견해도 있다.[185]

요시다 쇼인吉田松陰은 존왕파 사상가이자 교육자로서 메이지 일본의 정신적 뿌

▲ 쇼카손주쿠

리라는 평가를 받는다. 그는 천하는 천황이 지배하고, 그 아래 만민은 평등하다고 했다. 정한론과 대동아 공영론을 주장해 일본의 제국주의에 큰 영향을 미쳤다. 그는 서구의 신문물을 직접 체험해야 한다며 인재의 해외 파견을 제안하였고, 그 자신 1854년 미일화친조약(가나가와神奈川조약) 체결 후 개항한 시모다下田항에 정박 중인 미 군함에 승선하여 밀항을 시도하려다 실패하고 투옥된다. 14개월간 옥살이 후 출옥한 그가 1855년부터 1858까지 3년간 쇼카손주쿠에서 가르친 조슈의 젊은 인재들이 혁명의 주역을 담당하게 된다.

쇼카손주쿠의 강의실 다다미방에 요시다 쇼인과 이곳을 거쳐 간 제자들의 사

▲ 쇼카손주쿠 경내의 자립학습 현창비

진이 걸려 있다. 신사의 경내에는 요시다 쇼인과 그해 12간지와 같은 해 태어난 그의 제자를 그린 안내판이 서 있다. 이 안내판은 매년 바뀐다. 오른쪽에 요시다 쇼인이, 왼쪽에는 2023년과 같은 토끼해인 1843년에 태어난 와타나베 고조가 그려져 있다. 와타나베 고조는 영국에 유학, 조선 기술을 배운 후 초대 나가사키 조선 국장이 되었다. 1939년에 사망하여 요시다 쇼인의 제자 중 가장 늦게까지 살아서, 그의 '최후의 제자'로 불린다.

쇼카손주쿠에서 사숙한 이들은, 유신 3걸의 1인으로 메이지 정부의 대표적인 정한론자인 기도 다카요시木戸孝允, 조슈번 군사력의 핵심 지휘관이자 아베 총리가

▲ 쇼카손주쿠 강의실, 8첩 다다미방이다. 여기를 거쳐 간 인물들의 사진이 걸려 있다.

존경한다는 다카스키 신사쿠高杉晋作, 메이지 정부의 초대 총리로 메이지 천황의 총애를 받았던 이토 히로부미伊藤博文, 제3대 총리이자 메이지 정부의 군대를 움직였던 야마가타 아리토모山縣有朋 등이다. 조선의 초대 총독 데라우치 마사타케寺內正毅나 명성황후 시해를 주도한 미우라 고로三浦梧郎는 조슈번 출신이기는 하나 쇼카손주쿠에서 배우지 않았다. 이들은 이토 히로부미 세대보다 열 살 정도 연하였다.

이토 히로부미와 야마가타 아리토모는 유신 정부에서 총리를 역임했는데 이들의 최종 학력이 쇼카손주쿠인 것은 예사로운 일이 아니다.[186] 이들은 막부 말기에 역사의 무대에 등장하여 뜻을 세우고 몸을 던져 혁명을 추동하였다. 당시 스승인

▲ 요시다 쇼인 신사의 경내 안내판

요시다 쇼인이 20대 중반에 불과했고 그의 제자들은 대부분 10대 중후반의 열혈 소년이자 청년들이었다.

해가 뉘엿뉘엿 넘어갈 무렵 방문한 하기의 조카마치는 고즈넉해 보였다. 에도 시대의 지도를 그대로 쓸 정도로 당시 촌락이 잘 보존되어 있다고 한다. 몇 개의 골목을 다녔고 다카스키 신사쿠가 태어나고 살았던 집을 보게 되었다. 지금은 사람이 살지 않지만, 방문객들에게는 개방되어 있었다. 본채에 그의 사진이 게시되어 있다. 당시 상급 무사의 집임에도 그렇게 크지는 않았고 잘 가꿔진 정원이 돋보였다.

▲ 하기 조카마치, 다카스키 신사쿠의 집이 있는 골목길이다

▲ 다카스키 신사쿠의 집, "일본을 움직였던 남자가 이곳에 살았다"라고 적힌 포스터가 붙어있다.

'기이한' 군대의 창설자, 다카스키 신사쿠

다카스키 신사쿠는 구사카 겐즈이久板玄瑞와 함께 쇼인의 수제자로서 실제 조슈의 반막부 군사를 지휘하여 혁명에 결정적 계기를 만들어 낸 인물이다. 23세 때 막부 시찰단의 일원으로 중국 상하이의 서양 조계지를 둘러보고, "서양인들은 길로 다니고, 중국인들은 그들에게 길을 양보해야 한다."라고, 토로하면서 서양의 침략에 강한 위기감을 느꼈다. 1864년 4개국 연합함대가 시모노세키를 공격하여 조슈가 항복했을 때는 강화조약의 정사로 교섭에 나섰다. 이때 이토 히로부미와 이노우에 가오루는 그의 통역으로 따라갔다.

그는 1863년 기헤이타이奇兵隊를 조직하여 조슈의 전군을 지휘하였고 1866년 2차 조슈정벌전쟁에서는 막부군의 함대 4척을 격침하기도 하였다. 그는 외교관이자 군인이었다. 기헤이타이는 일본 역사상 최초로 신분을 넘어선 사무라이와 평민의 혼성 군대였기에 '기이한' 군대라고 불렸고, 조슈의 핵심적인 군사 기반이 되어 막부 타도에 핵심적 역할을 하였다. 나폴레옹의 군대도 신분을 넘어선 시민 의용군이었기에 무적 군대로서 유럽을 정복하지 않았나. 남자는 자신을 인정해주는 사람에게 충성을 다하기 마련이다. 다카스키 신사쿠는 유신 전야에 스물아홉의 젊은 나이로 병사하여 뜻을 펴지 못했다. 그는 조슈 기헤이타이의 본진이 있었던 시모노세키 요시다吉田에 묻혔다.

조슈의 실전형 지도자들이 막부를 이겼다

메이지 유신을 이끈 조슈의 인물들은 대부분 요시다 쇼인의 제자로서 그로부터 큰 영향을 받았다. 쇼인은 페리 제독의 함대에 올라 미국으로 밀항하려다 실패하고 고향 하기에서 감옥살이를 하는 1년이 채 안 되는 시간 중에도《유수록》을 썼고, 수백 권의 책을 읽은 독서광이었다. 그는 공부하기 좋은 세 여가로 겨울, 밤, 비 오는 날을 꼽고, 7번 태어나도 국가(천황)의 적을 없앤다는 글귀를 매일 큰 소리로 읽으며 자신을 스스로 채찍질했다고 한다.[187] 동시에 양명학의 '지행합일知行合一'에 따라 "배운 것을 행동으로 옮겨야 한다"는 것을 제자들에게 강조했다.

양명학의 창시자 왕양명은 성리학에 대한 반란자로서 지식과 행동 간의 직접적인 관계를 강조였다. 이것은 실천을 강조하는 네덜란드의 학풍과도 맞아 떨어져 당시 사쓰마, 조슈, 도사, 그리고 미토, 오와리, 에치젠에서 미토가쿠와 함께 성행했다. 이것은 혁명을 부추기는 마치니적인 마인드Mazzini-like mind에 불을 붙였다.[188] 그래서인지 메이지 유신을 이끈 지도자들은 실제 전투 경험을 쌓은, 비전과 행동을 겸비한 청년 지사들이었다. 그들은 공맹의 이데올로기에 파묻혀 현실과 유리된 채 묵거독좌默居獨坐 했던 조선의 선비들과는 전혀 다른 유형의 사람들이었다. 쇼인이 에도로 찾아가 사사했던 사쿠마 쇼잔佐久間象山도 그런 유형의 학자였다. 그는《해안방비 8책》을 저술하여 구체적인 국토 방위 대책을 제안하였다. 공무합체를 주장하다가 존왕양이파에 암살당했다.

조선의 책상머리형 선비들과는 대조적으로 일본의 유신 지사들이 행동지향적이긴 했지만 이들에게선 '조폭적 맨털리티'가 드러나기도 했다. 이들 존왕양이파는 천황의 재가없이 미일통상조약을 서명한 막부의 대로 이이 나오스케를 죽인 '사쿠라다이몬의 변變' 이후 에도에서 외국공관의 방화나 외국인 공격 등으로 막부를 외교적 곤경에 빠뜨리기 위한 테러를 일삼았다. 유럽 공관들은 깃발을 내리고 에도를 벗어나 요코하마의 군함들로 철수했고 오직 해리스 미국 총영사만이 홀로 공관에 남아 성조기를 지킬 정도였다.[189] 다카스키 신사쿠는 미다테구미라는 테러 조직을 만들었고 이토 히로부미가 그 대원으로 동향의 사무라이들과 함께 도쿄 시나가와 언덕 위의 영국 공사관을 방화하는가 하면, 국학자 하나와 지로를 암살하였다. 훗날 도쿄대 명예 교수인 사에키 쇼이치佐伯彰一는 이토 히로부미의 젊은 날을 picaro(악당, 건달)풍으로 묘사했고, 특히 하나와 지로를 암살한 것에 대하여는 "칼없는 학자를 베었다"고 비판했다. 조선 침략에서 이곳 조슈 출신의 미우라 고로 공사가 일본 낭인들을 동원하여 명성황후를 살해한 이면에도 메이지 유신 지사들의 이런 조폭적 맨털리티가 깔려 있을 것이다.

세계의 흐름을 탄 메이지 혁명

이들은 바뀌어 가는 세계의 흐름 속에서 그 흐름의 방향을 자각하면서 메이지 유신이라는 혁명을 추동해 나갔다. 하기의 길거리에서 막말 메이지 시대 해외 유학자 사진전 홍보 포스터를 볼 수 있었다. 1863년 조슈번에서 영국으로 파견된 조슈 5걸(이노우에 가오루, 엔도 킨스케, 이노우에 마사루, 이토 히로부미, 야마오 요소우)의 사진이 눈에 띄었다.

일본이 폐번치현을 통하여 봉건제를 일소하고 근대국가로 발돋움한 1871년은 유럽에서 비스마르크가 독일제국의 통일을 완수한 해이며, 한 해 전인 1870년에 이탈리아의 통일이 이루어졌다는 점은 메이지 혁명의 지도자들이 바로 이러한 세계의 흐름을 제대로 인식하고 있었음을 말해 준다.[190] 1873년 3월 이와쿠라 사절단이 독일 베를린을 방문했을 때 비스마르크가 한 말은 사절단에 깊은 감동을 주

▲ 하기 시내에 나붙은 '막말명치 해외도항자' 사진전 홍보 포스터

었고, 오쿠보 도시미치는 그의 말을 신흥국가의 경영 모델로 삼았다. 이때 비스마르크는 참모총장 몰트케를 대동하고 이렇게 말했다.

> "세계 각국은 상호 교류함에 있어서 친목과 예의를 표방하고 있으나 이것은 표면적인 것일 뿐, 그 이면에는 약육강식의 법칙이 도사리고 있다. 즉 만국공법이 열국의 권리를 보장하는 규칙이긴 하나 자국이 불리할 경우는 군대의 위력에 의존하여 이것을 뒤집게 된다."[191]

메이지 시대 최고의 지성이라는 후쿠자와 유키치마저 "수백 권의 국제법 책도 서너 문의 대포와 겨루지 못한다"[192]라고 할 정도였으니 그들의 부국강병을 향한 일념은 놀라울 정도다. 요시다 쇼인은 나이 차이가 크지 않은 많은 제자를 끌어들일 정도로 스승으로서 매력이 넘쳤다고 한다. 이들은 서양을 배워 나라를 위기에서 구해야 한다는 쇼인의 가르침에 따라 서양의 조선, 무기 제조, 직조, 철도, 은행 등 모든 것을 받아들여 메이지 혁명 성공 후에도 계속 근대 일본의 국가 발전에 이바지하였다. 쇼인의 위패는 야스쿠니 신사에 신위 제1호로 모셔져 있다.

'서쪽의 교토' 야마구치를 가다

3월 29일, 여행 12일 차 아침이다. 신야마구치 호텔에서 나와 지역 열차로 야마구치로 갔다. 야마구치는 백제 성왕의 삼남인 임성태자를 시조로 둔 오우치大內 가문이 지배하던 지역으로서 교토를 모방하여 도시를 설계하고 교토 문화를 재현했다. 그래서 서쪽의 교토西京로도 불린다. 센고쿠戰國 시대는 지방의 시대였다. 오닌의 난으로 전국 각지에 '작은 교토'로 불리는 도시들이 생겨났다. 조정 귀족들이 전란을 피해서 교토를 버리고 지방으로 피신해 가서 교토 문화를 전파했기 때문이다. 그 대표적인 '작은 교토'가 야마구치였다.

백제의 후손이 지배했던 야마구치, 한국과는 악연이 되었다

KBS 《역사추적》에서 백제의 후손 오우치 가문에 대한 탐사보도를 볼 수 있었다. 2009년 임성태자 45대 후손인 일본인 부부가 한국을 방문, 백제 왕릉을 참배하면서 너무 늦게 조상을 찾아뵈었다면서 눈물을 흘렸다. 지금도 야마구치에는 백제부라는 마을이 있고 백제부신사百濟部神社의 도리이는 백제로 가고 싶다는 듯

▲ 모리 저택 전시물, 임진왜란 시 모리 데루모토毛利輝元가 끌고 온 조선 도공 이경李敬의 작품으로서 "하기 사자"라는 이름을 붙였다.

이 바다 쪽을 향하고 있다. 임성태자를 모시는 절인 조후쿠지乘福寺도 있고 임성태자를 못 잊어 일본으로 합류한 그의 어머니인 성왕비를 기리는 카모신사도 있다. 오우치가의 족보에는 시조가 타타라多多良, 임성태자로 나와 있고 문헌자료에는 그가 제철 기술을 갖고 597년 구다마쓰 해안에 도착했음을 알리고 있다. 바로 이 백제의 후손, 오우치 가문이 14세기 무로마치 막부 시대에 일본 서부를 호령하는 세력가로 올라섰다.

16세기 중반에는 오우치 가문의 가신이었던 모리 모토나리毛利元就가 오우치가를 몰아내고 야마구치를 포함한 주고쿠中國(산요, 산인 지방) 전체를 지배하는 다이묘로 부상하였다. 모리가는 임진왜란 시 조선에 가장 많은 군대를 참전시킨 다이묘였다. 임진왜란 시에는 조선 출병 총 158,700명의 군대 중, 모리 데루모토毛利輝元가 3만 군대를 참전시켰고,[193] 정유재란 때는 141,100명의 군대 중 모리 히데모토가 3만 군대를 출병시켰다.[194] 메이지 시대에는 요시다 쇼인의 가르침하에 수많은 야마구치 출신 인사들이 조선 침략과 제국주의 일본의 건설에 참여하였다.

이토 히로부미와 야마가타 아리토모가 그 대표적 인사다. 이렇듯 일본 본토에서 한국에 가장 가까운 야마구치는 애초 백제인의 후손이 지배하던 땅에서 한국 침략에 앞장서는 악연의 땅으로 변했다.

▲ 루리코지 오층탑

나는 오우치가에서 세운 루리코지瑠璃光寺 오층탑을 보기 위하여 야마구치역에서부터 30여 분을 걸어갔다. 이 탑은 오우치 모리하루大內盛見가 그의 형 요시히로義弘를 기리기 위해 1442년에 세운 탑이다. 요시히로는 무로마치 중기 쇼군 요시미츠에 대항해 사카이에서 농성 중 패하여 사망하였다. 루리코지 오층탑은, 호류지 오층탑, 그리고 교토의 다이고지醍醐寺 오층탑과 함께 일본의 3대 파고다로 꼽힌다. 마침 수리 중이라 탑의 하단부를 제대로 볼 수 없었지만, 우리가 봤던 다보탑이나 석가탑과 같은 석탑보다는 더 섬세한 목탑이다. 노송나무껍질 지붕의 곡선이 부드럽다.

일본 내 한국의 발자취는 구전과 함께 기록으로 남아 있다

도쿄의 서북쪽에는 고구려 사람들이 정착해서 세웠다는 고마향高麗鄕이란 도시가 있다. 고구려의 마지막 왕이었던 보장왕의 아들인 약광왕若光王이 1,300년 전인 716년 일본으로 건너와 가나자와현 오이소에 상륙하여 지금의 고마향(지금은 히다카시日高로 개칭)에 고구려 도시를 만들었다. 여기에는 고구려 신사(지금은 다카쿠 신사)도 있고 약광왕의 일본 상륙을 재현하는 미후네 축제도 한다. 약광왕은 부처의 화신이라는 곤겐의 반열에 올랐다.

야마구치의 오우치 가문 이야기나 고마향의 약광왕 이야기가 그저 구전으로만 내려오는 것은 아니다. 일본 측 사료에 일일이 기록되어 있다. 그런데 왜 이런 도래인의 역사가 우리에게는 기록이 없을까? 그들이 우리나라에선 '사라진' 존재지만 일본에서는 '나타난' 존재이기 때문이라는 관찰도 있지만, "한국 역사는 기록이 없는 5천 년 문화다."라는 함석헌 선생의 비판에서 보듯이[195] 우리는 유독 기록에 약하다. 물론 조선왕조실록 같은 기록 문화에 자부심이 있지만, 이 분야에선 일본이 몇 발 앞선다. 일본에는 촌락마다, 사찰마다, 가문마다 풍부한 기록이 있다. 지금도 유서 깊은 집안의 장롱에는 무진장한 분량의 문서들이 잠자고 있다. 수년 전 번역 출간된 《에도로 가는 길》은 니가타시의 문서관에 소장된 에도 시대 한 여인의 서한을 기초로 쓰여진 논픽션 소설이다. 이 책을 쓴 에이미 스탠리Amy Stanley 노스웨스턴대 역사학 교수는 에도 시대 일본 농촌에서도 5명 중 1명이 글을 쓸 줄 알았다며 근대 사회 초기에서 일본 사람들이 가장 광대한 문서 기록을 남겼다고 했다.[196]

호후텐만구에서 공부의 신을 불러내다

▲ 루리코지 오층탑에서 야마구치역으로 가는 길에서 만난 벚꽃과 기모노

▲ 호후텐만구 입구

루리코지를 보고 나서 길가의 벚꽃 향연을 만끽하면서 다시 야마구치역으로 돌아와 JR 버스로 호후防府로 가서 텐만구天滿宮부터 찾아가니, 입구의 도리이 옆으로 고마이누 석상이 보였다. 일본의 절을 4 명의 사천왕이 지키듯이, 일본의 모든 신사는 예외 없이 두 마리의 고구려 개(고마이누高麗犬)가 지킨다.[197] 악의 기운을 막아주는 고마이누는 도리이와 함께 일본 신사의 전형적인 아이템이다. Korean Dogs로 번역되는 고마이누는 한때 천황궁에서도 볼 수 있었다.[198] 호후텐만구는 스가와라노 미치자네를 모시는 신사로서 그가 귀양지인 다자이후에서 죽은 다음 해인 904년 하지土師 씨가 건립하였다. 텐만구 중에서 가장 먼저 생긴 곳이다. 스가와라 가문은 고분 시대 고분 축조에 간여한 하지 씨의 후손이다. 스가와라노 미치자네管原道眞는 헤이안 시대 후지와라 일문의 센티멘털리즘의 분위기에 편승한 정실주의와 황실의 우유부단함에 대항해서 목소리를 낸 선각자였다.[199] 공부의 신으로 추앙받는 미치자네를 모시는 텐만구는 일본 내 수천 개가 있다. 그중 호후 텐만구는 교토의 기타노北野 텐만구, 후쿠오카의 다자이후太宰府 텐만구와 함께 3대 텐만구다.

여기서 소원을 빌면 시험에 잘 붙는다는데, 불현듯 이곳에서는 나도 소원을 빌어보고 싶었다. 지금 내 나이에 합격을 기원할 일은 없지만, 어쩐지 여기선 그런 마음이 일어났다. 일본 사람들이 하는 대로 두 번 허리 숙여 인사를 하고 동전을 던진 후 손뼉을 두 번 쳐서 공부의 신이라는 가미를 불러내고선 다시 두 번 허리 숙여 인사하였다. 이즈모다이샤에서는 손뼉을 네 번 쳐야 한다. 절을 하고 동전을 던지고 손뼉을 치는 것은 가미의 관심을 끌고 가미에 공물을 바친 후 소원을 전하는 신도의 의식이다.

신도의 세계에서는 '새로운 시작'에 의미를 부여하고 가미의 축복을 받는다. 새해 첫날, 개업 첫날, 입주 첫날에 신사를 찾아서 의식을 치른다. 갓 태어난 아기를 위한 '하츠미야마이리初官參り'라는 의식도 있고, 그리고 인생의 새 출발이랄 수 있는 결혼식을 신사에서 하기도 한다. 신사에서 하는 전통 결혼식에서는 신랑, 신부는 하카마와 기모노를 입고 검은 홀을 든 사제의 인도에 따른다.[200]

텐만구에서 나오니 벌써 12시다. 마침 신사 입구에서 눈에 띈 라멘 가게에 들어갔다. 탄탄멘이라는데, 중국 쓰촨성의 탄탄국수를 일본에서 재해석하여 만든 것

▲ 모리 씨 저택에서 내다보이는 정원

▲ 모리 씨 정원 안마당

이라 한다. 돼지고기 육수를 기본으로 고기와 고추기름이 들어가 약간 느끼하게 느껴졌다. 식사 후 다시 30여 분을 걸어서 모리 씨 정원으로 갔다. 1916년 완공된 25,000평 규모의 정원이다. 꽤 크고 근사하다. 저택은 서원조의 화풍和風 건축 양식으로 설계되어 상, 하수도와 발전, 급탕 설비를 완비하고 수세식 화장실까지 갖춘 당시 최고의 저택이었다고 한다. 지금은 박물관으로 사용하고 있다.

모리 가문의 마지막 다이묘였던 모리 모토노리는 메이지 혁명에 기여한 공로로 공작 작위를 받았다. 모리 가문은 세키가하라 전투에서 도요토미 히데요시의 서군 편에 섰던 만큼 동군이었던 에도 막부 타도에 누구보다도 앞장섰을 듯하다. 다시 호후역으로 40여 분을 걸어서 돌아와 시모노세키행 JR 기차를 탔다.

시모노세키 강화조약 회담장, 슌판로

시모노세키역에서 내려 시내버스를 타고 가라토唐戸로 갔다. 시모노세키역에서 가라토로 가는 도로는 좌우에 해변과 산을 끼고 있어 부산과 비슷하다는 인상을 받았다. 일본 시내버스는 데이 티켓 같은 승차권이 없더라도 내릴 때 동전을 내면 된다. 그러니 시내를 다닐 때 한두 번 정도 이용하기에 편하다. 도쿄에서는 버스를 탈 때 돈을 낸다.

아카마 신궁赤間神宮은 8세 때 바다에 몸을 던져야 했던 안토쿠 천황을 기리는 신사다. 그는 겐페이 전쟁을 종결지었던 1185년 단노우라檀之浦 해전에서 외할머니의 품에 안겨 바다로 몸을 던졌다. 이때 외할머니는 "바다에도 왕궁이 있다."라고 천황을 위로했다고 한다. 단노우라 해전에서 승리한 미나모토 요리토모는 쇼

▲ 혼슈와 규슈를 잇는 간몬대교

군이 되어 일본 최초의 막부인 가마쿠라 막부를 세웠다. 역사적인 단노우라 해전의 무대는 혼슈와 규슈 사이에 놓여 있는 간몬關門해협이다. 양안 간 최단 거리는 600m밖에 되지 않는다. 그러니 혼슈는 규슈까지 그대로 연결된 하나의 땅이라는 생각도 든다. 일본 사람들이 초밥을 먹으러 멀리서도 온다는 가라토 시장은 문을 닫고 있었다. 알고 보니 이곳은 평일이 휴일이었다.

아카마 신궁 바로 옆에는 일청전쟁 후 1895년 시모노세키 강화조약을 맺은 기념관이 있다. 당시 여관과 요정을 겸한 슌판로春帆樓다. 시모노세키 강화조약은 제1조에서 조선을 독립국으로 선언했다. 천 년 이상 지속되었던 대륙과 한반도 간

▲ 슌판로/ 일청강화기념관

의 관계가 일본의 힘으로 잘려 나간 일대 사건이었다. 1895년 3월 19일 청나라 사절단이 도착한 다음 날부터 강화회의가 개최되었으나 리훙장에 대한 피습 사건의 여파로 29일 간이나 계속되었다. 유리로 둘러쳐진 당시 회담장을 찬찬히 보니 풍문으로 알려진 것과는 달리 일본 대표단의 단상을 높게 하여 청나라 대표단을 하대했다는 정황은 보이지 않았다. 다만, 양측의 수석대표인 이토 히로부미와 리훙장이 앉았던 의자만 다른 대표단원의 의자보다 더 컸다.

리훙장은 강화회담 중 귀갓길에 한 일본인의 습격을 받았고, 그 후로 큰길 대신 산길로 다녔다. 그 산길이 지금 '리훙장의 길'로 관광 상품화되었다. 강화회담장

길 건너편에서 조선통신사 상륙기념비를 보았다. 김종필 총리(한일의원연맹 회장)가 이곳을 방문해서 세운 것이다. 조선의 선진 문물을 전해 주었다고 기록하고 있다. 조선통신사는 이곳에 상륙하여 지금 아카마 신궁의 자리에 있었던 아미다지阿彌陀寺에서 묵었다. 당시 시모노세키의 지명은 아카마가세키赤間關였다.[201] 오늘 만보기를 보니 지난 22일 도쿄 시내에서 고쿄 둘레길을 걸었던 날에 이어 두 번째로 3만 보 이상을 기록하였다.

▲ 조선통신사 상륙엄류지上陸淹留地 기념비

교토를 다시 가다

3월 30일, 여행 13일 차다. 내일은 아침에 간사이 공항으로 가서 귀국 비행기를 타야 하니 오늘이 사실상 여행 마지막 날이다. 아침 일찍 신야마구치역을 떠나 2시간이 채 안 되어 신오사카역에 도착했다. 역 인근의 호텔에 가방을 맡겨두고 다시 역으로 나와 교토로 가는 신칸센을 탔다. 지난번 패키지여행 때는 교외 쪽만 다녀서 교토 시내에는 발을 들여놓지 못했다. 오늘에야 교토를 제대로 볼 수 있다는 설렘으로 교토로 향했다.

교토는 열흘 전과는 달리 벚꽃이 만개하였고 관광객들로 북새통이었다. 역 구내의 관광안내소에서 오늘의 목표인 니조성二條城, 금각사, 은각사를 어떻게 찾아갈지 설명을 듣고 지하철과 버스 일일승차권을 샀다. 여행할 때는 관광안내소부터 찾아가서 설명을 듣는 게 필수적이다. 설령 그 지역을 좀 안다고 하더라도 그렇게 하는 게 결국 시간과 노력을 덜어준다. 알고 있는 걸 묻더라도 다른 대답이 나오고, 그래서 또 배운다.

우선 전국 시대 일본을 최초로 통일한 오다 노부나가가 부하였던 아케치 미쓰히데明智光秀의 급습을 받아 자살한 역사의 현장인 혼노지本能寺를 찾아보기로 하고 교토역에서 그린선을 타고 가라스마오이케烏丸御池역에서 내렸다. 인근의 일본인에게 길을 물어보고 4~5블록을 걸어왔지만, 혼노지는 오리무중이어서 또 주변 사람들에게 물어보니 방향을 잘못 잡고 한참이나 걸어온 게 아닌가. 결국 혼노지는 포기하고 바로 니조성으로 갔다. "적은 혼노지에 있다."라는 말이 있지만 나의 교토 시내 답사는 혼노지에서부터 꼬였다.

천하 통일 마지막 승자의 등극을 알린 니조성

다시 40~50분 이상을 걸어와 니조성까지 왔는데, 입장권을 사려는 사람들 대기 줄이 보통 긴 게 아니다. 쇼군의 거소였던 니조성은 기대 이상이었다. 정문인 카라몬唐門의 화려함과 섬세함, 그리고 니노마루궁의 천장 조각이나 장벽화는 우리의 궁궐 건축 양식이나 문화와는 완전히 다른 것이었다. 니조성은 도쿠가와 이에야스가 전국을 통일한 직후인 1601년 서부의 영주들에게 축성을 지시하여 1603년에 완공하였다. 니조성은 쇼군의 교토 별궁이자 막부군의 주둔지였다. 그는 지척에 있는 황궁보다 더 크고 아름다운 성을 지어서 자신이 새로운 권력자로 등극했음을 보여주려 했다.

중세 당시 문의 형태는 지붕의 높이와 함께 그 가문의 지위를 나타냈다. 일본에서 천황을 지칭하는 미카도御門라는 말도 "위엄 있는 문"이라는 의미다. 이 외에

▲ 니조성 카라몬, 니노마루궁 쪽에서 보았다.

도 폐하陛下, 전하殿下, 각하閣下라는 칭호도 모두 건축과 연관된 말들이다.[202] 니조성 니노마루궁의 정문인 카라몬은 가장 높은 지위의 문이다. 카라몬의 앞과 뒤를 자세히 봐도 대체 어느 쪽이 앞이고 뒤인지 모르겠다. 오히려 니노마루 안쪽이 좀 더 화려해 보인다. 지붕은 노송나무껍질로 덮었다. 4개의 기둥에 장수를 의미하는 학, 송죽매가 조각되어 있고 사자 조각은 궁의 수호신이다. 우리 건축에서 저렇게 공들인 화려한 문을 본 적이 있는가?

니노마루궁은 니조성 축성 이후 약 20년 후인 3대 이에미츠 때 지어졌다. 전형적인 사무라이 저택의 형태로 아시카가 가문의 수호자였던 호소카와 저택과 같은 구조로서 드물게 보는 성채에 딸린 궁의 사례다.[203] 서원조 건축의 가장 인상적인 대표작으로 호화로운 금룡 장벽화, 정교한 창호, 그리고 격자 천장은 경외감을 일으키는 권력자의 장엄한 심볼이었다. 니노마루궁의 조감도를 보면 6개의 건물이 마치 기러기 떼 형상으로 배치되어 있다. 완벽한 좌우 대칭보다는 약간 파격의 미를 추구하는 예술적인 감각이 돋보인다. 이런 건물 배치는 중국이나 우리의 궁궐 건축에선 볼 수 없다. 고등학교 때 국어 선생님은 창덕여고생들이 빵떡모자를 약간 삐딱하게 쓰는 게 바로 파격의 미라고 가르쳤다. 사실 대칭의 부재, 혹은 비대칭의 강조는 일본 미술의 특징이며 이것이 뚜렷하게 나타나 있는 곳은 건축과 정원에서다.[204]

빛과 색조를 강조한 베네치아 회화와 모모야마 미술

센코쿠 시대가 끝나가면서 미술의 양상도 변해갔다. 아시카가 시대를 풍미했던 마음과 마음으로 통하는 암시와 흑백의 미술은 어느덧 풍부한 색조와 세밀한 표현을 특징으로 하는, 그래서 상상의 여지를 더는 남기지 않는 현실적인 것으로 바뀌었다. 빛과 색조를 강조하는 베네치아 회화와 티치안의 화풍이 포르투갈인과 스페인인을 통하여 일본으로 들어왔던 시기였다. 천하를 통일한 도요토미 히데요시는 이제 무사의 칼들을 칼집에 거둬들여야 했다. 정복자의 예술에 대한 열정은 칼을 대신하여 그의 권력을 지켜 주었다.[205]

오다 노부나가와 도요토미 히데요시의 모모야마桃山 시대(1573~1603년)는 일본 건축과 디자인의 황금기였다. 아즈치성安土城, 히메지성姬路城, 오사카성大阪城 등 많은 성이 축성되었고, 병풍이나 미닫이문 종이에 그림을 그린 장벽화障壁畵(또는 장병화障屛畵)나 후스마에襖繪로 방을 장식했다. 니노마루궁의 800여 개의 다다미가 깔린 33개의 방에도 장벽화가 3,600여 점이 있다. 크고 작은 쇼군의 접견실에

▲ 니노마루궁 정원

는 소나무, 매, 호랑이 등 도쿠가와 가문의 위엄을 상징하는 그림과 사계절을 대표하는 꽃 그림이 금벽농채로 장식되어 있다.

모모야마 시대 권력자였던 노부나가와 히데요시는 가노 에이도쿠狩野永德의 호쾌한 화풍을 좋아했다. 니노마루궁의 장벽화는 그의 손자인 가노 단유狩野探幽와 그의 동생 가노 나오노부狩野尙信의 작품이다. 금박의 바탕 위에 큼직큼직하게 그려 넣은 장벽화가 그렇게 웅장하면서도 화사할 수가 없다. 절로 경탄을 자아낸다. 조선의 궁궐에서 느꼈던 약간의 침침함과 삭막함 같은 건 찾아볼 수 없었다. 궁 내부에서는 사진 촬영이 허락되지 않아 사진을 남기지 못해 아쉽다.

▲ 니조성, 니노마루궁을 둘러보는 관람객

이 장벽화들은 1626년 고미즈노오後水尾 천황의 행차에 맞추어 궁의 개축과 함께 그려졌다. 궁 내부의 그림들은 복제화이며 원본은 수장관에서 감상할 수 있다. 니노마루궁에 딸린 정원도 아름답다. 고보리 엔슈가 작정作庭했다. 정원의 중앙 연못에 배치된 봉래, 학, 거북을 나타내는 돌들이 인상적이다. 이 정원은 쇼군의 거소에서 바라볼 수 있도록 설계되었다.

1603년 천황의 명으로 쇼군이 된 이에야스는 이 성에서 다이묘들을 모아놓고 자신이 쇼군이 되었음을 알렸다. 그리고 정확히 264년 후에는 마지막 쇼군이었던 요시노부가 40개 번의 대표단에 국가 통치권을 천황에게 돌려주겠다는 대정봉환

大政奉還을 여기서 선포했다. 이 대정봉환의 역사 현장은 밀랍 인형으로 요시노부와 중신들이 앉아 있는 모습으로 재현되었다. 일본 번영의 기초가 된 에도 막부 시대가 여기서 시작하고, 또 여기서 끝났다.

무로마치 정치와 문화의 중심 무대였던 금각사

니조성에서 나와 금각사에 가려고 택시를 탔다. 사찰이 오후 5시까지만 입장객을 받기 때문에 금각사를 본 후 은각사까지 보려면 서둘러야 했다. 금각사와 은각사의 일본어 발음은 킨카쿠지와 긴카쿠지다. 혼동하기 쉬워 기사에게 재차 확인했다. 니조성에서 금각사까지 10여 분만에 200여 년을 거슬러 올라왔다. 금각사

▲ 금각, 사리전과 쿄고지鏡湖池

의 정식 이름은 로쿠온지鹿苑寺이고, 은각사는 지쇼지慈照寺다. 금각사, 은각사는 무로마치 막부 시절 14세기 말과 15세기 중반기에 각각 조성되기 시작한 임제종에 속하는 선종 사찰이다.

무로마치 막부의 힘이 최고조에 달했던 3대 쇼군 아시카가 요시미츠足利義滿가 1397년 그의 저택으로 지었던 기타야마도노北山殿가 그의 사후 사리전이 되었다. 금각사의 출발이었다. 당시 요시미츠는 이곳에서 정무를 보았고, 천황을 초대하고 명나라의 사신을 이곳에서 맞았다. 꽃꽂이모임인 하나아와세가 열리기도 했다.

금각사리전은 3층 누각으로 1층 아미타당은 헤이안 시대의 공가식公家式 침전조 거실, 2층은 일본식和樣 금당, 3층 구쿄초究竟頂는 무가적 선종 양식의 불당으로 벽과 천장에 금박을 입혔다. 금각은 1950년 화재로 소실되어 1955년 재건하였다. 3층 지붕 위의 청동 봉황은 당시 화재에도 살아남았다. 쿄고지鏡湖池 가운데 배치된 두 개의 돌섬은 정원의 구심점이 되어 금각 1층의 아미타당과 대응하면서 정토 정원을 구현하고 있다.[206]

무로마치 시대(1333~1573년)에는 금각에서 보듯이 무가와 공가의 문화가 융합되었고 선종의 영향이 뚜렷해지면서 정원, 건축, 회화에 소위 '와비, 사비'라는 간소하면서도 예스러운 단아함이 녹아들게 되었다. 선 사상은 퀘이커교와도 통한다.[207] 건축에서는 서원조가 새로운 주택 양식으로, 정원에는 돌과 모래만으로 산수를 표현하는 가레산스이 정원이, 회화에는 본격적인 산수나 꽃과 새를 그린 수묵화가 나타났고, 노能와 차노유가 유행했다. 대중의 마음에 배어든 선 사상은 음악이나 문학의 새로운 발전으로 표출되었다. 아시카가 쇼군의 후원으로 셋슈와 가노 같은 기라성 같은 화가들이 배출되었고, 노의 황금 시기를 맞았다.

선의 정신이 살아 숨 쉬는 은각사

금각사를 본 후에는 버스를 타고 은각사로 이동했다. 은각사는 무로마치의 권력이 쇠약해진 8대 쇼군 아시카가 요시마사足利義政가 1482년 산장으로 조성한 히가시야마도노東山殿가 그 시초가 되었다. 2층 누각인 은각 관음전의 1층은 침전조에서 서원조로 넘어가는 과도기 양식으로 요시마사의 서재였고, 2층은 관음보살이 모셔진 관음전으로 선종 양식이다. 은각은 금각보다 약 100년 후에 지어졌지

▲ 은각사 관음전 / 2025. 11. 촬영

만 금각보다 더 섬세한 스타일로 심미적인 문화의 상징이다.

은각의 동북쪽에 있는 도구도東求堂의 도진사이同仁齊는 요시마사의 서재로 서원조로 지었다. 서원조는 건물의 외형보다는 내부의 특징에 착안한 건축 양식이다. 즉, 가라모노唐物나 꽃꽂이를 전시하기 위하여 방의 상좌에 바닥을 한 층 높여 만든 도코노마床の間와 층이 어긋난 선반인 치가이타나違い棚를 갖춘 정형적인 인테리어다. 여기서 열렸던 차 모임은 오늘날 다도 문화로 이어졌다.

▲ 은각사 도구도와 킨쿄지 / 2025. 11. 촬영

아시카가 시대는 일본의 역사에서 가장 약체였던 무로마치 막부가 지배한 시대였다. 지배 영역도 일부분에 그쳤고 내전은 끊이지 않았다. 당시 가장 유력한 족벌이 호소카와 가문과 우에스기 가문이었다. 1467년 오닌의 난 후 아시카가 쇼군들은 경쟁을 벌이던 이 두 라이벌 가문에 의하여 허수아비가 되었다. 하지만 아시카가 시대는 정치가 아닌 다른 분야에서 두각을 나타내었으니 바로 예술 분야였다.[208] 어릴 때 쇼군의 자리에 오른 요시마사는 정무에 관심이 없고 자신의 후계 선정에서 결단력이 부족했기 때문에 오닌의 난을 불렀다. 오닌의 난은 수십만의 군대가 10년간 교토를 전쟁터로 격돌한 중세 최대의 전쟁이었다. 은각은 착공 후 오닌의 난이 일어나면서 미완성인 채로 남았다. 은각에 은이 없는 이유다.

그러나 금각과 달리 은각과 도구도는 훼손되지 않고 지금까지 그 원형을 보존하고 있다. 당시 서원조 주택이나 선종 양식의 사찰과 가레산스이 정원, 그리고 노와 다도에는 무가가 선호한 선禪의 정신이 짙게 배어 있다. 이것이 금각사와 은각사로 상징되는 기타야마 문화와 히가시야마 문화다. 은각의 동쪽 정면에 킨쿄치錦鏡池라는 연못을 끼고 있는 정원이 있다. 이 정원은 13세기 이끼 정원으로 유명한 사이호지西芳寺 정원을 모델로 했다.

존 카터 코벨 여사는 7세기 아스카강 언덕에 있는 한반도 도래인 소가 우마코의 집에 백제인이 설계한 정원으로부터 일본의 정원이 시작되었다고 했다. 그 정원의 특징이 바로 안마당에 돌을 넣고 연못을 파서 한가운데 작은 섬을 만들어 수미산의 서방정토를 재현한 것이다.[209] 당시 사실상의 아스카 대왕이었던 우마코의 집 정원을 미치코노 다쿠미라는 백제 장인이 만들었다 한다.[210] 지천회유식 정원

▲ 은각사 가레산스이 정원 / 2025. 11. 촬영

의 구성 원리와 같다. 가레산스이 정원도 물 대신 모래를 사용했을 뿐, 그 구성 원리는 마찬가지다.

은각사의 정원은 주위 자연경관을 활용하여 산자락과 평지를 조화롭게 입체적으로 조성했다. 자연스레 돌과 물이 정원의 이끼, 화초, 수목들과 어우러져 있다. 여기에 가레산스이 양식의 흰 모래 고게쓰다이와 긴샤단이 더해졌다. 이 모래 정원은 '달의 정원'으로서 소동파가 노래한 중국 항저우의 서호에 비치는 달빛을 연상하여 만들었다. 일직선의 모래 줄 긴샤단銀沙灘은 호수의 파도를 표현하고 있으며, 원뿔꼴의 모래 더미 고게쓰다이向月臺는 여기에 부서지며 반사되는 달빛을 보면서 감흥을 자아내도록 했다.[211] 왠지 화려하게 반짝이는 금각보다는 은각의 은근한 아름다움에 더 마음이 쏠린다.

이번 일본 여행에서 처음 기념품을 샀다. 눈 덮인 은각과 단풍에 물든 은각을 그린 두 개의 마그넷이다. 은각사를 보고 나오면서 좁은 물길을 따라 벚꽃이 흐드러진 테츠가쿠노미치, 철학의 길을 만났다. 내가 마치 철학자가 된 듯한 기분으로 만개한 벚꽃의 향기에 취해 좁은 물길을 따라 1km 정도를 걸어 나왔다. 버스를 타고 다시 시내로 들어오니 어느덧 밤이 스며들었다.

▲ 은각사로 가는 길에서 만난 벚꽃의 향연

오다 노부나가의 《메멘토 모리》

교토의 첫 일정으로 보려던 혼노지는 결국 못 가고 말았다. 날은 이미 저물었는데, 길 가던 행인에게 혼노지를 물어 찾아갔더니 혼노지가 아니라 혼간지였다. 그런데 나중에 알고 보니 혼노지 절은 이미 사라져 그 터만 남아 있다는 것이다. 그러니 혼노지를 찾는 게 쉽지 않을 수밖에….

승승장구하면서 일본 통일을 목전에 두었던 오다 노부나가, 그는 고작 2천 명의 군사로 적진에 뛰어들어 그의 영지를 침략한 3만 군대의 이마가와今川 대영주를 격파하였다. 바로 오케하자마 신화를 탄생시킨 귀장鬼將이었다. 그는 코스모폴리탄적 마인드를 가진 지도자이기도 했다. 서양 선교사들도 호의적으로 대했다. 16세기 중엽 포르투갈인이 들여온 조총의 위력을 단번에 알아차렸고, 66개 다이묘 중 30개 다이묘를 정복했다.[212] 하지만 믿었던 부하 아케치 미쓰히데에게 기습당해 혼노지에서 생명을 마칠 수밖에 없었다. 그는 정녕 인화에 실패한 지휘관이었나? 그가 첫 부인인 노히메를 맞은 혼례식에서 불렀다는 노의 아쓰모리敦盛 노래 한가락이다. 《메멘토 모리》를 노래했다.

> "인생살이 50년, 돌고 도는 흐름 속에 덧없는 꿈이요 환영이로다.
> 한번 태어나 죽지 않는 자 그 어디 있으랴."

아케치 미쓰히데는 왜 혼노지에서 주군인 노부나가를 습격했는가? 이것은 "야마토국은 어디였는가?"와 "사카모토 료마를 암살한 진범은 누구인가?"라는 의문과 함께 일본 역사의 3대 의문이라고 한다. 원한설이나 야망설도 있지만 비도非道

저지설도 주장된다. 노부나가가 천황에 대한 무례를 저지르는 등 도리에 맞지 않는 행동을 했기 때문에 이를 막고자 했다는 것이다.[213] 조선, 일본, 명의 기록을 다 보고 1928년 《수길일대와 임진록》을 쓴 현병주 작가에 따르면, 아케치 미쓰히데는 본래 글 읽는 사람이라 도덕을 가지게 되었으므로 난폭한 행위를 일삼는 주군 노부나가를 경원시하게 되었다고 한다. 그는 주인의 비위를 맞추려고 아첨하는 성질이 아니었고, 그래서 노부나가는 그의 다라지고 꼬장꼬장한 성미를 밉살맞게 여겨 부채로 빰을 때리는 등 항상 모욕을 주었다 한다.[214]

교토역에서 신칸센으로 20분 만에 신오사카역에 도착, 숙소로 돌아왔다. 이날 나의 만보기에는 3만 보에 조금 못 미치는 2만 8,800보가 찍혔다. 다음 날 3월 31일 아침 신오사카역에서 메트로로 난바역까지 와서 다시 간사이 국제공항으로 왔고, 귀국행 아시아나 비행기에 올랐다. 나의 13박 14일 맨땅에 헤딩하기 일본 수학여행이 끝났다.

Amazing Japan!

日本

제2부

한·일 고대 관계사의 자취를 찾아서

▲ 호류지 중문 뒤에서 멀리 대강당을 바라보고 찍었다. 금당과 오층탑이 병렬로 섰다. 부처님의 사리를 봉안한 탑의 독점적 우위가 상실되었음을 보여준다.

다자이후에 눈보라가 쳤다

1월 23일 12시 5분 후쿠오카 공항에 도착했다. 관부연락선을 탔던 조선의 소프라노 윤심덕의 애수를 연상해 보기 위해 애초에는 부산- 하카타 간 배를 타려 했는데, 부산에서 하룻밤을 자야 해서 다음 기회로 미뤘다. 독일의 여성 작가인 마리 폰 분젠Marie von Bunsen은 1911년 일본 여행 후 조선으로 가면서 관부연락선을 탔는데 네덜란드에서 영국으로 가는 똑같은 거리의 선편보다 훨씬 더 안락하고 서비스가 좋았다고 했다.[215]

후쿠오카가 워낙 따뜻한 곳이라 한국을 떠날 때 두꺼운 겨울 외투를 입어야 할지 망설였는데 입고 오길 잘했다. 오늘 아침 서울 기온이 영하 13도였다. 이곳도 생각보다 춥고 바람까지 드세다. 한국이 추우면 후쿠오카도 춥다고 한다. 지형상 북규슈 쪽이 한반도 기후의 영향을 많이 받기 때문이라는데, 한국에 미세먼지가 많으면 후쿠오카도 공기가 탁해진다고 한다.

▲ 다자이후 텐만구 본당으로 들어가는 입구.

후쿠오카 공항은 마치 라스베이거스 공항처럼 도시 안에 공항이 있다. 공항으로부터 모든 거리가 짧다. 확실한 장점이다. 난생처음 이곳에서 무인 숙소를 잡아보았는데 낮에는 알바인 듯한 직원이 있어 편했다. 가방을 맡겨 놓고 공항으로 다시 나와서 다자이후행 버스를 탔다. 추운 날인데도 시니어 봉사자들이 버스 탑승 안내를 도와주었다. 일본이나 미국에서는 시니어들이 곳곳에서 일하는 모습을 볼 수 있다. 공항에서 가늘던 눈발이 다자이후太宰府에 내려 텐만구天満宮 참배로로 접어드니 갑자기 거세어졌다.

▲ 다자이후 텐만구 본당, 수리 중이다.

견당사 파견 중지를 건의한 스가와라노 미치자네

헤이안 시대 우대신이었던 스가와라노 미치자네管原道真는 901년 다자이후로 유배된지 2년 만에 죽었다. 그의 유배는 후지와라 홋케藤原北家의 득세를 가져온 상징적인 사건이었다. 그의 묘 위에 세워진 신사가 텐만구다. 양쪽으로 상가들이 늘어선 참배로를 지나니 입구부터 거뭇한 석조 도리이들이 나타났다. 타이코바시 다리 주위로 경내의 이끼 낀 고목들에서 세월의 연륜이 느껴진다. 지금의 건물은 1591년 세워졌는데, 수리 중이었다. 본당 앞 왼편 문밖으로 나가니 수령이 무려 1,500년이 넘는다는 '위대한 녹나무'를 볼 수 있었다.

894년 스가와라노 미치자네는 당나라의 국내 정세 악화와 원거리 대양항해의 위험성을 이유로 견당사의 중지를 건의하였다. 당나라가 멸망하기 13년 전의 일로서 그동안 견당사는 630년 이래 250년 간 15차례 파견되었다. 미치자네는 일본의 정신으로 중국의 지식을 얻자는 화혼한재和魂漢才를 주장하였다. 이것은 일본식으로 한자를 읽자는 주장으로 이어져 오늘날 한자의 훈독, 즉 처음부터 그 뜻을 풀어서 읽는 법이 확립되는 계기가 되었다.[216] 그래서 일본은 한자의 음독법만을 유지한 한국보다 한자의 뜻을 쉽게 알 수 있게 되었다. 김용운 박사는 신라와 백제가 한자를 다르게 읽었는데, 신라는 음독을, 백제는 훈독을 했으며, 일본에 훈독법을 전해 준 것은《논어》와《천자문》을 전해주고 일본의 태자를 가르친 백제의 왕인 박사라고 했다. 그래서 왕인에게 훈독으로 한문을 배운 일본의 태자는 단시

▲ 간제온지 강당

일에 학문에 통달했는데 음독을 했다면 그럴 수 없었다는 것이다.[217] 김 박사는 이렇게 한문을 일본어로 읽는 "훈독체"야말로 일본인의 최대 발명품이라고 했다.[218] 후지와라 가문의 득세 시기와 그 후 찾아온 일본의 중세는 한화漢化sinization의 관점에서 중국모델이 거부된 시기였다.[219] 일본의 독자적 발전을 강조한 미치자네의 주장은 메이지유신 후에는 화혼양재和魂洋才로 변형되었다. 화혼한재나 화혼양재는 지난 천 년 간 일본의 독립적인 정치, 문화를 지키는 근간이 되었다.

텐만구에서 나와 참배로를 내려오다가 우메가에 모찌를 하나 사 먹었다. 한 노파가 불우한 시절을 보내고 있던 미치자네를 긍휼히 여겨 떡에 매화 가지를 곁들여 내놓았다는 모찌떡이 다자이후의 명물이 되었다. 매화는 미치자네가 사랑한 꽃이다. 미치자네는 헤이안 시절 서민에서 총리가 된 유일한 사람이다. 그래서인지 그는 공부의 신이 되었고, 그를 모시는 신사가 일본 전국에 수천 개가 있다. 그리고 그 많은 텐만구에는 어김없이 매화가 심어져 있다. 이곳 다자이후 텐만구에는 본당 앞에도 '날으는 매화'라는 도비우메飛梅를 위시하여 수천 그루의 매화가 심어져 있어 봄철 꽃잔치로 유명하다. 19세기 말 조선을 방문하고 걸출한 여행기를 남긴 퍼시벌 로웰은 조선의 화신이 매화로부터 온다며 조선의 저택 가운데 매화나무 없는 집은 없다고 했다.[220] 미치자네의 조상이 도래인인 하지씨 라는데, 매화가 그가 사랑한 꽃이라니 자못 흥미롭다. 그가 다자이후로 유배오면서 읊었다는 와카 한 수다.

> "동풍 불거든 멀리 다자이후까지 향기를 보내다오,
>
> 매화꽃이여, 주인이 없다 해도 봄을 잊지 말지니"

정약용의 전기를 보면 1801년 유배지인 강진에 도착한 정약용이 집집이 문을 두드려 도움을 요청하지만 아무도 반겨주지 않았는데 오직 어느 주막집 노파만이 그를 받아주어 그 집 골방에서 4년을 생활하였다 한다. 이곳이 강진의 사의재四宜齋다. 조선 시대에는 유배를 가면 동네 사람들이 도와주기는커녕 접촉조차 피했다 한다. 화가 자신에게 미칠지 해서다. 불우해졌을 때 세상인심을 안다는 말은 지금도 틀리지 않다.

정몽주가 찾은 간제온지

삼십여 분을 걸어가 간제온지觀世音寺를 찾았다. 간제온지는 덴지 천황이 백제를 구원하기 위해 이곳 규슈까지 왔다가 사망한 어머니 사이메이齊明 천황을 추모하기 위해 지은 절이다. 고려의 충신 정몽주가 이곳을 찾아왔다고 한다. 그는 후쿠오카에 머물면서 지금도 회자되는 시 한 수를 남겼다.[221]

> "매화 핀 창가에 봄빛 이르고, 판잣집에 뿌리는 빗소리 크다."

간제온지에는 7세기 말 아스카 시대에 주조된 범종이 있다. 이 범종은 698년 제작되었고, 교토의 묘진지妙心寺 범종과 같은 제작소에서 만들어진 '형제종'으로 알려져 있다. 이 두 종의 제작공인은 상, 하대의 당초문과 당좌의 연화문을 볼 때 신라계 이주민이라 한다.[222] 스가와라노 미치자네가 죽기 전 간제온지의 종소리를 들으며 읊조린 시귀다.

▲ 가이단인 본당

"유심히 보면 도부루都府樓의 기와가 보이고
자세히 귀 기울이면 희미하게
간제온지의 종소리가 들려오네."

최인호 작가의 역사 소설 《제4의 제국》을 보면 스가와라 씨는 일찌기 가와치 지역에 정착한 가야의 후손 하지土師 씨가 그 성을 바꾼 것이라 한다.[223] 헤이안 시대 후기 《강담초江談抄》에서도 스가와라 씨가 하지 씨의 후손이라는 사실이 확인된다. 아울러 하지 씨에 관한 전승이 내려 오는데, 하지 씨는 하니와를 만들어 왕의 순장 시 살아있는 사람 대신 하니와를 넣게 하여 순장의 폐습을 중단케 하는데 크

▲ 다자이후 정청 유적지의 3개 비석(메이지 시대 이후에 세워졌다)

게 기여하였다고 한다. 하지만 왕의 입장에서는 이것이 불충한 것으로 간주되어 그 후손들이 관직에 나가는 게 제한되었다는 것이다. 선조의 공적이 후손에게는 불이익이 된 흥미로운 사례다.[224]

가이단인戒檀院은 간제온지와 담장을 같이하는 그 부속 절이다. '가이단'이란 승려로서 지켜야 할 계율을 가르치는 곳이다. 도다이지에 가이단인을 설립하고 일본 율종을 창시한 당나라 고승 간진鑑眞이 753년 가고시마에 도착하여 이곳 가이단인을 거쳐 도다이지로 가서 계율을 가르쳤다.

다자이후는 신라 침공에 대비한 사령부였다

여기서 다시 10여 분을 걸어가 다자이후 정청 유적政廳跡을 찾았다. 일본은 663년 백촌강 패전 후 신라와 당나라의 침공에 대비하기 시작했다. 다자이후에 그 길이가 1km에 달하는 제방을 쌓아 물을 가둔 수성水城을 만든 것을 필두로 규슈에서 세토내해를 따라 야마토에 이르기까지 여러 곳에, 그리고 대마도에도 산성을 쌓았다. 궁도를 해안에서 멀리 떨어진 비와호의 오미로 옮기고, 쓰시마, 이키, 쓰쿠시에 사카모리防人(변방 경비를 위해 징발된 병사)와 봉수대를 두었다. 이 모든 것이 백촌강 패전 후 4년 만에 이루어졌으니, 당시 일본이 느낀 대외적 위기감이 어떠했는지 충분히 짐작이 가는 대목이다.[225] 이뿐만이 아니었다. 이후 일본인들은 검과 단검을 몸에 지니고 다녔고 방패와 활, 화살을 준비했고 670년에는 징병제를 도입하기 위하여 호적을 작성하기 시작했다.[226]

백제 멸망 당시 일본은 661년에 5,000명 군사를, 이듬해에 그보다 더 많은 군사를, 그리고 백촌강 전투 시에는 2만 7천 명의 군사를 보냈지만 결국 400척의 배와 1,000 마리의 말, 그리고 1만 명의 군사를 잃고 크게 패배한다.[227] 그렇다면 왜 야마토 조정이 이런 무리를 해가며 백제에 파병했는지 의문이 남는다. 우선은 당시 백제와 야마토가 마치 한 나라와 같은 관계였다는 것이다. 에가미 나미오 교수는 이것을 "한 · 왜연합왕국"으로 설명했고, 홍윤기 교수는 군대를 일으키고 파견했을 당시 사이메이, 덴지 천황이 백제의 피를 받았기 때문이라고 했다.[228] 사이메이 천황의 남편이자 덴지 천황의 아버지였던 조메이 천황은 백제천 동, 서에 백제대사와 백제대궁을 짓고 죽은 후에는 백제대빈에 모셔진 백제대왕이었다.

또 다른 설명은 외교안보적 관점이다. 당시 동아시아의 정세로 보아 강성해진 당나라가 신라와 손잡고, 고구려, 백제를 치게 되면 그 다음 타겟이 일본이므로 이것을 앉아서 기다리다 홀로 싸우는 것보다는 한반도로 와서 백제, 고구려와 연합전선을 펼치는 쪽을 선택했다는 것이다.[229] 그런데 나카노 오에 황자(덴지 천황)의 백촌강 전투 참전 결정을 태평양 전쟁을 일으킨 도조 히데키와 비교한 재미난 설명이 있다. 두 사람의 결정이 무모한 것이었지만 결과적으로는 일본의 번영을 가져왔다는 것인데, 2차대전 패전 후 미군이 일본 사회에 공헌한 것처럼, 백촌강 패전 후 백제로부터 여러 직역의 사람들이 들어와 당시 일본의 발전에 크게 기여하였기 때문이라고 했다.[230]

8세기 초에는 다자이후를 세워 규슈 전체를 통할하고 방어하는 요충으로 삼았다. 신라의 침공에 대비한 사령부인 셈이다. 《일본서기》나 《고사기》에서 야마토 왕조가 한반도에서 기원한 것이라는 사실을 극력 숨긴 배경도 당나라나 신라로부터의 침공을 두려워 했기 때문이라고 한다. 다자이후 전시관에 들렀다가 정청 유적지로 올라섰다. 다자이후 정청은 당시 최대의 지방 관청으로서 헤이안쿄, 헤이조쿄 다음으로 큰 규모였으며, 교토에서 멀리 떨어져 있는 조정이라는 의미로 '먼 조정'으로 불리었다. 지금 남아 있는 커다란 초석들이 그 옛날의 영화를 말해 주는 듯하다.

일본이 신라, 당나라와 국교를 재개하면서 다자이후가 외교적 역할을 맡기도 했는데, 이곳을 방문하는 신라와 중국의 사신들에게 국세를 과시하기 위해서 크게 지었다고도 한다. 9세기 들어 신라와의 교역이 활발해지면서 교역 장소가 헤이안쿄에서 다자이후로 바뀐다. 이를 상징하는 것이 후쿠오카의 고로칸 유적이다.[231] 다자이후 정청은 12세기 이후 중세로 접어들어 황폐해지면서 경작지로 전용되었다. 메이지 시대에 들어와 이곳을 보존하려는 동기에서 3개의 석비를 세웠고, 1960년대 말에 본격적인 정비 사업이 시작되었다.

악천후를 무릅쓰고, 가라츠, 나고야성으로 고고~

1월 24일, 일본 여행 이틀째다. 후쿠오카에서 기차로 한 시간 반 정도 걸리는 가라츠唐津로 가서 가라츠성, 구 가라츠은행과 다카토리高取 옛 저택을 둘러보았다. 그리고 도요토미 히데요시의 조선 침략 기지였던 나고야名護屋성을 찾았다. 눈이 오고 강풍이 부는 불순한 일기에 하루 일정을 마치고 후쿠오카 숙소에 돌아와 보니 오늘 걸음걸이가 2만 7천 보에 육박했다. 잔뜩 먹은 저녁에다 욕조에 몸을 담가 하루의 피로를 풀고 나니 잠이 막 밀려온다.

가라츠를 한자로 쓰면 한국 충남의 당진과 똑같다. 글자 그대로 당나라로 가는 나루터다. 그런데 일본에서 '당唐'은 중국보다는 한국을 가리키는 경우가 많다. 1471년 신숙주의 《해동제국기》에 수록된 쓰시마 지도에도 지금의 북섬에 한국 쪽을 향한 '가라쓰唐洲'라는 항구의 지명이 나타난다.[232] 가라는 가야를 의미한다. 그래서인지 가라츠와 사가현에는 한반도 관련 유적들이 많다. 백제 무령왕의 탄생지라는 가카라시마加唐島도 이곳에 있다. 내가 가라츠를 간 것도 가카라시마에 가기 위해서였다.

일본의 선진적인 교통 문화

가라츠에 도착해 보니 오늘 기상 악화로 사가현의 모든 버스가 올 스톱이라 했다. 이게 무슨 청천벽력 같은 소린가. 새벽에 숙소를 나와 후쿠오카 공항역을 출발, 지하철로 치쿠젠마에바루에서 갈아타 가라츠역에 내린 후 얼어붙은 눈길을 걸어가 2시간여 천신만고 끝에 가라츠 버스센터까지 온 수고가 한 방에 무너지는 기분이었다. 내가 보기엔 그리 큰 눈도 아닌데 버스 운행을 전면 중지한다는 게 좀 아쉬웠다. 다행히 정오부터 눈이 그치면서 버스 운행이 재개되었다. 나중에 우동집에서 점심을 하면서 주인장에게 물어보니 작년에 가라츠에 눈이 온 날이 딱 하루뿐이었다고 한다. 그러니 오늘 같은 눈에 호들갑을 떨 만도 하다.

그런데 사실 일본 사람들은 안전에 대하여 우리보다 훨씬 민감하다. 자연재해가 잦기도 하지만 여기에는 대충대충 하지 않는 문화와 남을 배려하는 마음이 자리 잡고 있다. 차를 모는 것도 살살 몰고 신호등 없는 건널목일지라도 사람이 나타나기만 하면 유럽이나 미국에서처럼 무조건 선다. 우리처럼 차로 들이대거나, 슬슬 접근하지도 않는다. 오늘 내가 좁은 시골길을 걷는데 마주 오던 차가 나를 아주 멀찌감치 피해서 지나갔다. 그 좁은 길에서 바깥쪽 바퀴가 도랑에 빠질 정도였다. 사람을 스치듯 지나가는 우리와는 다르다. 지하철역에서 계단으로 걸어가는 사람들도 꽤 많다. 우리는 계단으로 오가는 사람은 거의 없다. 심지어 뛰더라도 에스컬레이터에서 뛴다. 이건 반칙이다. 기계에도 무리일뿐더러 뛰려면 왜 계단으로 가지 않을까, 결국 걸음의 가성비를 높이려는 작은 이기심 때문이다.

춤추는 학, 가라츠성

오전 중 버스 운행 중단으로 계획에 없었던 가라츠성을 보았다. 가라츠성은 히데요시가 죽은 후 1602년부터 나고야성을 헐어 그 자재를 가져와서 지었다. 조선 침략의 전초기지였던 나고야성은 히데요시의 몰락과 함께 그의 오사카성과 마찬가지로 해체되는 운명이 되고 말았다. 가라츠성은 마치 모래사장에 날개를 펼친 학처럼 보인다고 해서 마이즈루조舞鶴城로도 불린다. 천수각에서는 멀리 니지노마쓰바라虹の松原까지 시원하게 내려다보였다. 일본의 3대 송림이라는 니지노마쓰바라는 초대 번주였던 데라자와 히로타카가 17세기 초 식림한 것으로 폭 500m의

▲ 언덕 위의 가라츠성, 마치 춤추는 학처럼 보인다.

▲ 가라츠성 5층 전망대에서 내려다본 니지노마쓰바라 쪽 정경

▲ 가라츠 성내에 전시된 조선 말안장. 신라 때부터 그 우수성이 인정되어 일본에 수출되었다.

소나무 숲이 4.5km에 걸쳐 장관을 이룬다. 니지노마쓰바라의 울창한 숲은 지도자의 혜안이 무척이나 중요하다는 점을 일깨워 준다. 그는 박정희 대통령의 산림녹화 사업의 원조일지도 모른다.

눈보라가 그치고 해가 나오면서 버스 운행이 재개되었다. 가라츠에서 가카라시마로 가는 배를 타려고 요부코呼子로 갔다. 선착장까지 걸어가 보았지만 배 없는 부두만

덩그러니 눈에 들어왔다. 일기불순으로 배편이 취소된 모양이다. 가카라시마는《일본서기》에 나오는 각라도各羅島다. 무령왕릉 발굴 시 나온 묘지석에서 무령왕을 사마왕이라 했다. 사마는 일본어로 섬을 뜻하는 '시마'에서 온 말일 것이다. 무령왕이 이곳 가카라시마 섬에서 태어났기 때문이다. "울려고 내가 왔던가, 웃으려고 왔던가…." 선친께서 즐겨 부르던 고운봉의《선창》노랫가락을 흥얼거리며 돌아서야 했다. 다시 나고야성으로 가는 버스를 탔다.

조선 침략의 본진 히젠 나고야성

이곳의 나고야名護屋성은 주부中部의 나고야성과 구분하기 위하여 한자를 다르

▲ 나고야 성터 입구

▲ 나고야 성터 천수각 자리에서 본 한반도 쪽 바다

게 쓰고 히젠 나고야성이라고도 한다. 나고야성은 도요토미 히데요시의 지휘 아래 각 지역의 다이묘들이 군대를 이끌고 와서 조선 출병을 준비하던 군사기지다. 임진왜란 침공군의 본진인 셈이다. 히데요시의 재촉으로 전광석화처럼 불과 반년 만에 주요 공정을 마무리 하였다. 한때 다이묘들의 진옥陣屋만 150채 이상이 있었고, 성 아래 조카 마치에는 20만 명이 운집해 있었다고 한다. 노能의 무대와 차실의 유구도 발견되었다. 지금은 성터만 남았지만 성벽의 거대한 바윗돌에서 그 스케일이 느껴졌다. 화가 가노 미쓰노부가 나고야성의 바닷가 쪽 맞은편인 가베시마에서 그린 병풍도를 보면 당시 나고야성 성새군城塞群의 위용을 미루어 짐작할 수 있다.

▲ 나고야 성터의 헤이하치로 제독의 친필 비석

▲ 아오키 겟토의 1933년 시비 《태합이 바라본 바다의 안개인가》

천수대 쪽으로 올라서니 드문드문 초석들만 눈에 띌 뿐 그 예전 성시를 이루었을 모습은 보이지 않는다. 눈앞의 바다 건너 저편이 이들의 목표였던 한반도다. 나고야 성밑 해안 마을이 임진왜란 시 왜군의 군선이 출정했던 곳이다. 여기서 이키, 쓰시마를 거쳐 부산포에 상륙했다. 이천 년 전 진구 황후의 신라 원정군도 이곳 히젠에서 출발했던가.[233] 황량해진 천수각 터에서 왠지 《황성옛터》의 처량한 노랫가락이 떠올랐다. 돌고 도는 역사이며 인생무상이다. 그렇지만 히데요시가 이런 '굿판'을 벌이는 동안 조선은 잠만 자고 있었단 말인가. 히데요시는 침략 전 밀정을 한반도로 보내서 그 지형이며 민정을 염탐하였다. 일본은 정보의 끝판왕이라 할 수 있는 나라다. 일러전쟁 시에는 아프리카 남단의 희망봉까지 정보 장교를 보내서 러시아 극동함대의 기항 동향을 살폈다. 이스라엘의 모사드가 유명하다지만 사실 일본의 정보기관이 세계 최고라는 말이 있다. 우리가 일본과 정보 협력을 해서 밀질 건 없다.

성터 한복판에 도고 헤이하치로 제독이 썼다는 비석이 우뚝서 있다. '나고야성터비'다. 제국주의 일본이 한창 팽창해 나갈 무렵인 1930년에 그의 친필을 새겼다. 1933년에는 이곳을 방문한 하이쿠 시인 아오키 겟토靑木月斗의 《태합이 바라본 바다의 안개인가》라는 시비도 바닷가 쪽으로 서 있다. 태합은 도요토미 히데요시를 말한다. 조선 침략의 군사기지에 서 있는 이 비석들은 어떤 심사에서 비롯된 것인지 궁금하다. 조선 침략의 과오에 대하여 한 마디 반성의 말 정도는 할 수 있으련만.

나고야성 박물관은 일본 박물관인가, 한국 박물관인가

성터를 둘러보고 내려와 나고야성 박물관으로 갔다. 이 박물관은 《일본 열도와 조선 반도 간 교류사》에 관한 유물의 상설 전시를 표방한다. 그래서인지 온통 한반도 관련 기록이나 물건들로 꽉 차 있었다. 특히 임진왜란에 관한 것들이 집약적으로 전시되어 있다. 《충무공 전서》도 보이고 거북선도 일본의 아타케부네安宅船와 나란히 전시되어 있다. 내 기억으로는 한국에도 이런 박물관은 없는 것 같다. 우리 학생들도 이곳으로 수학여행을 온다고 한다. 좋은 일이다.

이곳에는 히데요시의 도장이 찍힌 주인장朱印狀 같은 문서나 군진도軍陣圖 병풍이 전시되어 있다. 왜군의 서울 점령 후인 1592년 6월초 히데요시가 가토 기요마사와 이곳 사가현 출신 무장 나베시마 나오시게에게 쓴 명나라 침공을 독려하는 주인장이나 울산성 군진도를 볼 수 있었다. 심유경을 대표로 하는 명나라 휴전교

섭 사절단의 행렬이 그려진 《히젠나고야성도병풍》도 있었는데, 명나라 사절단은 1593년 5월 히젠 나고야성을 방문하였다. 히데요시가 한반도 남부의 할양과 명나라 황녀를 천황의 비로 삼겠다는 조건을 제시하여 교섭이 결렬되었고, 왜군은 한반도 남부 각지에 거점을 마련하여 성을 쌓고 장기전에 대비하였다. 당시 외교문서의 작성 등 기록 필요성으로 일본의 많은 선승들이 종군하였다. 《명림조선역도군일기明琳朝鮮役徒軍日記》라는 명림 스님의 종군 기록은 왜군의 부산 상륙 후 15개월간의 동향을 기록하였고, 1594년 가을 경 나베시마 나오시게가 고니시 유키나가와 함께 조선의 상관上官과 교섭을 진행하였던 일을 기록한 문서도 있다.[234]

▲ 나고야성 박물관 / 거북선과 아타케부네

오늘 가라츠, 요부코, 나고야성을 버스로 오가면서 무료로 다녔다. 물어보니 1월 한 달 동안 수, 일요일은 사가현 내의 모든 공영, 민간 버스를 무료로 태워주는 '프리데이'라고 한다. 어디를 가든 공짜가 점점 더 많아지는 것 같다. 좋은 건가? 암튼 공짜 버스, 기분이 나쁘진 않았다.

히로시마, 미야지마, 도모노우라

1월 25일, 일본 여행 3일 차다. 오늘도 아침 일찍부터 움직였다. 6시 36분 하카타발 신칸센을 타고 1시간 남짓 달려 히로시마에 도착했다. 히로시마역 코인 로커에 가방을 넣어두고 노면전차 히로덴을 타고 원폭돔이 있는 평화추모공원으로 갔다가 다시 미야지마구치역까지 가서 JR 페리로 미야지마宮島로 건너갔다.

히로시마 지도를 놓고 보니 도시를 가로 지르는 강들이 꽤 많다. 히로시마는 이 강들에 퇴적된 토사가 쌓여 만들어진 삼각주 위에 세워진 도시다. 히로시마는 생각보다 쾌적한 느낌을 주는 도시였다. 원폭 투하 후 재건된 도시라서 그런가 보다. 제2차 세계대전 때 집중적으로 폭격을 받은 독일의 도시들도 다시 명품 도시로 재건되지 않았나. 그래서인지 독일의 도시들은 폭격받지 않은 프랑스의 도시들에 비해 좀 더 모던한 느낌이 든다.

히로시마 원폭돔

▲ 원폭돔

▲ 가까이서부터 평화의 횃불과 연못, 위령탑, 그리고 추모박물관

히로시마는 인류 최초로 원자폭탄이 떨어진 곳이다. 메이지 시대 병제 개편 시 일본 전역에 설치된 6개 군관의 하나로 히로시마에는 제5군관 본부가 설치되면서 군사령부와 병참기지, 군함 조선소까지 갖춘 군사도시가 되었다. 당시 세계 최대의 전함인 야마토함도 인근의 구레 해군조선소에서 건조되었다. 원폭돔은 1915년 건립된 히로시마 물산전시관이었다. 폭심지로부터 160m 떨어져 있는 이 뼈대만 앙상한 건물이 이젠 어느덧 예술이 되었다. 원폭으로 형해화된 건물을 그대로 보존하여 후대에 경고하고 평화를 지키자는 취지로 유네스코 세계유산으로 등재되었다. 이 과정에서 미국은 사실상 반대 의사를 표명했다. 히로시마 원폭 투하 전

▲ 한국인 원폭 희생자 위령비

까지 일어났던 역사적 맥락 없이 자칫 원폭 피해만을 강조하는 듯한 세계문화유산 지정은 히로시마의 비극을 잘못 이해할 수 있다는 것이다. 원폭 투하 71년 만인 2016년 5월 오바마 대통령이 현직 미국 대통령으로서는 처음으로 히로시마를 찾았지만 사과는 없었다. 수긍이 가는 대목이다.

나는 평화의 연못과 횃불이 있는 원폭 희생자 위령탑에서, 그리고 한국인원폭희생자위령비 앞에서도 각각 짧은 묵념을 했다. 당시 조선인 체류자, 징용 근로자 등 조선인의 원폭 희생자가 전체 희생자 14만 명 중 2만 명 정도라 하니 작지 않은 규모다. 핵전쟁을 소재로 한 김진명 작가의《무궁화꽃이 피었습니다》는 핵전쟁의 참혹성을 알리는 대신, 핵무기로 일본을 제압한다는 망상만을 불러일으켰다. 세계 유수의 안보전략연구소들이나 유발 하라리, 재레드 다이아몬드 같은 석학들이 지구상의 핵전쟁 위험에 대해 경고하고 있고, 그 가상 후보지로 한반도를 지목하고 있다. 실제로 북한 핵은 결코 우리의 상상 속에서만 머물러 있지 않으며 언제라도 우리 머리 위에 떨어질 수 있다. 원폭 투하 시 미군 조종사가 조준점으로 삼았다는 T자형 아이오이교相生橋로 나와서 히로덴을 탔다.

일본의 3대 경승 미야지마

미야지마섬에는 6세기 말 세워진, 세 여신을 모시는 이쓰쿠시마嚴島 신사가 있다. 그래서 미야지마는 고대로부터 신의 섬으로 여겨졌고, 밀물과 썰물이 드나드는 이곳 해변에 신사가 세워졌다. 에메랄드빛 바다와 초록의 산, 그리고 붉은빛 래커 칠의 신전이 빚어내는 색의 대조가 확연하다. 지금의 신전 건물은 12세기에 타이라노 키요모리가 재건한 것이다.

▲ 이쓰쿠시마 신사 도리이, 섬에서 육지 쪽을 보았다

▲ 이쓰쿠시마 신사 도리이, 페리 선상에서 보았다

▲ 이쓰쿠시마 신사

신사를 둘러보고 마을 길을 거쳐 언덕 위로 올라가니 센조가쿠라는 큰 누각이 보인다. 센조가쿠는 1,000첩의 다다미 집이라는 의미다. 도요토미 히데요시가 자신의 편에서 싸우다 전사한 무장들의 혼을 위로하기 위하여 세웠다. 메이지 시대에 히데요시를 제사 지내는 도요쿠니 신사가 되었다. 길거리 곳곳에서 한가로이 노니는 사슴들의 모습이 평화롭다. 1930년 4월 이곳을 방문한 독일 여행가 리하르트 카츠Richard Katz는 자신의 기행문에서 이곳 미야지마에서 신성하게 여기는 사슴들이 마치 자기 애견처럼 사람을 잘 따른다고 기록했다.[235] 90여 년 전 그가 본 사슴들은 내가 본 이 사슴들의 몇 대 조상이나 될까? 미야지마는 야마노하시다테

▲ 센조가쿠

▲ 미야지마 거리와 사슴들

天橋立, 마쓰시마松島와 함께 17세기 주자학자 하야시 라잔이 꼽은 일본의 3대 경승지다.

도모 막부의 개창지 도모노우라

JR 페리로 다시 미야지마구치역으로 나와서 이번에는 JR 열차로 히로시마역으로 돌아오니, 히로덴보다 훨씬 빠르다. 코인 로커에서 가방을 찾아서 다시 신칸센으로 후쿠야마福山로 왔고, 숙소에 가방을 놓고 나와서 역전에서 5번 버스를 탔다. 조선통신사의 기항지 도모노우라鞆の津를 찾기 위해서였다. 한적한 시골인 도모노우라는 조류의 흐름이 바뀌는 곳으로 오사카에서 밀물에 배를 띄우면 자연스레

도모노우라에 왔고, 또 여기서 썰물 때 배를 띄워 규슈로 쉽게 갔다. 그러기에 세토내해를 항해하는 배는 반드시 도모노우라를 거쳐야 했다. 이렇듯 전략적 가치를 가진 항구로서 도모노우라는 예로부터 견당사나 견신라사의 기항지였으며 에

▲ 조야토 등대. 19세기 초 만들어진 상야등常夜燈으로 청어 기름을 사용하여 밤새 내내 불을 밝혔다. 높이가 10m로 일본에서 돌로 만든 제일 높은 등대다

도 시대에는 상선들이 들어오기 시작했고 조선통신사, 그리고 네덜란드의 상관장을 태운 배들이 드나들면서 국제적인 항구로 발전하였다.

도모노우라는 무로마치 막부와 기묘한 인연을 가진 곳이다. 무로마치 막부의 초대 쇼군 아시카가 다카우지가 이곳에서 정권을 수립하고, 또 마지막 쇼군 요시아키가 1573년 교토에서 쫓겨나 이곳에서 도모 막부鞆幕府를 개창하였다. 요시아키는 교토에서 쫓겨났지만 여전히 쇼군이었으며 모리 데루모토를 부副쇼군으로 정하고 막부를 지지하는 세력을 규합하여 아즈치성에 본거지를 둔 노부나가와 팽팽하게 맞섰다.[236] 그는 조정에 마음이 남은 아케치 미쓰히데와 공조하여 노부나가를 포위하는 계략을 세웠고 노부나가가 쓰러지면 도모노우라에서 교토로 복귀하여 무로마치 막부를 재흥하려고 계획했다.[237] 1582년 혼노지의 변으로 노부나가가 자결하였고 이후 교토로 복귀했지만 무로마치 막부의 재흥은 끝내 이루지 못했다.

조선통신사가 명명한 대조루

10세기 이곳 바닷가 언덕에 지어진 후쿠젠지福禪寺로 올라갔다. 17세기 말 관음당과 연결하여 손님을 맞는 전각인 객전이 덧지어졌고, 에도 시대 내내 조선통신사가 올 때마다 이곳에 머물렀다. 이 객전이 훗날 다이초루對潮樓로명명된다. 조선통신사들은 이곳에서 일본의 한학자들과 교류하였다. 1711년 조선통신사 상관 8명이 이곳을 방문하여 쓰시마에서 에도까지 통신사의 행로에서 이곳의 경치가 제일 미려하다는 의견을 나눈 후, 종사관 이방언이 《일동제일형승日東第一形勝》이란 글씨를 남겼다. 나중에는 이 글씨가 조선에서 유명해져서 통신사들이 이곳에 와서

▲ 후쿠젠지 다이초루 입구

▲ 다이초루에서 보는 세토 내해

▲ 다이초루에서 보이는 바다 건너편 벤텐지마의 파고다

이 글씨와 경치를 보는 것을 즐기게 되었다고 한다. 1748년 에도 방문 후 귀로에 후쿠젠지에서 숙박했던 정사 홍계희는 이곳을 다이초루라고 명명했고, 그를 수행해 왔던 아들 홍경해가 글씨를 썼다. 이것을 전해 들은 후쿠야마의 번주인 아베 마사요시阿部正福가 편액을 만들어 증정했다. 후쿠젠지에는 조선통신사 최고의 문사로 꼽히는 1711년 정사 조태억의 시문 외 다수의 글씨와 그들이 가져온 삼족구, 청자, 연적 등이 보관되어 있다.[238] 당시 일본 어린이들이 조선통신사 놀이를 하고 조선의 복장과 악기가 그려진 조선풍의 병풍이 있는 것으로 보아 조선통신사가 에도 시대 민중에 끼친 문화적 자극은 꽤 강렬했던 것으로 보인다. 호메이슈 병德利에도 조선통신사의 글씨가 쓰여 있는데 이것은 조선통신사의 명성을 이용한 상술이었다.[239]

다이초루에서 받은 한글로 된 안내장을 보니, 조선통신사의 배는 5척, 약 500명 정도의 선단이었다. 여기에 쓰시마번에서부터 약 500명이 수행하여 왔고, 이곳 후쿠야마번에서도 요리사와 급사 등 약 1,000명 정도가 동원되었다. 그래서 모두 2,000여 명의 사람들로 이 조그만 시골 마을이 붐볐다고 한다. 도모항의 선착장에서부터 숙소까지 가는 길에는 붉은 천과 왕대로 엮은 줄을 이어 다섯 걸음의 거리를 두고 장대에 연등을 달아서 밝게 하여 조선통신사 손님들을 맞이했다고 한다.

▲ 이방언의 글씨 일동제일형승

다이초루에서 나와 도모노우라의 골목 거리를 다니다 오타 가문의 집에 들렀다. 오타 가문의 집太田家住宅은 에도 시대 후쿠야마번의 주요 인사들을 위한 숙소 겸 비즈니스 중심지였다. 에도 시대 말기인 18세기 중반 나카무라 가문이 여기서 도모노우라의 특산품인 호메이슈保命酒 약술을 거래하였고 메이지 시대에 들어와 선박업을 하는 오타 가문이 인수하였다. 여기에는 호메이슈를 만드는 양조장이 딸려 있다. 이 호메이슈는 페리 제독 일행의 접대에도 쓰였다고 한다.

시텐노지, 사카이, 이마이, 가시하라

1월 26일, 여행 4일 차다. 아침 7시 8분 신칸센으로 후쿠야마를 출발, 8시 10분에 신오사카에 도착했다. 작년 3월에는 사 왔던 JR 패스로 노조미호를 타지 못했다. 그런데 이번에 사 온 '산요산인북규슈 JR 패스'로는 노조미호를 포함, 모든 산요신칸센과 북규슈신칸센을 탈 수 있었다. 몇 번 다녀보니 이제는 예약 없이 자유석으로 타는 게 편하다. 승객이 많으면 서서 가야 하지만 지금까지 그런 일은 없었다. 보통 18량으로 운행하는 신칸센은 그중 3량이 자유석이다. 차편이 워낙 촘촘해서 언제 역에 나가도 아침 시간대에는 거의 10여분 만에 신칸센 열차를 탈 수 있다. 신칸센으로 오사카로 오면서 차창 왼편 멀리 히메지성을 볼 수 있었다.

백제식 가람의 시텐노지

신오사카역에서 JR 열차로 오사카역으로 와서 환상선을 타고 텐노지역에서 내렸다. 텐노지역 코인 로커에 가방을 넣어두고 시텐노지四天王寺를 찾아 나섰다. 역에서 나와 20여 분을 걸어가서 서쪽의 석조 도리이 쪽에서 시텐노지로 들어갔다. 시텐노지는 6세기 말 건립되었다. 소가 씨와 모노노베 씨 간의 목숨을 건 싸움이 끝난 직후였다. 쇼토쿠 태자와 소가노 우마코는 모노노베 씨와 싸움에서 이긴 후 사천왕을 모시는 절과 탑을 세우겠다고 맹세하였다.[240] 사천왕은 불법을 수호하는 호법신으로 동,서,남,북 사방을 지킨다는 인도의 토착신이다. 시텐노지는 여러 차례 소실되어 중건되면서 건물들은 옛 원형을 잃어버렸지만 가람 배치는 바뀌지 않았다. 시텐노지는 전형적인 백제식 '1탑 1금당'의 가람 배치를 갖고 있다. 금당을 포함한 지금 건물은 16세기 이후의 것들이다. 그래서인지 그리 오래된 고찰처럼 보이진 않았다.

▲ 시텐노지 석조 도리이. 뒤로 극락문이 보인다.

아스카 시대의 사원들은 '일사일족一寺一族'의 씨족 불교 중심이었으나 7세기 후반 하쿠호 시대로 접어들면서 국가불교로 변천하게 된다. 이카루가의 호류지나 이곳 나니와難波의 시텐노지도 씨사로 출발했으나 시간이 흐르면서 빈부귀천과 국적도 초월한 '일체중생의 사찰'로 환골탈태하였다.[241] 쇼토쿠 태자는 대승 불교의 기본 이념인 중생 구제에 힘을 쏟으면서 시텐노지에 4개의 부속 사원인 시카인四箇院을 두었다. 지금까지 이런 전통이 면면히 내려오고 있어 시텐노지는 시대를 초월한 '태자 신앙'의 성지가 되었다. 그는 일본 불교에 있어 로마 제국의 콘스탄틴 대제와도 같은 인물이다.

▲ 시텐노지 금당

▲ 시텐노지, 서쪽에서 바라보니 금당과 오층탑이 일렬로 서 있다.

전후 일본의 저명한 문화 비평가인 가토 슈이치加藤周一는 시텐노지가 백제와 신라의 사원을 모델로 지어졌다고 했다.[242] 존 카터 코벨 여사는 아스카데라 건축에 참여한 백제 장인들이 시텐노지도 지었을 것이라 한다. 시텐노지는 백제 정림사지의 1탑1금당식 가람 배치를 보여준다. 남북을 축으로 중문(인왕문), 오층탑, 금당, 강당을 일직선으로 배치하고 이것을 회랑이 둘러싸고 있다. 서쪽 도리이로 들어온 나는 이런 백제식 가람 배치를 알아채지 못했다. 남대문, 인왕문을 거쳐 들어오면 금방 알 수 있다. 그런데 시텐노지에서 주는 안내문에는 이것을 일본에서 가장 오래된 '사천왕사식 가람'으로 소개한다. 일본의 가람배치 변천은, 아스카데라식(탑이 가운데 있는 1탑3금당의 고구려식), 시텐노지식(1탑1금당의 백제식), 호류지식(탑과 금당을 병렬로 배치, 다만 원호류지인 와카쿠사데라는 백제식), 야쿠시지식(쌍탑 출현), 그리고 도다이지식(쌍탑이 회랑 바깥으로 나감)의 순이다. 부처의 성소로 여겨지는 탑의 위치 변화에 따른 분류라 하겠다. 금당 벽화가 특이했다. 부처가 설법하는 모습이다. 배경이 인도인지, 매우 이국적이다.

시텐노지를 나와서 오사카 시립미술관에 갔지만 아쉽게도 공사 중이었다. 숙소가 있는 사카이로 가기 위하여 다시 텐노지역으로 가는데 작년 3월에 갔던 아베노 하루카스 마천루가 보였다. 인근에 동물원도 있어서인지 젊은이들이 많이 눈에 띄었다. 이번 여행에서 처음으로 카페에 들른 후 JR 열차로 사카이堺로 왔다.

닌토쿠 천황의 도시 사카이

사카이는 해로와 육로를 연결하는 교차지였다. 예로부터 조선의 도자기와 호랑이 가죽 등 고가품 교역으로 시작하여 15세기에 이르러서는 남만南蠻무역으로 막대한 부를 쌓은 곳이었다. 1595년 유럽에서 제작된 최초의 일본지도인 오르텔리우스 지도에 표기된 도시는 교토 외에 사카이와 가고시마 뿐이었다.[243] 그래서 천하포무를 표방하며 일본의 통일을 꿈꾸는 오다 노부나가가 탐을 낼 정도였다. 36명의 '나아슈納屋衆'라는 유력 상인이 자치 조직을 만들어 영주 대신 세금 징수 등의 업무를 맡아서 처리하는 대표적인 자치도시이기도 했다. 이것은 신성로마제국의 황제로부터 독립하여 번영한 한자동맹의 함부르크나 뤼베크 같은 도시나 베네치아와도 견줄만하다. 와비짜의 창시자로 알려진 센노 리큐가 이곳 출신의 나아슈였다.[244] 사카이는 도시 주위를 에워싼 깊은 해자를 갖춘 방어 능력도 갖춘 도시로서 철포 생산지로도 유명하다. 다치바나야 마타사부로가 철포를 제조하고 유통시킨 대표적 인물이다. 사카이는 거상 이마이 쇼쿠今井宗久가 주도권을 쥐면서 자연스레 노부나가의 지배하에 놓이게 되었다.[245]

숙소에 가방을 맡겨두고 세계 3대 고분이라는 다이센 고분을 보러 나섰다. 일본 궁내성은 다이센 고분을 닌토쿠仁德 천황릉으로 비정한다. 여느 고분과 마찬가지로 경내로는 입장을 허락하지 않는다. 사카이 시청 21층 전망대에서 닌토쿠 천황릉을 볼 수 있다기에 올라가 보았지만 검푸른 숲만 멀리서 보일 뿐이었다. 사카이시는 닌토쿠 천황의 도시임을 표방한다. 일본 열도에는 모두 16만 기의 고분이 있다. 고분이란 흙을 높이 쌓은 분구가 있는 3세기 후반부터 6세기 후반까지의 무덤이다. 왕이나 왕족 등 신분이 높은 사람들이 묻혔는데, 주위의 흙을 파내고 쌓아올린 후 그 경사면에 돌을 깔았다. 흙을 파낸 곳은 해자가 되었다. 일본 고분은 전방후원분, 가리비형, 원형, 방형의 4가지 표준화된 형태를 갖고 있다.

일본의 고분은 당시 지역적인 정치 집단이 생겨나면서 강력한 통일국가를 형성하는 과정을 말해준다. 율령제와 천황제의 기반이 된 각지 수장과 민중의 동향 등 고대 국가 형성 과정의 많은 문제를 푸는 열쇠를 비장하고 있다. 또한 고분으로부터 출토된 많은 유물은 고대인들의 내세관이나 세계관, 그리고 당시 일본 열도에 살았던 사람들이 어떻게 동아시아의 문명사회로 편입되어 갔는지를 구체적으로 설명해 준다.[246] 일본의 고대사 전문 연구자인 세키 유지關裕二는 전방후원분이 3세기 중반에 야마토의 마키무키에서 탄생했다고 한다. 그리고 각지에 전파되어 4세기까지 동북지방까지 도달하는데, 그는 이러한 통일된 묘제가 야마토 왕국의 탄생을 암시한다고 했다.[247]

한반도와 교류한 오사카 평야에 왕들의 큰 무덤, 특히 일본 고분의 대표격인 전방후원분이 집중되어 있다. 바닷가인 사카이 쪽에 다이센 고분을 포함한 모즈百舌鳥 고분군이, 내륙으로 좀 들어가서 하비키노시 일대에 오진 천황릉을 포함한 후루이치古市 고분군이 있다. 이들 고분이 집중적으로 축조된 시기는 조몬, 야요이 시대를 지나 대륙의 통치 시스템이나 불교가 전래되기 전인 4~6세기경이다. 다이센 고분은 그 길이가 500m 가까이 되어 진시황릉보다 크다.

최재석 교수는 닌토쿠, 오진 천황릉, 다카마쓰, 후지노키 고분의 부장품은 모두 일본 원주민 추장의 것이 아니라 고대 한국인의 것이라며 대부분의 일본 고고학

▲ 사카이시 청사에서 멀리 내려다 보이는 모즈 고분군

자가 이런 사실을 왜곡하는 것은 고대 한국인이 일본 열도에 이주하여 개척하고 국가를 세운 자취가 고고학적 유물로 남아 있기 때문일 것이라고 주장한다.[248] 마고사키 우케루孫崎享 대사는 그의 책《일본국의 정체日本國の正体》에서 경북대 박천수 교수의 주장을 인용하여 일본의 전방후원분은 야요이 시대의 분구묘墳丘墓로부터 진화하여 3세기 중엽에 일본 열도에 출현한 반면, 한국 영산강 유역의 전방후원분이 6세기 전반에 조영된 사실은 이 전방후원분의 기원이 일본 열도라는 것을 말해 준다고 쓰고 있다.[249] 이 주장에 대하여 오순제 교수는 한반도에서 이미 1세기부터 전방후원분이 출현하였다고 응수한다. 위례백제 지역인 강동구 상일동의 능골, 하남시 황산동, 인천시 대곡동 등에서 전방후원분을 볼 수 있다고 한다.

생각건대 한반도와 일본 열도 중 어느 쪽의 전방후원분이 빠른지 쉽게 단정하기 어렵다. 다만, 당시 양측 간 인적 왕래나 물적 교류가 활발했던 것은 틀림없다. 동아시아 역사 전공의 Charles Holcombe 교수는 당시 "일본이 한국을 지배했다"라거나 또는 "한국이 일본을 지배했다"라는 주장은 시대착오적인 것이라면서, 당시에는 일본에도, 한국에도 이렇다할 결속된 정치체가 존재하지 않았다고 했다.[250] 이시와타리 신이치로도 6세기 중반의 광주 명화동 고분에서 일본의 원통형 하니와가 출토된 것은 당시 백제계 곤지가 수립한 야마토 왕조와 백제 간 긴밀한 관계 감안 시 조금도 이상한 일이 아니라고 했다.[251]

가야의 이름을 간직한 가시하라

오후에는 가시하라橿原로 갔다. 일본의 천신강림 신화에 따르면 아마테라스의 손자 니니기가 규슈로 내려왔고 그의 증손 이와레가 동진하여 가시하라까지 와서

야마토 왕조의 첫 왕으로 등극했으니, 그가 바로 진무왕이다. 사카이에서 난카이南海선 열차를 타고 오사카 난바역으로 가서 킨데츠近鐵선으로 갈아타는데 쉽지 않았다. 광역 오사카에는 모두 6개의 사철私鐵이 있다. 그만큼 환승이 복잡하다. 가시하라에는 가시하라역이 없고, 대신 야마토야기大和八木역과 가시하라진구마에橿原神宮前역이 있다.

야마토야기역에서 남쪽으로 걸어 내려가면서 이마이초를 찾아가는데, 동네 입구를 찾기가 쉽지 않았다. 행인에게 길을 물어 겨우 찾아갔다. 허름하게 차려입은 노인이 뜻밖에도 영어를 잘했다. 16세기부터 형성되기 시작한 이마이는 일본에서 고옥이 가장 많이 보존된 동네다. 항구인 사카이와 나라를 잇는 가도상에서 물류의 중심지로 번영한 상인의 도시다. "바다의 사카이堺, 육지의 이마이今井"로 불리었다.[252] 이마이는 원래 정토진종 이코슈一向宗 신도들의 방위 거점이었다. 그들이 사찰(稱念寺)을 열어 승병을 양성하고 호를 파서 도시를 만든 게 그 시초다. 에도시대에는 금융업으로 부를 쌓았는데, "야마토의 돈은 이마이에 7할이 있다."라는 말이 있을 정도였다.[253] 600m×310m 크기의 조그만 땅에 760여 채의 가옥이 있는데 그중에 80%가 에도 시대 이전에 지어진 고옥이다.

이마이초만 둘러보려 했는데 시간이 남아 가시하라 신궁까지 갔다. 일본의 첫 왕으로 등장한 진무神武가 규슈의 미야자키에서 동쪽으로 와서 신유년에 우네비야마의 동남쪽 가시하라의 땅에 궁전을 짓고 즉위하였다는 곳이다. 그는 사쓰마 공주와 결혼하여 나라를 다스렸고, 137세로 이곳 우네비산의 고인돌에 묻혔다. 이곳에서 매년 신도 양식에 따른 제사가 행해진다. 하지만 이 설화는 오진 천황인

▲ 이마이초 고옥(식당)

곤지가 우네비야마에 있는 아키라노미야明宮에서 '대동가라(큰 동쪽가야)'의 대왕으로 즉위했음을 알리는 것이다.[254] 《일본서기》에 오진의 궁전인 아키라노미야가 나오는데, 이 아키라노미야는 《고사기》의 '輕島の明宮'으로서 지금의 가시하라시 오오카루쵸大輕町에 있었다고 전해진다. '오오카루'라는 지명은 '오오카라', 즉 대가야에서 유래한 것이다.[255]

가시하라는 예전에 '이와레磐余'로 불리는 곳이며 진무 천황의 일본식 이름인 '가무야마노 이와레히코'에서도 이와레가 보인다. 그런데 이와레는 '대가야'라는 의미의 가카라, 이카라에서 이하라, 이하레를 거쳐 이와레가 된 것이니 진무 천황이나 그의 발상지가 가야와는 뗄 수 없는 것이다. 지금의 지명인 가시하라도 '큰 동쪽의 가야'라는 의미의 가스카라大東伽羅로부터 온 것이다.[256] 가시하라시는 "일본 건국의 땅"임을 자처한다는데, 시민들이 이런 의미를 알고 있을지 궁금하다.

《일본서기》에서 천황의 한자식 시호를 지은 오오미노 미후네淡海三船는 진무부터 고우닌光仁까지 49명의 천황 중 오직 3명에게만 '신神' 자字를 붙였다. 진무神武, 스진崇神, 오진應神이다. 진무는 야마토국의 가공의 초대 대왕, 스진은 가라계 왜국의 시조왕, 그리고 오진(곤지)은 백제계 왜국인 야마토국의 초대 대왕이다.[257]

▲ 가시하라 신궁의 대형 도리이. 멀리 사람이 조그맣게 보인다.

가시하라 신궁은 메이지 시대에 국가 신도화 사업의 일환으로 세웠다. 이세 신궁과 마찬가지로 신사 중 가장 격이 높은 신궁이다. 입구의 도리이부터 규모가 크다. 외관만 둘러보고 발길을 돌렸다. 메이지 시대 초기에 각 신사에 사격社格을 부여하였다. 아마테라스와 역대 왕을 신체로 하는 곳은 신궁神宮, 왕족을 모시는 곳은 궁宮, 그 외는 대, 중, 소의 사격을 부여했다. 신궁은 국가에서 소유하고 직접 운영한다.

애쓰는 모습이 보이는 일본 철도 역무원

가시하라진구마에역에서 열차를 타고 야마토야기역으로 가서 오사카 난바역을 거쳐 사카이로 돌아왔다. 오늘은 신칸센, JR 보통열차와 특급열차, 그리고 사철까지 여러 번 번갈아 탔다. 오사카 난바역이나 도쿄역에 가보면 정말 세계에서 가장 큰 인파가 몰리는 곳이라는 생각이 든다. 그런 엄청난 승객 수요를 감당하는 일본 철도의 운송 처리 능력이 대단하다.

일본은 세계에서 드물게 아직도 열차를 타기 전에 티켓 검표를 하는 나라다. 신칸센은 물론 지하철까지 개찰구에는 항상 역무원이 지켜보고 있고 열차의 도착, 출발 시에는 기관사나 역무원이 플랫폼에서 승객의 승하차를 꼭 육안으로 확인한다. 안전도가 매우 높고, 부정 승차는 대단히 어려울 것 같다. 우리나라 철도나 지하철을 타보면 플랫폼에서 현장을 확인하는 기관사나 역무원은 찾아보기 힘들다. 일본 철도보다 자동화가 더 잘 되어 있어서일까? 철도 직원의 일하는 모습이 한, 일 간에 매우 대조적이다.

불교 성지 고야산에 오르다

▲ 고쿠라바시역에서 케이블카로 갈아타고 고야산 역으로 향한다.

1월 27일, 일본 여행 5일 차다. 오늘은 좀 게으름을 부려 9시 반에서야 사카이 히가시역에서 고야산행 열차를 탔다. 열차가 표고 72m의 하시모토역에서부터 좀 가파르게 올라간다. 이 열차의 종점이 고쿠라쿠바시極樂橋역이다. 여기서 극락교를 건너가면 고야산의 불교 성역이 시작된다. 케이블카로 갈아타고 고야산역에 내리니 주위가 온통 눈밭이다. 버스를 타고 숙소인 렌게조인蓮華定院에 도착했다. 그럭저럭 사카이에서 2시간 정도가 걸렸다.

고야산은 일본 진언종의 총본산인 콘고부지金剛峯寺가 있는 불교도시다. 산 전체가 콘고부지 사찰의 경내, 즉 일산경내지一山境內地다. 고야산은 본디 고려산이라는 의미의 코마노야마였다고 한다. 9세기 초 당나라에서 밀교를 체득해 온 구카이空海, 코보 다이시弘法大師가 고야산으로 들어와 종래 경전 연구 중심의 학문적 불교와는 달리 실천을 중시하고 국가, 사회의 안태를 지향하는 진언종을 창시하였다.

진언종은 사이초最澄가 개산한 히에이잔의 천태종과 함께 구불교의 양대 산맥이다. 밀교는 사제 간 전언을 통하여 가르침을 전달하는 수행 방식을 취한다. 고야산에만 118개의 절이 있고 이 중 51곳에서 참배객들에게 숙방을 제공한다. 불교식 장례를 치르는 일본의 전통에 따라 20만 기가 넘는 묘를 갖고 있는 오쿠노인奥の院도 여기에 있다. 그러니 고야산은 산 자의 마음과 죽은 자의 영혼을 함께 달래고 치유하는 안식처라 하겠다. 숙소에 가방을 맡겨 놓고 오쿠노인부터 찾았다.

스산한 오쿠노인, 명랑한 올스도르프

오쿠노인 초입의 이치노하시 다리를 건너니 양옆으로 거대한 삼나무 숲이 펼쳐졌고 묘지들이 나타나기 시작했다. 빽빽하게 들어찬 키 큰 삼나무들 사이사이로 진한 녹색 이끼에 덮인 수많은 묘비석과 공양탑을 볼 수 있었다. 해가 잘 들지 않아서인지, 아니면 눈이 쌓여서인지, 한낮임에도 왠지 모를 스산한 기운이 느껴졌다. 유럽에서 제일 크다는 함부르크의 올스도르프Ohlsdorf 묘지에서는 이런 스산한 분위기를 느끼지 못했다. 올스도르프 묘지는 설계자인 빌헬름 코르데스의 생각대로 망자만을 위한 것이 아니라 살아 있는 도시인들에게도 휴식을 줄 수 있는 쉼터가 되었다. 2015년 타계한 헬무트 슈미트 독일 총리도 여기에 잠들어 있다.

▲ 오쿠노인 입구 이치노하시 다리

오쿠노인은 콘코부지에 부속된 공동묘지이지만 이곳에는 종파와 관계없이 많은 역사적 인물이 묻혀 있다. 다이묘 가문들의 묘소도 많다. 도요토미 히데요시, 오다 노부나가, 다케다 신겐 같은 전국 시대의 장수들이 다 여기에 있다. 도요토미 히데요시의 묘는 교토의 기요미즈데라가 내려다보이는 아미타봉 꼭대기에 있다. 그런데 여기에도'풍신수길 묘'라고 되어있어 혹시 그의 유체를 분리해서 매장한 것인지도 모르겠다는 생각이 들었다. 유럽의 왕족은 심장만 따로 떼어 왕실 성당에 안치하는 경우가 많다. 나중에 알고보니 이곳에 묻힌 장수들의 묘는 가묘였다. 고야산은 낙양의 북망산 같은 영산이다. 그래서 영웅호걸들도 이곳에서 그들의 영령을 위무받고자 했다. 히데요시는 노부나가가 히에이잔의 승병을 공격한

▲ 오다 노부나가 묘소

것과 같이 고야산을 공격하려 했으나 승려 고잔오고興山應基의 설득으로 공격을 단념하였고, 오히려 고야산의 후원자가 되었다고 한다. 이곳 고야산에 도쿠가와 이에야스의 영대靈臺도 있으니, 전국 시대를 호령하던 사무라이들이 여기 다 모여 있다 해도 과언이 아니다. 큰 기업체나 사관학교 동창회, 그리고 제2차 세계대전 전몰 군인들의 묘소도 있다.

임진왜란 조선인 전몰자 공양비의 속내는 무엇인가?

그런데 특별한 묘소를 보았다. 《고려진적미방전사자공양비高麗陳敵味方戰死者供養碑》라는 비석이 있는 묘소다. 와카야마현의 교육위원회가 1971년 설치한 안내판에는 고려전쟁(임진왜란) 시 양측(일본과 조선, 명) 전몰자들의 안식을 위한 묘소로서 "일본 무사도 박애정신의 발로"라고 쓰여져 있었다. 히데요시의 명에 따라 사쓰마의 영주인 시마즈의 가문 묘역 내에 만들어졌다. 죄가 클수록 이를 보속하려는 심리도 클 것이다. 하지만 당시 조선 인구의 10분의 1을 죽이고 심지어 코와 귀를 베어 무덤을 만들었던 히데요시의 죄과가 이것으로 보속 받을 리는 만무할 것이다. 아마도 영혼의 보복을 믿는 일본인의 전통적 관습으로부터 자신들의 보호 차원에서

▲ 고려진적미방전사자공양비가 있는 시마즈가 묘역

발원된 것이리라. 그런데 공양비 하나 세워놓고 자화자찬하다니 일본인들의 오도된 역사 인식을 새삼 깨닫게 된다.

오쿠노인 삼나무길 끝에는 코보 다이시의 등롱당과 안식처인 어묘가 자리 잡고 있다. 그는 고야산 불교 성지의 개산자다. 이곳 오쿠노인의 묘소 배치를 보노라면 히데요시나 노부나가, 신겐 같은 내로라하는 장수들도 결국 코보 다이시의 발밑에 있는 듯하다. 이들의 묘소가 코보 다이시의 안식처와 사당으로 통하면서 그 길목을 지키고 있는 듯하기 때문이다.

콘고부지와 도쿠가와 영대

▲ 콘고부지의 반류테이 석정, 바위가 오쿠덴을 감싸고 있는 형상이 보인다

오쿠노인을 둘러본 후 다시 부지런히 걸어서 콘고부지金剛峯寺로 나왔다. 콘고부지의 각 방마다 코보 다이시의 깨달음과 이곳 불교 성지의 개창을 주제로 한 많은 장벽화를 볼 수 있었다. 지금은 눈에 덮여 제대로 감상할 순 없었지만 반류테이蟠龍庭 석정도 보았다. 일본에서 제일 크다는 석정이다. 140개의 화강암으로 표현된 한 쌍의 용이 운해에서 나타나 오쿠덴奧殿을 감싸고 있다. 숙소로 돌아오면서 도쿠가와 가문의 영대에 들렀다. 이곳은 3대 이에미츠가 할아버지 이에야스와 아버지 이케타다를 위하여 조성했다. 고야산에선 유일하게 도쇼쿠 형식으로 지었다. 영대란 혼령을 제사 지내는 곳이다.

슈쿠보(숙방) 템플스테이

숙방으로 돌아와 체크인을 했다. 정원이 한눈에 내려다보이는 2층 방을 배정받았다. 5시에는 명상 시간을 가졌다. '아진칸 메디테이션'이다. 명상을 인도해 주는 스님이 영어로도 말씀하는데, 부처님과 자신을 일체화하여 성불에 이르는 것이라 했다. 명상 직후 6시는 식사 시간이다. 쇼진精進 요리라는 베지테리안 사찰 음식이

▲ 숙방 내 침실

▲ 숙방의 쇼진 요리 저녁상

다. 오법, 오미, 오색의 정갈한 음식이다. 오쿠노인에 가기 전에는 점심으로 덴푸라 소바를 먹었는데 두부떡을 덴푸라로 만들어 간장 대신 소금을 찍어 먹었다. 이 두부떡에는 두부가 없다. 저녁 식사 후에는 대문을 잠그기 때문에 나갈 수 없다. 슈쿠보宿坊 템플스테이의 전형이다.

▲ 숙방 렌게조인 안마당 정원

남북조 시대를 연 요시노에 가다

1월 28일, 일본 여행 6일 차다. 고야산에서 2박을 하는 일정으로 왔지만, 어제 이곳에서 봐야 할 것들을 대충 봤기 때문에, 오늘은 고야산을 내려가 스다하치만 신사의 인물화상경과 남북조 시대를 열었던 고다이고 천황의 행궁이었던 요시미즈吉水 신사를 찾아보기로 했다.

스다하치만 인물화상경은 백제 무령왕이 보낸 것인가

고야산역을 케이블카로 출발해 극락교역에서 전차로 갈아타고 한 시간 반 만에 하시모토역에서 내렸다. 역 앞에서 택시 기사에게 스다하치만 신사로 가는 교통편을 물어보니 버스도 없고 걸어가기에는 먼 거리다. 택시를 탔다. 신사에 들어서니 왼편으로 '봉납'이라고 새겨진 좌대 위로 인물화상경이 보였다. 진품은 도쿄 국립박물관에 있고 여기에 있는 것은 복제품이다. 지름이 20cm라는 진품보다 이곳의 복제품이 5배나 크다. 이 구리 거울은 중국제 화상경을 모델로 일본에서 만

▲ 스다하치만 신사 인물화상경

든 것이라는데,[258] 고래로부터 스다하치만 신사에서 보관해 온 것은 아니며 1834년 인근의 강변 채굴장에서 출토된 것을 기부 받은 것이다.[259] 이것은 일본 고대사 연구에 중요한 7대 금석문 중의 하나다. 7대 금석문은 고대 350년부터 550년까지 200년의 기간 중 역사적 사실을 육하원칙에 따라 드러내고 있다. 광개토대왕비,

이소노카미 신궁의 칠지도, 그리고 스다하치만 인물화상경 등이 있다.[260]

스다하치만 인물화상경에는 48자가 새겨져 있다. 그 해석을 놓고 학자들 간 견해차가 있지만, "계미년 503년에 백제 무령왕이 사람을 보내어 구리 200관을 사용하여 오사카궁에 있는 남제왕(후일 게이타이 천황)의 장수를 바라면서 그에게 줄 거울을 만들었다"라는 것이 대체적인 통설이다. 이와 관련하여 스다하치만 신사의 데라모토 요시유키寺本嘉幸 궁사는 2008년 1월 홍윤기 교수에게 "이 거울은 503년 무령왕이 일본 왕실로 보내준 것"임을 거듭 언급했다고 한다.[261] 일본 고대국가가 가야계와 백제계의 도래인 집단에 의해 건국되었다고 주장한 이시와타리 신이치로는 그의 주장을 뒷받침하는 가장 유력한 물적 증거의 하나로 이 인물화상경을 지목하였다.[262] 그는 명문 상의 '일십대왕日十大王'을 오진왕(곤지)으로, 남제왕을 오진왕의 동생 게이타이왕으로 풀어냈다.

택시를 대기시켜 놓은 터라 사진 몇 장을 찍고 서둘러 다시 택시를 타고 역으로 돌아왔다. 그러고 나니 마음 한구석이 왠지 찜찜했다. 동전을 던지고 절하고 손뼉 치고 가미를 불러 예를 표할 걸 그랬나 하는 생각도 들었다. 이곳에서 모시는 가미가 진구 황후다. 신라 침공 후 돌아가는 길에 이 신사에 오래 머물렀다고 한다. 진구 황후의 전설은 사실史實과는 다르다는 것이 학계의 통설이다. 그 원형은 북규슈 바다 사람들의 바다신 신앙인데, 그것이 점차 변용, 발전해서 나중에 《일본서기》에까지 실렸다는 것이다. 진구 황후의 사당도 신라의 침략을 막아 달라고 그 혼령에게 빌기 위하여 만든 사당이라는 주장이 더 설득력이 있어 보인다.[263]

일본 정부는 1908년 진구 황후를 모티브로 한 우표 2종을 발행하였다. 전후에 나온 그 우표 해설서에서 기기의 "전설legendary descriptions"을 인용했다는 설명을 볼 수 있다. 이것은 결국 진구 황후의 신라 정벌설이 사실史実이 아니라는 것을 말해 준다.

> "진구 황후는 제14대 추아이 천황의 부인이다. 규슈의 쿠마소 부족이 신라의 지원으로 반란을 일으켜 추아이 천황이 신라를 정벌키로 했지만 출병전 사망했다. 이에 진구 황후는 천황의 죽음을 비밀로 하고 남장하여 원정에 나서 정벌에 성공하여 신라를 복속시켰다. 쿠마소의 반란도 멈추고 평화가 회복되어 외국문화의 유입이 유례없이 빠르게 이루어졌다. (고사기와 일본서기의 전설 인용)"[264]

벚꽃놀이의 명소 요시노는 권력의 도피처이자 로맨스의 무대였다

▲ 요시노역에 오사카에서 관광 열차가 들어왔다.

남조의 황거였던 요시노吉野산은 벚꽃의 명소로 이름 높은 곳이다. 1594년 도요토미 히데요시가 오사카에서 5,000명 군사를 이끌고 이곳으로 벚꽃 구경을 왔다. 하시모토역에서 기차를 갈아타고 요시노역에 내리니 오사카로부터 관광열차 〈블루 심포니〉가 역사에 들어와 있다. 역전 앞에서 우동을 먹고선 케이블카로 요시노산으로 올라갔다. 그런데 이 케이블카가 많이 낡았다. 소화 4년(1929년)에 만들어졌으니 백 년이 다 되어 간다. 일본이나 독일의 공공시설은 의외로 낡은 곳이 많다. 국가 부채가 느는 것을 극도로 꺼려 웬만하면 기존 설비를 관리해 가며 최대한 늘여 쓴다.

요시미즈 신사吉水神社의 서원은 고다이고 천황의 행궁 역할을 하던 곳으로 여기서 그의 옥좌를 볼 수 있다. 요시노에는 고대부터 일본 천황의 행궁이 있었고, 《일본서기》에 사이메이, 덴지, 덴무, 지토 천황이 요시노로 행차하였다는 기사가 있다. 고다이고 천황은 천신만고 끝에 가마쿠라 막부를 타도하고 친정을 개시했지만 1336년 아시카가 다카우지足利尊氏가 무로마치 막부를 세우면서 배신한다. 그러자 그는 산세가 험한 이곳 요시노로 들어와 다카우지가 옹립한 고묘光明 천황과 대립하게 되면서 일본 역사상 천황이 2명인 남북조 시대를 열게 된다. 그는 복수를 다짐하고 재기를 노렸지만, 3년 만에 병으로 죽었다. 임종 시 그가 남긴 절명시다.

▲ 요시미즈 신사 서원(왼편)과 배전, 안내 자료에 이곳 서원을 일본 최초의 서원조 건축으로 소개

▲ 요시미즈 신사 고다이고 천황의 옥좌

"내 몸은 비록 이곳 남쪽 산의 이끼 속에 묻히지만,
내 영혼은 언제나 전체 우주를 구할지어다."

다카우지가 그의 원혼이 복수를 해올까 두려워 세운 절이 교토의 덴류지다. 요시미즈 신사는 당시 고다이고 천황이 머물 당시에는 요시미즈인吉水院이라는 승방이었으나 메이지 시대 신사로 바뀌었다.

요시노는 일본 역사에서 또 다른 도피처이자 로맨스의 무대였다. 7세기 덴무 천황은 형인 덴지천황이 당시 형제 상속의 원칙을 무시하고 아들에게 왕위를 물려주려 하자 신변의 위협을 느끼고 요시노로 들어가서 은거하였다. 그는 이듬해 군사를 일으켜(진신壬申의 난) 덴지 천황을 몰아내고 왕위에 올랐다. 가마쿠라 막부 초기였던 12세기 말에는 비운의 장군 미나모토 요시츠네源義經가 막부의 실력자인 미나모토 요리토모에게 쫓겨와 이곳에 숨었다. 그의 아름다운 부인 시즈카 고젠靜御前과의 애절한 사랑 이야기는《요시쓰네 센본 자쿠라》라는 가부키로도 만들어졌고 그의 충신 벤케이弁慶에 관한 이야기도 후대에 전하여진다. 시즈카 고젠이 교토로 잡혀 와 요시츠네를 흠모하며 남긴 시다.

"요시노산 봉우리, 흰 눈을 헤치며 들어간 그 사람의 발자국이 그립다."

남북조 간 정통성 논쟁

남북조 시대는 1336년부터 57년간 지속되었는데, 양쪽의 천황이 번갈아 가며 천황 자리를 계승하는 것으로 타협하여 조정을 다시 합쳤다. 그런데 나중의 황실 계보를 보면 북조에서 천황을 독점하여 지금의 천황가도 북조 계보에 속한다. 태평양 전쟁 개시 전 도조 히데키를 정점으로 하는 일본 군부는 히로히토 천황이 개전을 반대할 경우 은밀히 그 계보를 이어오던 남조의 인물로 천황을 대체하려 했다. 히로히토 천황은 그럴 경우 엄청난 내전에 휘말릴 것을 염려하여 개전에 동의할 수 밖에 없었다고 한다.[265]

일본 역사에서는 남북조 중 어느 쪽이 정통인지를 놓고 논쟁이 있다.《난보쿠초세이쥰南北朝正閏》이라 하는데 일반적으로 남조를 정통 황실의 계보로 보고 있다. 미토학파에서 남조의 정통성을 먼저 주장하였고 요시다 쇼인도 이에 동조하였다.

아리토모 야마가타는 메이지 천황을 설득하여 남조의 정통성을 확인케 했고, 남조의 고다이고 천황에게 충성을 바쳤던 구스노키 마사시게楠木正成 동상을 고쿄가이엔皇居外苑에 세우기까지 했다.

이와 관련하여 엄청난 비사가 있다. 고메이孝明 천황 암살과 메이지 천황 바꿔치기에 관한 것이다. 음모론으로 치부해 버리기에는 상당히 구체적이고 논리적이다. 《천황의 생전 퇴위와 신국 일본의 비밀》이란 책도 있고, 《일본역사의 오류를 철저하게 폭로한다》라는 다큐물도 나왔다. 결론적으로는 메이지 천황 이후 현 천황가가 남북조 시대 이래 황위를 이어왔던 북조 계열이 아닌 남조 계열이라는 것이다. 1867년 1월 고메이 천황이 죽자 그의 15세 아들이 천황이 된다. 그런데 당시 막부를 옹호하던 36세 고메이 천황은 조슈 세력에 의해 암살되었으며 그들이 그의 아들 무쓰히토睦仁 친왕도 죽이고 남조 계보의 메이지 천황을 데려왔다는 주장이다. 조슈 세력은 무쓰히토가 천황이 되어 고메이 천황의 양이 정책을 계속하면서 메이지 유신 세력과 대립하게 될 것을 우려했다고 한다.

메이지 천황은 실제로는 오무로 토라노스케大寶寅之祐로서 남조 고다이고 천황의 11대 자손이라 한다. 그는 조슈 모리 가문의 선대인 오에大江 가문의 후손이다. 그래서 조슈에서 요시다 쇼인, 기도 다카요시가 왕정복고 운동을 현창하였고, 삿초 동맹도 남조의 충신 키쿠치菊池 가문의 후손인 사이고 다카모리가 찬성하면서 이루어졌다. 메이지 천황은 무쓰히토 친왕과 2살밖에 차이가 나지 않아 눈속임이 가능했지만 기질이나 외모는 크게 차이가 났기 때문에 입가의 마마 자국을 숨기려 콧수염을 기르고 사진을 찍지 않았다고 한다. 고쿄가이엔 광장에 남조의 충신 구스노키 마사시게의 동상이 세워진 것도 현 천황 가문이 남조 계보임을 암시한다. 그래서 메이지 혁명을 세키가하라 전투 당시 서군의 동군에 대한 쿠데타라지만, 결국 남조가 북조에 대하여 일으킨 쿠데타가 된 셈이다. 고다이고 천황의 권토중래가 아닐지.

일본인에게 천황은 실로 마음 편한 존재다. 권력이 없기 때문이다. 그래서 방어가 되지 않는 성벽 없는 궁에서 살았다. 그게 바로 천황의 가계가 천여 년간 끊기지 않고 존속될 수 있었던 비결이다.[266]

▲ 단조가란 근본대탑

다시 고야산으로 올라왔다. 서둘러 어제 미처 다 보지 못한 단조가란壇上伽藍과 고야산 내의 산문 격인 대문을 보는 동안 어느덧 시야가 어두워졌다. 가란(가람)은 불교 승려의 도량처를 말한다. 이곳 단조가란은 코보 다이시가 고야산을 개창하면서 열었던 근본도량으로 48m 높이의 근본대탑이 서 있다. 저녁 식사 시간인 6시에 겨우 맞춰 숙방으로 돌아와 형형색색 정갈하게 차려진 쇼진 요리 저녁상을 대할 수 있었다.

호류지를 보니 감동의 물결이 밀려온다

1월 29일, 일본 여행 7일 차다. 고야산 렌게조인 숙방을 나와 나라奈良로 내려왔다. 고야산역에서 케이블카를 타고 극락교역에서 내려 열차로 갈아탔다. 극락교는 극락과 일상의 세계를 구분 짓는 경계다. 그러니 이제 극락의 세계를 떠나 일상의 세계로 돌아온 셈이다. 나라에 도착하니 해도 나고 기온도 올라가 따스함을 느꼈다. 한국에서 가져온 선크림을 처음 발랐다.

나라역에서 나와 관광안내소부터 들렀다. 한겨울이라 그런지 별로 여행객이 많지 않았다. 시니어 전문가인 듯한 직원이 백제가 멸망한 660년 연대까지 거론하며 당시 아스카 왜가 백제로부터 문화를 전수받아 사회 발전에 기폭제가 되었다고 스스럼없이 말했다. 내가 내일 아스카에 간다고 하자 구릉지대가 많아 전기자전거로 다니는 게 좋다면서 꼭 가야 할 곳을 지도에 일일이 표시해 주었다. 왠지 친근감이 들어 명함을 받아보니 그의 타이틀이 'friendship force'다. 내일 만나기로 했다.

▲ 고후쿠지

오후에 숙소 바로 인근의 고후쿠지興福寺부터 보았다. 고후쿠지는 당시 세력가였던 후지와라 가문의 씨사였다. 메이지 유신 당시 신불분리령으로 신도와 불교를 분리하여 '존황'을 구체화하는 제정일치를 목표로 신사를 우대하기 시작하였다. 이 여파로 불교나 민속 종교에 대한 탄압의 바람이 거세게 불었고 당시 승려 밑에 있었던 신직이나 그 지지자들이 이것을 기화로 사찰과 불상을 파괴하는 폐불훼석이 일어났다.[267] 폐불훼석으로 고후쿠지의 많은 문화재도 약탈당하거나 훼손되었다. 이것은 일본판 문화혁명이랄 수 있는 반문명적 사건이었다. 우리나라에서도 숭유억불을 표방한 조선 초기 야만적인 불교 박해가 일어났다. 불상을 파괴하고 절을 불태웠다. 태종 때 이르러 3,000여 개의 불사가 270여 개만 남았다. 퍼시벌 로웰은 조선을 “살아있는 화석”이라면서 종교의 부재를 그 원인으로 꼽았다. 그는 어느 시대, 어느 민족이건 종교 건축물이 당대의 가장 훌륭한 건축인데, 종교가 사라진 조선의 수도에서는 우뚝 솟은 건물 하나 없다면서 자신이 본 도시 중 서울이 가장 삭막한 도시라 했다.[268]

오늘 일정의 하이라이트는 호류지法隆寺다. 나라역에서 오사카 방면으로 JR 열차로 3정거장 가서 호류지역에서 내렸다. 호류지는 금당과 오층탑이 있는 서원西院과 유메도노夢殿가 있는 동원東院으로 크게 나뉘고 주구지中宮寺는 동원과 이웃해 있다. 호류지 바깥 서쪽에 있는 후지노키 고분까지 보기 위한 동선을 고려하여 동원 쪽부터 보기로 했다.

일본은 고대 동아시아의 박물관이다

유메도노부터 호류지 답사를 시작했다. 쇼토쿠 태자가 살았던 이카루가궁의 뒤쪽에 지어진 팔각지붕의 유메도노는 동원 가람의 중심 건물로 아스카 시대 건축인 서원 쪽의 건물보다 조금 늦은 나라 시대 건축이다. 일본 건축을 연구한 새들러A. L. Sadler 교수는 유메도노가 한국에는 하나도 남아 있지 않은 유일한 고대 한국 건축물이라면서 일본을 고대 동아시아 문명의 박물관이라 했다.[269] 그러고 보니 유메도노 지붕의 처마선이 살짝 휘어져 있어 한국의 여느 팔각정을 보는 듯했다. 지붕 꼭대기의 화려한 노반露盤이 돋보인다.

▲ 호류지 유메도노(몽전)

여기에 어니스트 페놀로사Ernest Fenollosa가 봤다는 구세관음상이 있다. 아스카 시대에 만들어진 이 비불은 헝겊과 솜뭉치에 싸인 채 천 년 이상 사람의 눈이 닿지 않았었다. 페놀로사가 이 비불을 본 순간 "그렇구나, 한국 것이구나!Korean, of course!"라고 옆자리의 일본인 유명 화가 오카구라 덴신에게 탄식했다 한다.[270] 노마 세이로쿠野間淸六는 자신의 《일본미술The Arts of Japan》에서 구세관음상이 미소, 큰 눈과 코를 강조한 모습에서 '돌이' 불사의 스타일이라고

▲ 구세관음상 / contents.nahf.or.kr

했다. 그리고 녹나무를 통째로 쓴 것이 아니라 여러 개의 블록을 조합한 것이라고 쓰고 있다.[271] 구세관음상은 은행처럼 둥근 눈과 은은한 미소를 짓는 듯한 고졸한 입 모양 등 북위 양식을 닮은 아스카 조각의 특징을 보인다.[272]

그런데 이 불상이 한국 것이란 것을 페놀로사는 어떻게 그렇게 빨리 알았을까? 페놀로사는 《중국과 일본미술 시대사》를 써낸 인물이다. 분명히 그는 이 불상이 중국 것도, 일본 것도 아님을 알아챘고 아스카에 지대한 영향을 미친 한국 것이라는 결론을 당연히 내릴 수 있었다. 이 불상은 기단부를 뺀 높이가 180.5cm로 쇼토쿠 태자의 실물 크기라 한다. 쇼토쿠 태자는 일본인들보다 큰 북방계 기마민족의 혈통이다. 당시만 해도 '한국 것'이란 말은 비하된 용어가 아니었다.[273] 존 카터 코벨 여사가 특히 주목한 부분은 이 구세관음이 머리에 쓰고 있는 청동관이다. 이 관은 투조세공으로 역사상 모든 불상의 관 중에서도 가장 섬세하고 정교한 것으로 5~6세기 경주 고분 출토 금관에서 보듯이 당시 최고조에 달한 한국의 금속 세공 기술만이 이것을 만들 수 있다고 했다. 광배의 인동당초 문양도 강서대묘 벽화의 당초문과 같은 것이다.[274]

세계 3대 미소, 주구지 미륵보살반가사유상

주구지는 원래 쇼토쿠 태자의 모친이 살던 궁이었다. 모친이 돌아가자 쇼토쿠 태자가 발원하여 절이 되었고, 무로마치 시대에 들어와 호류지에 부속된 황실의 비구니 절이 되었다. 여기에 목제 반가사유상이 있다. 이것은 쇼토쿠 태자의 모친 이미지를 조각한 것이라 한다. 이집트의 스핑크스, 레오나르도 다빈치의 모나리자와 함께 세계 3대 미소로 불린다. '고졸한 미소'라는 전형적인 표현도 많이 쓰지

▲ 주구지 정전, 다카마쓰노미야 친왕비의 발원으로 1968년 5월에 완공 / 2024.11. 촬영

만, 금당의 석가삼존상에서 볼 수 있는 엄숙한 표정은 더 이상 없고 부드러운 미소를 띠고 있어 따뜻한 느낌을 준다.[275] 내가 봐도 그 미소가 알 듯 모를 듯, 소박하고 자애롭다. 여러 개의 녹나무 블록을 조합해서 만들었다.

일본에서는 7세기 후반 무렵 하쿠호 시대에 많은 반가사유상이 제작되었는데, 주구지 반가사유상이 그 대표적인 것이다. 당시 일본에서 제작된 반가사유상들은 한국의 그것들보다 대략 반세기 정도 늦은 것이다.[276] 반가사유상은 금동과 목제를 합하여 우리나라에만 약 40구가 있다. 미륵보살이 의자에 걸터앉아 오른쪽 다리를 왼쪽 무릎에 올려놓은 채로(반가半跏) 오른쪽 팔꿈치를 무릎에 가볍게 얹고,

▲ 주구지 반가사유상 / news.kbs.co.kr

손끝을 살며시 뺨에 대고 있다. 부처가 태자였을 때 인생무상을 느끼고 출가하여 중생구제의 큰 뜻을 품고 명상하는 태자사유상에서 유래하였다.

주구지에는 쇼토쿠 태자가 죽은 후 다치바나 태자비가 슬픔을 못 이겨 수 놓았다는《천수국만다라 수장》이 있다. 수장 상단에 떡방아 찧는 토끼가 있고 대님을 맨 바지를 입고 있는 남자 등 고구려 고분에서 보이는 복식을 볼 수 있어 한반도의 영향을 말하고 있다. 이 의상들은 다카마쓰 고분의 벽화에서도 보인다.[277] '고려가서일高麗加西溢'이라는 명문으로 보아 고구려 사람 가서일이 이것의 밑그림을 그렸던 것을 알 수 있다. 지금의 주구지 대웅전은 1968년 지어진 현대식 건물이다. 주구지를 나와 곧장 호류지의 동대문을 거쳐 서원 가람으로 들어갔다.

세계에서 가장 오래되고, 가장 아름다운 목조 건축

중문 앞쪽을 지나서 서원 가람의 중앙 마당으로 들어서는 순간 눈에 들어온 오층탑과 금당에서 지금껏 많이 보아 왔던 일본의 다른 사찰들과는 무언가 다른 느낌을 받았다. 마치 숨겨진 천상의 불법 세계에 들어온 듯, 엄격하고 절제된, 그러면서도 왠지 포근하게 감싸오는 한국의 절을 보는 듯한 착각에 빠졌다. "이건 한국의 절이 아닌가!"라는 탄식이 나도 모르게 나왔다. 이 탄식은 전혀 선입견이 없는 것이다.

초등학교 때부터 익히 들어온 그 유명한 호류지다. 정녕 이것이 세계에서 가장 오래되고 가장 아름다운 목조 건축이란 말인가. 금당은 이층 기단 위에 정사각형에 가까운 형태로 세워진 중층 건물이다. 아래층 지붕 처마 밑으로 보이는 부계副階는 지붕이 치마를 입은 것처럼 보인다 해서 모코시裳階라 하는데, 건물의 지지력을 보강하기 위하여 전후에 덧대었다. 오층탑에도 1층 지붕 아래로 모코시가 보인다. 오층탑의 심주는 이층 기단의 초석 위에 세웠고 5층 지붕폭은 1층 지붕폭의 절반이다.

▲ 호류지 금당, 금동석가삼존불, 금동약사여래불 등 3개 국보 소장 / 2024.11. 촬영

영국 외교관으로서 일본 고대 역사 전문가인 조지 샌섬George B. Sansom은 호류지가 세계에서 가장 오래된 목조 건축이자 가장 아름다운 것이라면서 모방이 아니라 일본의 재료와 습성에 적응한 흔적이 있다고 했다.[278] 그는 서기 640년까지 일본에서 건축된 46개의 사찰 중 태반이 완전히 소멸하여 없어졌지만 남아있는 것 중에서 호류지가 최고라 했다. 엔타시스 기둥이 건물의 균형을 바로잡아 주고 기와지붕의 곡선이 기분을 좋게 해준다면서 중압감은 없고 대신 높고 웅대한 기분이 든다고 했다. 또한 광활한 평지에 자리 잡은 건물들의 조화로운 배치가 아름답다고도 했다.[279]

아스카데라가 소가蘇我 씨의 절이라면 호류지는 쇼토쿠 태자의 절이다. 쇼토쿠 태자는 당시 야마토의 최고 권력자인 소가 우마코의 정치적 라이벌로 보이는 일이 없도록 자제하는 가운데, 불교와 유교의 진흥에 힘을 쏟는 외에 불교와 함께 전래한 의약술의 보급에 힘쓰는 등 인도주의를 몸소 실천하였다. 그는 스이코 천황 때인 607년 지금의 호류지 동원 쪽에서 약간 남쪽 자리에 와카쿠사데라若草寺(호류지 안내 팸플릿에는 '이카루가노데라斑鳩寺'로 소개하고 있다)를 건립하였는데, 이 절은 670년 화재로 소실되었다. 《일본서기》는 "한밤중에 호류지에서 화재가 있었다. 한 집도 남김없이 다 탔다. 큰비가 오고 번개가 쳤다."라고 적고 있다.[280]

그후 서기 700년 전후로 다시 지어진 것으로 보아 '재건 호류지'는 대략 1,300년 정도의 고건축으로 본다. 지금의 금당, 오층탑 그리고 중문은 아스카 시대의 것이 그대로 보존되고 있어 세계에서 가장 오래된 현존 목조 건물이다. 마침 중문

쪽에 서 있던 호류지 직원의 얘기를 들어보니 1949년에 금당 내부에 불이 나서 복원했지만, 건물의 뼈대나 스타일은 옛것 그대로라 했다. 일본의 사원 중 제일 먼저 유네스코 문화유산으로 지정되었다.

호류지는 쿠다라 건축인가

불교 사원의 탑은 스투파stupa로도 불리며 석가의 사리를 봉안하는 곳이다. 아스카 시대에는 아스카데라나 시텐노지에서 보듯이 탑을 중문과 금당 가운데 두어 가장 중요시하였다. 그러다가 재건 호류지에서는 탑과 금당을 병렬로 배치하여 금당의 지위를 탑과 동등하게 끌어올렸다. 그래서 일본에서는 이것이 일본의 독자적 양식이라며 호류지 건립 당시 스이코 천황의 이름을 따서 스이코식이라 명명했지만 추후 1939년 발굴 조사에서 소실 전 원래 건물은, 중문과 금당 가운데 일직선상에 탑이 위치하여 백제식 가람 배치였음이 밝혀졌다.[281] 가토 슈이치는 와카쿠사데라의 가람 배치가 시텐노지와 같았는데, 재건 호류지 건축 시 '일본화'가 진행되어 가람 배치가 달라졌다고 했다.[282] 호류지 오층탑은 일본의 후대 탑과는 달리 지붕의 체감률이 상대적으로 크다. 속리산 법주사 팔상전이나 부여 정림사지 오층석탑의 체감률과 유사하다.[283]

《일본서기》에 6세기 말 백제에서 사공寺工, 노반박사(탑의 상륜부를 만드는 기술자), 와박사(기와를 만드는 장인)를 보내어 아스카데라를 지었다는 기사가 있다.[284] 이들은 새로 건너간 기술자라는 의미에서 이마끼今來라고 불렸고, 이들이 정착한 곳이 이마끼군郡이 되었다.[285] 코벨 여사는 이 백제 장인들이 일본에 잔류하면서 후대의 다른 사원 건축에도 간여하게 되었다고 했다. 7세기 초 쇼토쿠

▲ 호류지 오층탑

태자가 죽고 소가 씨가 멸문하면서 야마토의 권력은 바뀌었지만, 당대에 가장 우수한 기술을 보유한 백제 장인들을 후대 사원의 건축에 채용하지 않을 이유는 없다는 주장이다. 전통을 신성시하는 불교 미술의 특성상 선대의 기본적인 구조를 바꾸지 않는 경향이 있고, 탑과 같이 난도가 높은 건축에서는 더욱 그렇다.[286] 그는 호류지 오층탑과 부여 정림사지 오층석탑의 유사성에도 주목했다. 목탑과 석탑의 차이에도 불구하고 그 실루엣이 닮았다는 것이다.[287] 나는 정림사지 오층석탑을 호류지 오층탑보다 나중에 보았는데 현장에서는 두 탑의 유사성을 제대로 느낄 수 없어서 두 탑의 사진을 나란히 놓고 비교해 보았다. 역시 코벨 여사는 매의 눈을 가진 듯하다. 그는 호류지 오층탑을 7세기 백제 사원 건축의 백미로 소개하면서 뉴욕 메트로폴리탄의 고려청자에 한국의 레이블이 붙듯이 호류지 오층탑도 한국 예술 목록에 포함되어야 한다고 했다. 아울러 호류지의 자매 절인 호키지法起寺와 호린지法輪寺의 3층탑도 체감률은 다르지만, 그 스타일은 호류지의 오층탑과 유사하여, 백제 장인의 솜씨라 했다.[288]

호류지 금당이나 오층탑의 처마선은 일본의 다른 건축과 마찬가지로 처마의 양쪽 끝을 제외하고는 일직선이어서 약간의 곡률을 갖는 우리 처마선과는 다르다. 하지만 지금 한국에 남아있는 고건축 중 가장 오래된 안동의 봉정사 극락전이나 수덕사 대웅전, 그리고 묘향산 보현사 대웅전의 처마선을 보면 거의 직선이다. 처마선이 휘어진 부석사의 무량수전만 해도 이들보다 늦은 14세기 중반 이후의 것이다. 봉정사 극락전은 고려 시대의 것이지만 통일신라 시대의 건축 양식이다. 보현사는 10세기 중반 고려 초기 건축물로서 여러 차례 중건되었지만, 탑이 대문과 대웅전 가운데 위치한 고대 초기의 가람 배치에 변함이 없는 만큼, 중수된 건물도 원형을 유지하였을 것으로 보인다. 그렇다면 한국의 고대 건축에서도 일본과 마찬가지로 직선이었던 처마선이 중세 이후 지금처럼 다소간의 곡률을 갖는 것으로 변화한 것은 아닌지 미루어 짐작해 본다.

▲ 금당 내 소장된 금동석가삼존불

1899년 관민 합작으로 출간되어 메이지 정부의 입장이라고도 할 수 있는 일본 최초의 미술품 도록《신비타이칸眞美大觀》은 원 호류지인 와카쿠사데라의 건축 양식이 전적으로 한국식이며 사실상 한국인에 의한 건축이라고 소개하였다. 재건 호류지 건축이 서구식 기법과 같다고 주장했던 일본 건축학의 태두 이토 쥬타伊東忠太 또한 원 호류지(와카쿠사데라)를 백제인이 조영했다는 견해를 내놓았다.[289] 호류지에서 소장하고 있는 건설 기록 문서인《가란소즈伽藍總圖》는 백제 성왕이 4명의 대공大工을 보냈고, 이들이 이카루가 마을에 살았다고 기록하고 있다.[290] 에즈라 보걸 교수도 6세기 초부터 한국의 설계사, 목수, 공예가, 화공들이 일본에 이주하였다고 했다.[291] 7세기 중반 신라가 적대국인 백제의 아비지 등 200명의 백제 장인을 초청하여 무려 80m 높이의 황룡사 9층탑을 세운 사실은 당시 백제의 우수한 건축 기술을 보여준다.[292] 호류지 탑은 33m다. 미국의 고고학자인 에드워드 키더Edward Kidder는 일본의 고분 시대에 건축술의 의미 있는 발전이 있었다며 이것을 한국 건축가들의 집단이주로 일본인들의 생활 수준이 높아지고, 건축 기술의 전수가 이루어진 결과로 보았다.[293]

"조선의 미로 꾸며진 일본"

금당 안의 금동석가삼존상, 금동약사여래상을 보고 대보장원에서 쿠다라관음상과 옥충주자를 보면서 감동의 물결이 밀려왔다. 금당 내 석가삼존불은 쇼토쿠 태자의 부인이 남편의 명복을 빌기 위하여 돌이止利 불사에게 명하여 만들었다고 한다.[294] 코벨 여사는 돌이 불사가 이 삼존불과 약사여래상, 그리고 아스카데라의 대불도 만들었다면서 살구씨나 아몬드처럼 생긴 이들 불상의 눈매가 똑같다고 했다.[295] 대보장원에서 본 쿠다라관음상은 코벨 여사의 말대로 너무나 특출해 보였다. 그는 코 생김새나 목걸이, 팔찌, 남실거리며 내려뜨러진 수식 달린 보관 등이 한국적인 기법과 양식을 보여주고 있어 왜 쿠다라관음이라고 하는지 이해가 된다고 했다. 보관의 관식이 무령왕릉에서 발굴된 장식품의 연화당초문과 똑같고, 왼손에 들고 있는 물병도 한국의 관세음보살상에 지속적으로 나타나는 표현이라는 것이다.[296] 2m가 넘는 훤칠한 이 불상은 원래 금당에 있던 것인데 1949년 금당 화재 이후 보장전으로 옮겨졌다.

전시관 내 영어 안내판을 보니 "일본서기에서 쿠다라관음상임을 언급하고 있지만, 일본에서 만들어졌다고 사료된다"라고 쓰여 있다. 가토 슈이치는 쿠다라관음상의

▲ 대보장전, 쿠다라관음상, 옥충주자, 목조구면관음상, 금동몽위관음상, 다치바나부인염지불의 5개 국보를 소장

몸과 얼굴이 그전에 만들어진 미륵반가 사유상이나 약사상과는 크게 다르다며, 녹나무를 사용했다는 점에서 일본에서 만들어진 것으로 보았다. 다만, 이것과 유사한 불상이 없었기 때문에 쿠다라관음상으로 명명했다는 것이다.[297] 당시 일본에서 '좋은 것'은 쿠다라에서 온 것이라고 말했다.

▲ 쿠다라관음상

그런데 조지 샌섬은 쿠다라관음상이 호리호리한 몸매에 키가 훌쩍 크고 나긋나긋한 목상으로서 그 이름에 걸맞게 한국에서 온 것으로 본다고 했다. 그는 "불상은 한국에서 왔다. 종교열이 높아짐에 따라 사람들은 불상에 예배하고 불상을 안치할 절을 세워 공덕을 얻고자 열망하였다. 그 시대가 시작한 십수 년간 많은 미술가와 직인들이 한국이나 중국에서 왔다."라고 적고 있다.[298]

아스카 시대 불상 조각 스타일은 북위 양식과 백제/중국 남조 양식으로 대별한다. 전자는 돌이 불사, 후자는 "조선삼국시대의 불사"를 그 제작자로 본다.[299] 북위 양식은 정면을 중시하여 좌우 대칭적인 단정하고 엄숙한 남성적인 이미지를 보여준다. 코가 높고 크며, 살구씨 모양의 눈이 특징적이다. 호류지의 석가삼존불, 약사여래좌상, 구세관음상, 아스카데라 대불이 여기에 속한다. 백제/중국 남조 양식은 신체나 의복의 곡선을 자연스럽게 표현하며 측면에서도 입체감이 보이는 부드럽고 여성적인 이미지를 보여준다. 입가를 뚜렷이 파지 않아 온화한 표정이다. 주구지, 고류지의 반가사유상, 쿠다라관음상이 이 양식에 속한다. '고졸古拙한' 미소는 양쪽에 다 해당한다.[300]

북위 양식의 제작자는 (백제에서) 건너간 말안장 기술자 집안의 사람인 돌이 불사이며, 백제/중국 남조 양식의 제작자는 조선삼국시대의 불사이므로 - 이 점은 일본의 대표적 지리, 역사, 사회 교과서 공급처인 테이고쿠쇼인帝國書院 발간《도설 일본사통람》에서 밝히고 있다.[301] - 아스카 예술을 풍미한 두 양식의 창조자는 공히 한반도 도래인이다. 그러고 보면 조선을 사랑한 야나기 무네요시柳宗悅가 일본의 국보 중의 국보라 할 만한 거의 모든 작품이 실제로는 모두 조선 민족이 만든 것이라고 단언한 것도 결코 무리는 아니다. 그는 호류지의 쿠다라관음상과 옥충주자, 몽전의 구세관음상, 주구지의 반가사유상과 천수국만다라 수장, 고류지의 반가사유상, 쇼소인의 유물 등을 그 대표적 사례로 들면서 "조선의 미로 꾸며진 일본"이라고 했다.[302]

호류지 금당의 금동석가삼존상의 광배 뒷면에 "스이코 31년, 돌이止利"라고 새겨져 있다. 코벨 여사는 '돌이'가 백제에서 건너간 장인이라며 19세기 말까지만 해도 일본 문헌에서 이 사실을 거리낌 없이 드러내었지만, 그 후로는 중국인의 후

▲ 호류지 회랑과 열주, 현존하는 유일한 고대 회랑이다

손으로 둔갑시켰다는 것이다.[303] 가토 슈이치는 돌이가 대륙 또는 백제에서 간 사람일 것이라 했다.[304] 노마 세이로쿠는 '돌이'가 6세기 백제 성왕이 일본에 보낸 백제 장인의 쿠라츠쿠리(말안장)를 만드는 가문 출신으로서 쇼토쿠 태자의 후원으로 호류지의 불상들을 만들었지만, 7세기 후반으로 넘어가면서 쿠다라관음상에서 보듯이 돌이의 불상과는 다른 '하쿠호' 경향이 나타났다고 했다.

▲ 호류지 중문 / 2024.11. 답사 시 촬영

"돌이 스타일이 북위의 영향을 받았음에도 아스카 불상들의 에너지 넘치는 힘과 엄숙하고도 정교한 구성은 북위의 불상들에서는 볼 수 없는 것이다…. 7세기 중반 이후 쇼토쿠 태자의 죽음과 함께 아스카 시대의 근엄한 정신이 퇴조되면서 보다 가볍고 활달한 분위기가 추구되는 하쿠호白鳳 예술 사조가 생겨났다. 쿠다라관음상이 이러한 경향을 보여준다. 길쭉한 공간 배분은 솟구치는 듯한 상승의 느낌을 준다. 서양의 고딕 이미지와도 상통한다. '돌이' 스타일이 부처의 이상을 좇아 세상을 만들려는 의지를 보여 준다면, 쿠다라관음상은 세상의 현실 세계 너머로 도피해 가려는 염원을 나타낸다. 전지전능한 신성의 힘보다는 신앙심 높은 행동으로 구제가 이루어진다는 믿음을 보여주려 했다. 7세기 후반부터 제작된 호류지의 6개 관음상이 이러한 경향을 담고 있다. 이 시기 대륙 중국의 문명에 대한 동화가 예전처럼 진행되었음에도 하쿠호 불상의 순진무구한 정신은 중국의 불상들이 아니라 오직 몇 안 되는 한국의 불상들에서만 찾을 수 있다."[305]

코벨 여사는 백제가 모든 힘을 불교에 쏟느라 국방에 소홀해 멸망했다 한다. 단재 신채호는 백전百戰의 나라 백제가 유교를 수입하고 나서 사회가 명분의 굴레에 목을 매기 시작하면서 망했다고 했다.[306] 하지만 백제인의 정신과 기술은 일본으로 건너가 꽃피었다. 호류지가 그 절정이었다.

일본 건축의 원천은 인도아리안이었나

새들러 A. L. Sadler 교수는 호류지를 백제식Kudara style 건축으로 보고, 학교, 병원, 사원을 조합한 7채의 "백제식 칠당가람百濟式七堂伽藍"이라고 했다. 그럼에도 자연석 위에 엔타시스 기둥을 박은 호류지 금당의 기둥 공법이 파르테논 신전의 도리아식을 닮았고, 공포나 보의 구조는 인도의 굽타 양식에서 파생된 북위의 건축 양식과 거의 같다고 했다. 또한 그리스 화병에서 볼 수 있는 당초무늬가 호류지의 벽돌 패턴에서 나타난 것은 인도 간다라 미술의 영향으로 보았다.[307] 일본의 건축이 한국과 중국을 거쳐 오면서 수정되었지만, 그 원천은 인도였다는 것이다.[308] 불교의 발상지가 인도였고 한, 중, 일의 고대 문화가 불교로부터 크게 영향을 받았다는 점을 생각해 본다면 일본의 고대 건축 원천이 인도라는 것은 크게 이상할 게 없다. 불교 사원이나 불탑을 의미하는 가람이나 스투파라는 말도 인도의 산스크리스트 말로부터 왔다. 말뿐만 아니라 불탑 자체가 인도에서 비롯되었다.[309] 불상도 마찬가지다. 석가의 입멸 후 약 500년 간은 불상이 만들어지지 않았으나 서기 1세기 경 인도 북부의 쿠샨 왕조 때부터 불상이 만들어지기 시작했다. 초기에는 석가모니불만 만들었으나 차차 아미타불, 비로자나불, 미륵불, 약사불 등이 만들어졌고, 보살상, 나한상, 신장상도 만들어졌다. 신장상神將像으로 제작되는 인왕仁王, 사천왕四天王, 팔부중八部衆은 원래 인도의 토착신이었다.[310]

새들러 교수는 일본의 건축이 인도의 간다라로부터 크게 영향받았고, 간다라는 그리스의 식민지였으므로 결국 일본의 건축이 그리스까지 연결되어 페르시아, 바빌로니아까지 거슬러 올라간다며 일본 건축의 원천은 한국이나 중국이 아니라 아리안Aryan이라고 주장한다. 그리고 이것을 영국의 문화가 로마, 그리스를 거쳐 크레타, 이집트까지 거슬러 올라가는 것과 비교하였다.[311] 기원전 3세기 아소카왕이 지었다는 인도의 산치대탑을 보면 인도 건축과 조각의 우수성에 새삼 놀란다. 대탑의 주위 사방에 세워진 토라나Torana는 마치 일본 신사의 도리이나 한국의 홍살문을 보는 듯하다. 독일의 일본학 연구자인 오스카 크레슬러Oskar Kressler도 호류지의 탑이 인도로부터 유래되었다고 했다.[312]

일본의 신도는 인도의 힌두교와 통한다. 일본에서는 메이지 유신 전까지 소고기를 먹지 않았다. 이것이 불교 도입 후의 일이지만 힌두교의 소 숭배와도 연관이 없다고 할 수는 없다. 한국에서도 몽골의 지배를 받기 전까지 고려에서는 채식을 하여 육식을 하는 몽골군과 체격이 상대가 되지 않았다고 한다. 일본의 전통 풍습 중에서도 인도의 흔적을 볼 수 있다. 에도 시대 일본 사람들이 믿었던 칠복신七福神 중에도 힌두교 여신들이 있다. 일본의 추석인 오본의 정식 명칭은 '우라본에盂蘭盆會'인데 산스크리스트어의 '우라반나'에서 유래했다.[313] 스이코 천황이 4월 8일 초파일과 7월 15일에 처음으로 재회齋會를 열었고, 7월 15일의 재회가 우라본에로 굳어졌다.[314]

후지노키 고분의 주인은 누구인가?

오후 내내 넋 놓고 호류지를 보다 보니 어느덧 4시가 되었다. 서둘러 후지노키

고분 쪽으로 갔다. 후지노키藤ノ木 고분은 1985년에 발굴된 6세기 중, 후반의 고분이다. 직경 약 50m의 횡혈식 석실묘로서 여기서 매우 정교한 장식의 금동제 말안장 가리개와 마구, 금동관, 금동신발, 환두대도, 청동거울, 유리구슬 등이 거의 대부분 완벽한 상태로 쏟아져 나왔다. 치카츠아스카박물관의 전문가는 경주 황남대총이나 공주 무령왕릉에서도 유사한 마구가 출토되었지만 후지노키 고분의 금동제 말안장 가리개가 한반도에서 출토된 어떤 것보다 걸출한 작품이라면서 매우 기량이 뛰어난 도래인의 고급 작품일 가능성이 농후하다고 했다.[315] 존 카터 코벨 여사는 후지노키 고분이 여느 천황릉에 비해서 작은 규모여서 발굴 허가를 내주었는데 정작 예상치 못한 도래계 유물이 쏟아져 나오자 당혹감을 감추지 못했다

▲ 후지노키 고분, 호류지 남대문에서 서쪽 방향 350m에 위치 / 2024.11. 촬영

는 발굴 비사를 밝히기도 했다.[316] 후지노키 고분의 피장자는 특이하게도 두 명의 젊은 남자(황자皇子)로 추정된다고 한다.

에가미 나미오 교수는 후지노키 고분에서 출토된 금동관은 아프가니스탄의 티리야. 테베에서 출토된 것과 가장 많이 닮았고 로만 글래스는 신라 고분에서도 출토되었다고 했다. 그는 이것이 당시 신라가 서역과 직접 접촉했음을 시사한다면서, 기마민족은 어디를 가더라도 현지 문화를 적극적으로 취하고 동화하지만 그럼에도 기마민족으로서의 특징적인 문물은 잃지 않고 보존하는 경향이 뚜렷하다고 했다.[317] 신라 고분에서는 서역으로부터 수입된 것으로 보이는 유리구슬이나 유리용기가 많이 출토되었다. 그 대표적인 것이 경주 황남대총에서 나온 봉수형 수병이다. 당시 한반도의 삼한 사람들은 금보다 유리구슬을 더 소중히 여겼다고 한다.[318] 즉, 후지노키 고분의 출토품들이 중국이 아니라 서역으로부터 수입된 스키타이 북방계 유물로서 그의 《기마민족 정복왕조설》을 뒷받침한다.

나라로 돌아와 나라마치를 잠깐 훑어보고 숙소로 돌아왔지만, 아스카 시대를 풍미했던 호류지의 금당과 오층탑, 그리고 중문의 감동은 쉽사리 내 머릿속을 떠나지 않았다.

도래인의 고을 아스카를 자전거로 누볐다

2024년 1월 30일, 일본 여행 8일 차다. 하루 종일 아스카에 다녀왔다. 킨테츠 나라역을 떠나 야마토사이다이지역과 가시하라진구마에역, 두 곳에서 기차를 갈아타고서야 아스카역에 도착했다. 조그만 역사를 나와 보니 영락없는 시골 마을이다. 일본에는 법으로 보존 관리를 받는 고도로 8시市, 1쵸町, 1무라村가 있다. 이 중 1무라에 해당하는 곳이 바로 아스카무라明日香村다. 8시로는 교토시, 나라시, 가시하라시, 가마쿠라시 등이 있고, 1쵸는 호류지가 있는 이카루가쵸斑鳩町다.[319]

일본 시작의 땅, 아스카

아스카는 야마토 왕조의 수도였다. 한자로는 비조飛鳥, 명일향촌明日香村, 나마那麼로 다양하게 표기한다. 아스카무라 당국의 공식 안내 팸플릿을 보니 "일본적 기원의 땅"이라든가 "일본의 초석이 남아 있는 시작의 땅"임을 표방한다. 그렇다면 '아스카'라는 말은 어디서 왔을까. 치카츠 아스카를 '안숙安宿'이라고 썼기 때문에 편안한 안식처나 고향의 의미로 보는 견해도 있고, 이어령 선생은, 비조飛鳥는 나는 새, 즉 날새가 되어 날이 새면 내일, 명일明日이 되니 내일의 고을이란 뜻에서 명일향촌이라고 쓰는데, 비조나 명일향촌이나 공히 '내일의 고을'이란 의미라 했다. 하지만 일본의 지명 한자가 음차로부터 온 것이라는 점을 생각해 본다면 한자 이름으로부터 그 의미를 찾는 시도는 오류로 생각된다.

이시와타리 신이치로에 따르면 아스카는 '대동가야大東加羅', 즉 '동쪽의 큰 가야'로부터 왔다. 원래 '아스카라'에서 '라'가 빠져서 '아스카'가 되었는데, '아'는 크다는 '크'의 변형이고, '스'는 동쪽을 의미하는 '새'의 변형이라 했다. '가시하라'라는 지명도 '대동가라'에서 왔고, '일본日本'이라는 국명도 역시 '대동가라'라는 의미라 한다. 가스카라, 아스카라, 구사가라, 구사가日下로 되어 훈독 시 '히노모토'로 읽히는 '일하日下'의 '모토下'를 '좋은 글자'인 '모토本'로 대치하여 일본日本이 되었다는 것이다.[320] 그는 에가미 나미오의 《기마민족 정복왕조설》의 큰 줄기에 같은 입장이다. 즉 가야계 도래인이 일본 열도로 와서 첫 왕조를 세웠다는 주장이다. 그러고 보면 아스카나 일본의 의미가 가야에 뿌리를 두고 있음은 조금도 이상한 일이 아니다.

자전거방에서 1,400엔을 내고 전기자전거를 빌렸다. 구릉지대가 많은 지형이라 전기자전거를 타야 한다는 나라 관광안내소의 권고에 따랐다. 자물통은 자전거 몸통에 아예 부착되어 있었는데 미국과 달리 헬멧은 주지 않았다. 안전 의식이 투철한 일본에서 왠일일까? 10시 무렵부터 3시 반까지 자전거로 아스카 일대를 누볐다. 마침 날씨도 따뜻했고 해도 쨍하게 떴다.

오늘 답사 경로를 보자면, 다카마쓰 고분, 킨메이 천황릉, 키비히메노미코 왕후릉과 사루이시猿石, 오니노 셋친 고분, 텐무, 지토 천황 합장릉, 가메이시龜石, 아스카데라飛鳥寺, 사카후네이시酒船石 유적, 만요슈 문화관(이곳에선 외국인에게만 입장료 600엔을 받지 않았다), 이시부타이石舞臺 고분, 타치바나데라橘寺, 그리고 마지막으로 기토라龜虎 고분 순이다. 그러고 보니 많이도 다녔다. 날씨가 좋아서인지 고야산의 오쿠노인과 달리 으스스한 기분은 전혀 없었다.

▲ 사루이시(원숭이돌), 키비히메노미코 왕후릉에 숨어 있어 찾기 힘들었다.

▲ 가메이시(거북바위), 아스카의 마스코트적 존재

일본은 다인종 사회로 출발했다

일본 열도에는 선사 시대 이래 원주민이 살고 있었다. 윌리엄 엘리어트 그리피스는 그들이 아리안계인 유럽인이었고 지금 아이누족의 조상이라고 했다. 그들이 어떻게 태곳적부터 일본 열도에서 살게 되었는지는 확실치 않지만, 아이누족의 신화에 따르면 그들은 하늘에서 왔고, 토기를 만들어 썼지만 금속을 알지 못했다. 그러기에 나중에 일본 열도로 금속을 갖고 건너온 민족에게 정복 당했다.[321]

그리피스는 말레이족이나 대양족을 주목한다. 일본에서 말레이적인 요소는 여러 곳에서 나타난다. 대양으로부터 흘러오는 쿠로시오黑潮를 따라서 일찍이 말레이족이나 대양족이 일본 열도로 들어왔다. 그리피스가 관찰한 일본인은 한국인이나 중국인에 비해 키가작았다. 무쓰히토(메이지 천황)가 전형적인 말레이 인종 타입이었다. 일본의 주택은 인도식, 중국식, 한국식이 아니라 말레이식이다. 간소하고 가벼운 재료로 기둥 위에 방바닥을 만들고(고상식) 매트를 깔았다. 다타미방의 시작이다. 굴뚝이 없고 난방을 모른다. 의자도 사용치 않는다. 게다 같은 신발도 중국식이 아니라 말레이식이다. 기혼 여성이 이빨을 까맣게 물들이거나 게이샤가 아랫 입술을 칠하는 것도 마찬가지다. 칼을 숭상하는 문화도 말레이 관습이다.[322]

남방족이 역사와 문자의 여명기에 들어왔고 그리고 나서 한반도와 대륙으로부터 한국인, 중국인이 들어왔다. 《고사기》에 나타난 신화를 보더라도 단일 민족의 것이 아닌 복합적인 것이다. 그리고 인도의 사상에도 접목되어 있었다. 이렇듯 선조의 융합된 유산은 일본인들로 하여금 신문명을 잘 흡수할 수 있는 최적화된 바탕을 만들었다.[323]

도래인과 왜인 간 전투력의 격차는 컸다

일본이 왜에서 탈피하여 통일 왕조를 세우고 일본이란 나라로 발돋움한 곳이 바로 이곳 아스카다. 오늘 저녁에 만난 일본 관광 전문가 카즈 나카지마 씨는 아스카 왕조가 나라의 기틀을 세우고 발전한 데는 한반도 도래인들의 도움이 결정적이었다고 했다. 이미 1세기부터 신라인들은 이즈모 쪽으로, 백제인들은 규슈 북부와 세토내해를 거쳐 오사카 쪽으로 왔는데, 말과 활, 창 같은 금속 무기와 축성술이나 양잠 등 농사 기술을 갖고 있었다. 그래서 당시 조몬 시대 단계에서 원시적인 생활을 하던 왜인들을 쉽게 제압하고 정착할 수 있었다고 한다. 물론 초기에는 왜인들과 마찰이나 전투가 있을 수 있었지만, 전투력 수준이 현격한 차이를 보여 싸움 상대가 되지 않았기에 그냥 어울려 살게 되었다는 것이다. 그는 불교와 한자뿐만 아니라 무기와 기술을 갖고 들어온 한반도 도래인들이 아스카 왕조, 더 나아가 오늘날 일본의 발전에 결정적으로 기여했다며 5세기 무렵 당시 아스카의 인구가 20만 명에 달했는데 이 중 40~50%가 중국인을 약간 포함한 한반도 도래인이었다고 했다.

그러나 두개골 분석 등 과학적 기법을 활용한 연구에 따르면 야요이 시대부터 고분 시대에 걸쳐 약 천 년 간 100만 명 이상이 도래해 왔고 긴키近畿 지방의 고분 시대 사람들은 조몬계와 도래인의 비율이 1:9로 나타났다. 이것은 《속일본기》의 "선조 아치노오미阿知使主가 오진조에 17현의 주민들을 데리고 귀화하여 다케치군高市郡 히노쿠마촌檜隈村을 하사하여 살게 하였는데 그 후손이 아닌 주민의 비율이 1/10~ 2/10 이다"라는 기사와도 부합한다.[324] 아치노오미阿知使主는 백제계의 야마토노 아야東漢 씨의 조상이며, 다케치군은 야마토 아스카의 중심지였다.

나카지마 씨는 도래인이 몰려오는 가운데서도 일본인들이 지도력과 주도권을 잃지 않았고 6세기 천황을 중심으로 하는 정치적 공동체를 건설할 수 있었던 게 신기할 정도라고 덧붙였다. 우리가 주장하는 백제분국설은 부인했고 오히려 백제 성명왕이 일본에 보낸 왕자를 인질의 성격으로 보았다. 이것은 당시 일본 열도에

▲ 사카후네이시酒船石 유적. 술을 짜내기 위하여 사용했다고 전해져서 주선석이란 이름이 생겼지만 확실한 건 아니다

진출한 한반도 도래인의 정복자로서의 위상을 부인하는 입장이다. 하지만 그리피스나 신이치로도 도래인이 정복자였다는 점을 분명히 하고 있다. 도래인에 의한 야마토 왕조 성립 이후 백제와 일본 간의 관계는 거의 대등한 관계로 보았다.

사카후네이시酒船石 유적을 보러 갔을 때는 입장권을 파는 분이 나에게 이것 저것 설명을 해주는데, 그는 당시 백제 사람들이 와서 일본인들에게 정말 많은 걸 가르쳐 주었다고 스스럼없이 말했다. 아마도 이분의 몸에 백제인의 피가 흐르고 있을지도 모른다는 생각이 들었다. 사카후네이시는 마스다노 이와후네益田岩船(가

▲ 사카후네이시 유적 거북형 석조물

시하라시 소재)와 이시노 호덴石の寶殿(효고현 소재)과 함께 소가 왕조가 남긴 정체 불명의 거대 석조물이다. 그 용도에 관해서는 분묘설, 점성대설, 일몰관측대설 등 여러 가지 추측이 있다. 이시와타리 신이치로는 모두 우마코 시대에 석재가공 신기술을 갖고 도래한 백제인 석공들이 7세기 1/4분기에 만든 것으로 보았다.[325]

나라로 돌아와서는 헤이조쿄 궁터平城宮跡를 주마간산 격으로 돌아보았다.

고구려 고분 벽화를 보는 듯한 다카마쓰 고분 벽화

다카마쓰高松 고분은 1972년 발굴되었다. 아스카 시대 말기에 해당하는 7세기 말에서 8세기 초 원형 고분이다. 아스카에는 전방후원분이 자취를 감춘 7세기 이후 왕가나 유력 호족의 고분이 다수 있다. 아스카 고분은 7세기 중엽까지는 횡혈식석실분이 다수이며, 7세기 후반부터 8세기 초까지는 다카마쓰 고분과 같은 횡구식横口式석곽묘가 채용되었다.[326] 이 고분의 석곽 사방에서 사신도와 남녀 16인의 인물상이 그려진 벽화가 발견되었고 덮개석에는 별자리 천정화가 그려져 있었다. 다카마쓰 고분의 사신도가 고구려 후기 벽화의 주류를 이루는 사신도와 유사하

▲ 다카마쓰 고분 / 2024.11. 촬영

▲ 다카마쓰 고분 석실과 벽화

고 인물의 복식, 특히 투피스 스타일이나 치마 주름이 당나라의 것보다는 평양의 수산리 벽화를 더 많이 닮고 있어 고구려 고분의 직접적 영향을 받은 것으로 보인다.[327]

다카마쓰즈카高松塚 벽화관에서 이 고분 채색 벽화의 복제 그림을 볼 수 있다. 안내 팸플릿에는 이 복제 그림을 "실물 크기와 원색을 재현해 낸 아스카의 숨겨진 보물"로 소개하고 있다. 다카마쓰 고분 일대는 백제계 도래인인 야마토노 아야東漢 씨족이 이주한 '이누쿠마檜隈'라는 지역으로서 여기에는 킨메이 천황릉, 덴무, 지토 천황 합장릉(노구치 왕묘고분), 기토라 고분 등이 산재해 있다. 이것이 신라계로 알려져 있는 덴무 천황이 백제계 후손임을 나타낸다는 주장이 있다.[328]

▲ 텐무, 지토 부부 천황릉

덴무, 지토 천황릉은 합장릉이지만 별도의 석실이 조성되어 있다. 아스카 시대 말기의 팔각형 횡구식석곽분이다. 덴무 천황 때부터 화장을 장려했지만 자신은 화장없이 688년 묻혔고, 지토 천황 때 처음으로 화장하여 그 유골을 703년에 와서 관에 안치하였다.[329] 당시 일본에서는 시체를 묻기 전에 3년까지 빈소에 두는 관습이 있었다.[330] 이후 일본 귀족들은 화장을 했다. 일본 황실의 혈통은 지토 천황부터 종전의 덴무 천황 계열에서 덴지 천황 계열로 바뀌었다.

도래인 소가 씨가 세운 아스카데라

아스카데라는 《일본서기》에서 호코지法興寺라는 이름으로 여러 차례 나타난다.

▲ 아스카데라 입구. 아스카데라는 없어졌고 그 자리에 있는 지금 절은 안고인安居院이다.

"불법이 흥한다"라는 의미인데 발원자인 소가노 우마코의 불교 진흥 의지가 드러나 있다. 아스카데라飛鳥寺는 아스카(대동가라大東加羅)의 절로서 처음부터 관사官寺였다. 이것은 한반도의 삼국에서 왕권과 불교가 밀접한 관계에 있었던 것과 마찬가지 현상이다.[331] 이 절의 주지인 우에지마 호우쇼우 씨의 명의로 된 한국어 안내문이다.

"588년 소가 우마코의 발원으로 건립된 일본에서 가장 오래된 사찰이다. 이보다 앞선 538년에 불교와 불상이 백제로부터 도입되었고, 불교 수용을 둘러싸고 찬반이 대립하여 숭불파인 소가 씨와 배불파인 모노노베 씨 간 싸움에서 587년 소가 씨가 승리하면

▲ 아스카 대불, 7세기 초 아스카 시대 금동불, 1196년 화재 시 얼굴과 손의 일부만 남은 것으로 알려졌으나 최근 조사에서 대부분이 원형을 보존하고 있다는 견해가 나왔다.

서 이듬해 아스카데라의 건립이 시작되었다. 이를 위하여 설계는 고구려, 백제에서 파견된 승려와 전문기술자들의 지도와 협력으로 596년 완공되어 훗날 일본 불교문화의 원점이 되었고 아스카에 수도를 세우는 근원이 되었다. 그러나 1196년 낙뢰로 소실되고 지하에 매몰되었다. 발굴 시 밝혀진 아스카데라의 가람 배치는 탑을 중심으로 3개의 금당이 에워싸고 있는 형식을 보여준다. 이러한 '1탑 3금당' 형식의 원형은 평양에 있는 청암리 폐사에서 확인할 수 있다. 아스카데라의 대불은 백제계 도래인 '돌이' 불사가 609년 완성한 일본에서 가장 오래된 불상이다. 12세기 후반 대화재로 불상의 전신이 손상된 후 수리되었다. 백제의 혜총 법사와 고구려의 혜자 법사가 아스카데라에서 체재하며 쇼토쿠 태자의 스승이 되었다."

▲ 아스카데라의 가람 배치도, 고구려의 일탑삼금당식이다

위 안내문에서 보듯이 아스카데라의 '1탑 3금당' 가람 배치 형식이 고구려 청암리사로부터 나온 것으로 볼 수 있지만, 근래에 부여 왕흥사지에서도 유사한 구조의 가람 배치가 확인되었다. 아스카데라 터에서 발굴된 와당 문양 등으로부터 보이는 백제와 연결되는 제작 기술은《일본서기》에서 아스카데라 조영에 백제 장인들이 파견되었다는 기록과 일치한다.[332]

6세기 한반도에서 일본에 불교가 전래된 것은 도래인들의 집단 이주에 따라 자연스럽게 발생한 우연한 사건이었을 뿐이다.[333] 아스카 불교문화의 최대 공로자는 도래인 소가노 우마코다. 아스카 시대 불교를 수용하고 사찰을 세우는 사업을 주도한 두 명의 인물이 우마코와 쇼토쿠 태자인데, 쇼토쿠 태자가 우마코의 분신으로《일본서기》가 그려낸 허상일 가능성이 높다고 본다면 결국 아스카 불교문화를 주도한 인물은 전적으로 소가노 우마코라고 볼 수 있다.[334] 소가노 우마코의 조부 이름이 고마高麗였던 것으로 보아 소가 가문은 고구려계 도래인이었을 가능성이 크다.[335] 나라 시대의 불교는 개별 씨족신 신앙을 지양하고 보다 고차원적인 통일 사회의 이념으로 도입되었으며 당시 세력이 큰 도래인 소가 씨와 다른 도래인 집단인 하타秦 씨, 야마토노 아야東漢 씨 등의 연합에 의한 숭불운동을 통하여 그 막을 열었다.[336]

아스카 4대 사찰

《속일본기》에 나오는 7세기 아스카 시대의 4대 사찰이란 아스카데라, 쿠다라오데라百濟大寺, 가와라데라川原寺, 야쿠시지藥師寺를 말한다. 아스카 시대는 8세기 나라 시대로 넘어가는 일본 불교의 태동기였으며 원시적인 정치도 한국의 삼국, 특히 신라의 수준에 근접할 정도로 변모되어 가던 시기였다.[337] 4대 사찰 중 나라로 옮겨간 야쿠시지를 제외한 나머지 3개 사찰은 절터만 남았다. 그래서인지 지토, 몬무 천황의 49재가 열리는 등 7세기 중 4대 사찰의 역할에도 불구, 당대의 호류지나 시텐노지와 비교해서 이 사찰들의 당시 역할은 거의 조명되지 않고 있다. 이 4대 사찰은 근래의 발굴 조사로 《속일본기》 등 문헌상의 기록이 비교적 정확하다는 것이 밝혀졌다. 쿠다라오데라의 위치는 거대한 기단터가 발견된 사쿠라이櫻井시 기비吉備 연못에 접한 지역으로 추정한다. 1998년 3월 이곳 발굴 시 7세기 경의 목간 5천 점이 발굴되었는데, 이 목간들로 덴무 천황과 관륵 스님의 존재가 재확인 되었다.[338] UCLA 일본 문예사 교수인 도널드 맥컬럼의 말이다.

▲ 타치바나데라橘寺, 쇼토쿠 태자의 탄생지에 세워졌다. 큰 길 건너편에 아스카 4대 사찰 중 하나인 가와라데라의 유구가 남아있다.

"아스카데라의 가람 배치가 고구려와 백제에 그 기원을 두고 있다면 나머지 3개 사찰의 기원은 신라일 것이다. 아스카데라는 시텐노지나 이카루가데라(원 호류지)의 남북 축 배치에 동서로 금당을 하나씩 얹은 구조이며, 가와라데라는 감은사와 같은 가람 배치를 보인다. 야쿠시지는 특히 그 쌍탑 형식에서 감은사와 사천왕사를 닮았다. 쿠다라오데라의 9층탑은 신라 황룡사의 9층탑 건축 배경과 직접 연결되며 그 건축 기법을 채용한 것으로 보인다. 이런 유사성에서 당시 국가 통일을 향해 달려 가던 야마토와 통일 신라의 관계가 드러난다. 야마토의 지도자들은 그들이 관찰한 경쟁자, 신라를 정치만이 아니라 건축도 의식하고 모방하지 않았을까?"[339]

이시부타이 고분과 소가 왕조

▲ 이시부타이 고분 외부

이시부타이 고분은 일본 최대 규모의 횡혈식 석실을 가진 고분으로서 7세기 초에 축조된 것으로 6세기 말 당시 권력자였던 소가노 우마코의 묘로 추정한다. 고분의 상부 쪽 봉토가 소실되어 거대한 천장석이 노출되어 있다. 1933년 발굴 조사로 천장석인 남과 북 2개의 거석 무게만도 각각 77톤, 64톤이며 총중량이 2,300톤에 이르는 크고 작은 화강암 30여 개를 사용한 거대한 고분임이 판명되었다. 발굴 시 스에키와 하지키 그릇을 제외한 다른 부장품들은 도굴된 상태였다.

소가노 우마코의 모모하라노 하카桃原墓 무덤으로 추정되는 이 고분은 다카마

▲ 이시부타이 고분 석실 입구

쓰 고분이나 기토라 고분 이전의 초기 형태 횡혈식 석실분이다. 석실의 크기가 19.1m로서 킨메이 천황릉 다음으로 크며, 아스카 옛 수도가 내려다 보이는 곳에 조영되었다. 가공하지 않은 자연석을 사용한 고분의 마지막 시기의 것으로 이 고분 이후에는 표면을 평평하게 깍은 돌을 사용한 이와야야마岩屋山식 고분이 출현하였다. 1974년 조사 시 당초 조성 당시 주위에 있었던 기존의 무덤 7기를 파괴한 것으로 드러났다. 소가노 우마코의 절대적 권력을 짐작할 수 있는 대목이다.[340]

이시와타리 신이치로는 '잇시의 변'으로 불리는 645년 쿠데타로 절멸된 소가 씨가 실제로는 야마토 왕조의 대왕가라고 주장한다. 소가 씨는 5세기 후반 도래한 백제의 왕족 곤지의 직계 자손으로서 소가노 우마코, 에미시, 이루카는 야마토의 대왕이었다는 것이다.[341] 신이치로는 요메이 천황과 쇼토쿠 태자를 소가노 우마코를 감추기 위한 가공의 분신으로 보았다. 소가노 이루카가 대왕이 아니었다면 이시부타이 고분 같은 거대 고분이나 그의 발원으로 세워진 아스카데라 같은 대사원을 결코 만들 수 없다는 것이다.[342]

기토라 고분의 천문도는 고구려의 것인가

아스카 자전거 투어 중 마지막 행선지는 기토라 고분이었다. 1983년 발견된 이 고분의 외관은 마치 우리나라의 시골 무덤을 보는 듯했다. 1972년 발견된 다카마쓰 고분과 사신도나 천문도가 그려진 구조가 비슷하다. 기토라 고분의 조영 시기는 그 사신도가 다카마쓰 고분의 것보다 고졸하다는 점에서 그보다 조금 앞선 7세기 후반으로 비정된다.[343] 이 고분의 사신도는 고구려 강서 고분 벽화와 유사하며 중국의 사신도와는 다르다.

그리고 덮개석에서 세계에서 가장 오래된 것으로 추정되는 약 2m²의 천문도가 발견되었다. 그런데 이 천문도가 그린 하늘은 놀랍게도 고구려의 수도였던 평양의 하늘이다. 도시샤 대학 이공학 연구소의 미야지마 카즈히코宮島一彦 교수는 이 천문도의 관측 위치를 평양이 위치한 북위 39도 39분으로 산정했다. 한국의 천문역사학자 박창범 교수도 이 위치를 북위 39~40도라고 했다. 이것은 고구려 강역의 위도다. 또한 그 관측 시점이 조선 초기 천문도인《천상열차분야지도》와 비슷한 약 2000년 전 하늘의 모습을 담은 것이었다. 별자리 이름이 나타난 일본 최초의 고대 기록이 이보다 600년 이상이 지난 뒤임을 볼 때 이 천문도의 별자리 지식은 당시 일본 것이 아님을 알 수 있다. 결국 이 천문도는 고구려의 것을 옮겨 그린

▲ 기토라 고분

것이라고 판단할 수 있다.[344] 피장자를 안치한 석실에 고구려의 하늘이 그려진 것은 피장자의 고향이 고구려이기 때문이 아닐까. 경남 함안의 가야 말이산 고분군 제13호 덮개석에도 기토라 고분과 비슷한 형태의 천문도가 그려져 있다. 기토라 고분은, 분구 입지, 석실 구조와 축조 기법은 백제 묘제의 영향을 받았고, 사신도와 천문도는 고구려 벽화와 관련되고, 십이지상은 신라의 왕릉호석을 연상시키는 점에서 그야말로 한반도 삼국의 문화가 융합되어 있는 유적이다.[345]

박창범 교수는 삼국사기에 나타난 천문 기록을 연구하여 당시 삼국의 일식 관측 위치가 지금 우리가 알고 있는 삼국의 위치와 다르다는 것을 밝혔고, 이는 매우 심상치 않은 결과라면서 백제의 최적 일식 관측지는 발해만 유역이며 신라는 양쯔강 유역이라고 했다.[346] 생각건대 이것은 반도 위주의 우리 역사를 부정하는 사학계의 새로운 흐름과 맞아 떨어지는 연구 결과로 보인다. 이곳 기토라를 표기할 때 히라가나가 아닌 가타카나로 표기하는 점이 특이하다. 나카지마 씨에게 물어보니 아마도 뭔가 특별한 지명을 붙이고자 했고, 도래인의 것임을 드러내려 한 것 같다는 대답이 돌아왔다.

나라 공원 사슴과 도다이지를 두 번째 보다

1월 31일, 일본 여행 9일 차다. 나라에서 교토로 넘어갔다. 아침에 나라 공원부터 들렀다. 작년 3월에 도다이지東大寺로 가면서 보았던 사슴들을 다시 보고 싶었다. 아직은 아침 시간이라 공원 길이 한적했지만, 녀석들이 공원 구석구석에서 나를 반긴다. 사슴은 우리가 일상에서 늘 볼 수 있는 동물은 아니지만 이렇게 인간과 어울려 살아가는 모습을 보니 기분이 좋다.

이 사슴들이 언제부터 나라 공원에서 살았을까. 옛사람들의 기행문을 들쳐 보았다. 1935년에 극동을 여행하면서《반짝이는 극동》이란 기행문을 남겼던 독일인 리하르트 카츠는 봄에 나라 공원을 둘러보면서, 돔 성당의 기둥처럼 솟아 있는 삼나무와 휄더린의 시처럼 피어난 벚나무 사이로 700여 마리의 길든 사슴들이 거닐고 있다고 예찬했다.[347] 그러면서 공원이 술에 취한 소풍객들로 떠들썩하다고 일침을 놓는 것도 잊지 않았다. 1906년 아시아 여행에 나선 영국의 후버트 제닝험

▲ 도다이지 남대문, 13세기 초 가마쿠라 시대 개축

경은 자신의 기행문《서에서 동으로》에서 나라 공원에서는 "각양각색의 순례자들이 성스러운 사슴들에게 열심히 먹이를 주고 있다."라고 썼다.[348]

도다이지 팔각등롱과 모조보살상

도다이지와 대불大佛은 작년에 봤지만 다시 한번 보고 싶었다. 도다이지의 남대문 근처에는 벌써 많은 관광객이 와 있다. 지난 번에는 무심코 지나쳤던 금당 앞 팔각등롱이 눈에 들어온다. 이것은 도다이지 창건 당시의 등롱으로서 일본에서 가장 오래된 금동제 등롱이다. 구름 위에서 피리를 불고 있는 경쾌한 자태의 음성보살音聲菩薩과 그 좌우에 배치된 보상화寶相華가 매우 정교한 기교로 표현되었다.

▲ 도다이지 금당(대불전)

▲ 도다이지 팔각등롱

덴표 시대 공예의 최고 걸작 중 하나다.[349] 대불을 두 번째 보니 좀 달리 보이는 듯도 하다. 존 카터 코벨 여사는 대불이 두 번이나 소실된 후 다시 만들어지면서 원래의 온화한 표정이 사라졌다면서 오직 좌대의 연잎 위에 섬세하게 새겨진 작은 불상(모조보살상毛彫菩薩像)들의 모습에서 금속 주조에 뛰어났던 8세기 한국인의 솜씨를 알아볼 수 있다고 했다.[350] 그래서 연화 좌대를 직시해 보았으나 나의 시력 문제인지 조명 탓인지 도무지 그 작은 불상을 분간해 낼 수가 없다. 나는 나중에 久野健의 《고불예찬》이란 책에서 이 모조보살상의 탁본을 볼 수 있었다.[351]

▲ 도다이지 대불의 연화 좌대에 새겨진 모조보살상. 나라 시대의 원형이 남아있다.

▲ 도다이지 대불과 허공보살상

고대 세계의 보물창고 쇼소인

호케도와 니가추도를 보고 나서 쇼소인正倉院 쪽으로 이어지는 금당 뒤쪽 길로 내려왔다. 이곳은 관광객들이 없어서인지 한결 고즈넉한 분위기다. 쇼소인은 예상대로 내부는 보지 못했다. 건물 바깥 대문부터 출입을 통제했다. 1년에 한 번 가을에 인근의 나라 국립박물관에서 특별전을 열어 70종 정도의 소장품을 교대로 전시한다. 이때가 쇼소인의 속을 들여다볼 유일한 기회다. 예전에는 천황의 한 치세에 한 번 개방했다고 한다.

나라, 헤이안 시대에는 관청이나 대사원에 귀중품을 보관하는 정창正倉이 있었다. 쇼소인은 도다이지에 딸린 정창으로서 당시의 정창 모습 그대로 지금까지 남아있는 유일한 건물이다. 쇼소인 정창의 정확한 건축 연대는 미상이나 문헌상 기록으로 미루어 보아 적어도 759년 3월 이전에 건축된 것은 확실한 만큼 751년 경 완공된 도다이지 금당의 건축 시기와 맞아 떨어진다. 단면이 삼각형인 목재를 쌓아올려 벽을 만드는 아제쿠라즈쿠리校倉 양식이다. 쇼소인에는 정창 외에도 동보고, 서보고가 있지만 정창만이 고대 건물이며 동, 서보고는 전후에 지어진 콘크리트 건물이다. 정창은 내부에서 북창, 중창, 남창으로 나뉘어져 있다. 특히 북창은 그 출입에 천황의 칙허가 필요한 칙봉창勅封倉이었다. 미나모토 요리토모나 도쿠가와 이에야스 같은 최고 권력자도 정창의 보물을 보기 위하여 천황의 칙허를 구해

▲ 쇼소인 정창 / 2024.11. 촬영

야 했다.[352] 쇼소인은 유네스코 세계유산으로 등록되었다. 지금은 정창의 보물들이 냉난방과 습도 조절이 용이한 서보고로 옮겨져 있다.

쇼소인 소장품의 시초는 756년 고묘光明 황후가 남편인 쇼무 천황의 명복을 빌기 위하여 생전에 그가 아끼던 유품 6백 수십여 점과 약품 60종을 도다이지 비로사나불에 바치면서부터다. 그후 950년에 도다이지 겐자쿠인羂索院의 창고로부터 이관된 집기류가 보태졌다. 현재 문방구, 악기, 무구武具, 의류, 장식품 등 1,250년 동안 보관되어온 총 3,000여 점의 보물들이 있다. 쇼소인 보물의 특징은 그 세계성에 있다. 당나라를 중심으로 한 8세기 당시 주요 문화권인 인도, 이란, 그리스, 로마, 이집트 등 각지의 국제적 색채가 농후한 보물들이 소장되어 있다. 고대 일본은 신라의 물건을 '진보珍寶'라 불렀는데, 고묘 황후가 바친 물건들이 《국가진보장國家珍寶帳》에 기록된 사실로 쇼소인 보물이 신라의 물건으로 시작되었음을 알 수 있다.[353]

나라에서 JR 열차로 교토로 왔다. 교토역에서 출구로 나온다는 게 신칸센 개찰구로 들어가 버렸다. 우여곡절 끝에 다시 나오긴 했지만, 도쿄, 신오사카, 교토같이 혼잡한 역사에서는 주의해야 한다. 신칸센 개찰구가 따로 있어서 넋 놓고 가다 보면 거꾸로 들어갈 수 있다.

호국 사찰 도지

숙소에 가방을 맡겨 놓고 가까운 도지東寺부터 찾았다. 도지는 794년 간무 천황이 교토로 천도하면서 세운 호국 사찰이다. 간무 천황의 천도는 정치에 개입하는 불교의 영향력을 끊어버리고자 함이었다. 수많은 사찰로 둘러싸인 헤이조쿄의 궁을 벗어나 헤이안쿄로 옮겨 오면서 간무 천황은 단 3곳의 사찰만 허용하였다. 도지東寺, 사이지西寺, 그리고 교토의 동북 쪽 귀문鬼門에 위치한 엔랴쿠지延曆寺다. 그래서 도지의 건립은 국가 수호의 의미뿐 아니라 민간에 의한 사찰 건립을 금하고 사

▲ 도지 오층탑, 1644년 5번째 재건, 55m로 일본에서 제일 높은 오층탑

원을 통제하려는 의도가 있었다. 9세기 초 구카이(코보다이시)는 이곳을 밀교의 가르침을 전하는 진언종의 총본산으로 발전시켰다. 그는 몸은 고야산에 묻힐지라도 가슴은 도지에 남을 것이라 했다. 교토의 관문인 라조몬羅城門을 중심으로 동쪽에 있다 하여 도지라 하는데, 일본식으로 훈독을 한다면 히가시데라나 히가시지가 되어야 한다. 그래서 이것을 교토에 뿌리 깊이 남아 있는 도래인의 흔적으로 보는 견해가 있다.

당시 라조몬 서쪽으로도 같은 크기의 사이지西寺가 있었지만, 지금은 표지석만 남았다. 도지 오층탑은 그 높이가 55m로 일본에서 제일 높다. 그동안 네 번이나 소실되었지만 지진으로 무너진 적은 없다는데, 탑의 내부 결구에 내진 설계가 적용되었다고 한다. 지금의 오층탑은 에도시대 도쿠가와 이에미츠에 의해 5번 째로 재건된 것이다. 마침 1월부터 석 달간 내부 특별 공개 행사로 탑의 내부를 들여다보니 중심 기둥을 등지고 사방으로 불상이 모셔져 있다. 매월 21일 엔니치緣日(잿날)에 코보다이시를 기리는 법회가 열리고 도지 경내에서 '코보상'이라는 노점 시장이 열린다.[354]

금당金堂은 1606년 도요토미 히데요시의 아들인 히데요리가 재건하였는데, 두공枓栱에 독특하게도 일본과 인도의 건축 양식 기법을 절충하였다. 내부에는 3개의 불상, 즉 약사여래가 가운데에, 그리고 일광보살과 월광보살이 좌우에 배치되어 있다. 강당에는 정말 많은 불상과 소장품이 가득 들어차 있어 화들짝 놀랄 정도였다. 모두 21개의 불상을 집중적으로 배치하여 불성과 득도의 세계인 만다라를 표현했다. 만다라의 세계는 주구지의 《천수국만다라 수장》에서 보듯이 보통은

2차원으로 표현되지만, 이곳에서는 3차원(3D) 공간에 펼쳐놓았다.

칸지인觀智院으로 넘어갔다. 진언종의 학습 도량이다. 진언종은 특별한 불교 의식, 명상 등을 실행함으로써 살아 있는 채로 깨달음의 경지에 도달할 수 있다고 가르친다. 칸지인은 일본에서 가장 많은 진언 불교 서예품을 소장하고 있다. 구카이는 그가 사이초에게 쓴 편지에서 보듯이 뛰어난 서예가였다. 그가 809년 일본 문자인 히라가나를 만들었다는 주장도 있지만[355] 히라가나는 어느 한 사람에 의해서 갑자기 만들어진 것이 아니라 점진적인 과정을 거쳐 만들어졌다는 게 중론이다. 칸지인의 객전은 국보로서 모모야마 시대 서원조 건축의 전형이다. 이곳의 장벽화가 아름답다. 건물 내 곳곳의 자그마한 정원들도 예쁘다.

신불교의 등장

일본 불교는 애초 호국 차원에서 도입된 종교다. 왕실과 귀족 종교에서 무사 종교로, 그것이 다시 농민으로 퍼져 나갔다. 현재 일본 불교의 여러 종파 가운데 가장 많은 신도 수를 가진 종파는 정토진종淨土眞宗이다. 정토진종은 가마쿠라 시대 말법사상의 도래와 함께 나타난 정토종의 한 갈래로 귀족 중심의 밀교인 진언종이나 천태종의 구불교와 구분되는 신불교다. 입정안국立正安國을 주창한 일연종이나 선종 계열의 임제종과 조동종도 신불교에 속한다. 그리피스는 셰익스피어의 지성을 가진 자들이 구불교로부터 신선한 기적을 발전시키면서 신불교의 단초를 열었다고 했다.[356]

정토진종은 12세기 나무아미타불을 염불하는 것만으로도 구원받을 수 있다고 한 호넨法然, 13세기 최초의 대처승으로 "아미타불을 믿는 것만으로 극락왕생하며 염불은 구제 받기 위한 것이 아니라 믿음을 얻은 기쁨에 대한 감사"라고 설파한 신란親鸞으로 이어져 내려오다가 15세기 렌뇨蓮如에 이르러 농민 간 하부 연대를 통한 공동체를 만들자는 잇키一揆사상과 연결되면서 교세를 급속도로 확장하게 되었다. 종정宗正이 없는 정토진종은 가장 강력한 개혁주의자들이었고, 그들은 신앙에 의한 정의를 부르짖으며 남녀 평등, 승려의 결혼과 육식 허용을 주장하였다.

잇키는 평등주의이므로 렌뇨의 전도 방식도 권위주의를 부정했다. 잇코슈一向宗와 연대한 잇코잇키一向一揆로 한 구니國를 차지하는 구니잇키로까지 발전하지만, 염불하면 무간지옥에 간다며 정토교적 가르침에 반대하며 법화경을 들고 나온 일연종日蓮宗과 대립하였다. 14세기 아시카가 시대가 되면서 무사는 선종, 농민은 진종, 상인은 일연종으로 나뉘어졌다.[357] 정토진종은 승려직을 세습하며, 그 본산지는 교토의 니시혼간지다.

한국 문화의 저수지, 고류지와 다이로쿠지

2월 1일, 일본 여행 10일 차다. 오늘은 아침에 사이호지西芳寺의 이끼 정원을 방문하려고 인터넷으로 신청서를 작성하느라 10시가 되어서야 숙소를 나섰다. 사이호지의 이끼 정원은 신청서를 미리 작성해 보내야 방문 신청을 받아준다는 걸 일본에 와서야 알게 되었다. 그런데 신청하고 나서 사이호지에 전화를 걸어보니 이끼 정원이 2월 중엔 문을 열지 않는다고 한다. 나중을 기약할 수밖에….

오늘 갈 곳은 도래인들이 개척하여 교토의 시작을 알린 우즈마사太秦 지역의 고류지, 가레산스이 정원으로 유명한 료안지 그리고 전국 시대 무장들의 보리사가 몰려 있고, 센노 리큐가 차노유茶の湯를 시작한 다이토쿠지다. 교토역 앞에서 첫 행선지인 고류지로 가는 73번 버스를 탔는데, 버스 전광판에 고케데라苔寺, 즉 사이호지를 간다고 표시되어 있다. 이 버스가 고류지를 거쳐 사이호지까지 가는 모양이다.

▲ 고류지 남대문

도래인 하타 씨의 씨사였던 고류지

고류지廣隆寺는 7세기 초 교토 천도 이전에 건립된 교토에서 가장 오래된 고찰로서 시텐노지, 호류지와 함께 쇼토쿠 태자가 건립한 일본의 칠대사七大寺 중 하나다. 《일본서기》의 스이코 천황기에도 고류지의 건립에 관한 기사가 나온다. 쇼토쿠 태자가 자신이 갖고 있는 존귀한 불상을 누가 모실지를 물었는데 하타노 미야쓰코카와카쓰秦造河勝가 모시겠다며 즉시 불상을 받아서 세운 절이 호류지의 전신인 하치오카데라蜂崗寺였다.[358] 고류지가 소재한 우즈마사 지역은 3세기 초 오진왕 때부터 한반도로부터 이주한 도래인들이 사는 지역으로서 고류지도 도래인인 하타 가문의 씨사氏寺로 출발했다. 경내 초입에서 가와가쓰의 사당인 우즈마사덴太秦

▲ 고류지 우즈마사덴太秦殿

▲ 고류지 주구오인上宮王院 태자전, 1730년 재건되었다

殿을 볼 수 있었다. 고류지 발간 안내서는《일본서기》를 인용하여 "오진 천황 16년에 하타 씨 일가가 일본으로 건너와 양잠직조를 업으로 하면서 농경, 양조 등 대륙과 반도의 선진문명을 수입하여 산업 발전에 기여하였다. 가와가쓰는 불교를 진흥하여 쇼토쿠 태자의 이상을 실현하려 하였고 고류지를 신앙과 예술이 조화롭게 융화하는 일대 보고로 만들었다"라고 설명하고 있다.[359]

고류지의 보물 전시관인 영보전에는 2구의 반가사유상이 있다. 관을 쓰고 있어 '보관寶冠 미륵'으로 불리는 일본의 국보 1호 반가사유상과 '우는 미륵'으로 불리는 또 다른 국보 반가사유상이다. 공히 아스카 시대 작품이다. '보관 미륵'은 한국의 봉화에만 있다는 적송을 통째로 쓴 일목조一木造 기법으로 만들어져서, 한국에서 제작된 것으로 보인다. 아마도 이것은 스이코 31년에 신라에서 건너간 불상[360]이 아닌가 생각된다. 일본의 전후 최고의 석학이자 마지막 교양인이라는 가토 슈이치는 한국에서 들여온 것으로 보인다고 했다.[361] '우는 미륵'은 구스노키(녹나무)를 통째로 쓴 일목조一木造 기법으로 제작되었다. 그런데 고류지 발간 안내서는 우는 미륵이 "백제국으로부터의 공헌불貢獻佛"이라며 "백제에서 전래"된 것임을 밝히고 있다.[362] 그러고 보면 '보관 미륵'이나 '우는 미륵'은 공히 한국에서 넘어간 것이다.

일본의 국보 제1호 목제 반가사유상은 알려진 대로 한국의 국보 제83호 금동반가사유상과 쌍둥이 같아 보였다. 칼 야스퍼스는 일본의 이 반가사유상을 그리스나 로마의 어떤 것보다도 인간 실존의 최고이념을 잘 구현하고 있다고 극찬하였다. 그럼에도 한국의 반가사유상에 비해서 등부분의 곡률이 단순해서 평평해

▲ '보관 미륵' / mk.co.kr, '우는 미륵' / ameblo.jp

보이는 등 다소 경직된 느낌을 준다.[363] 함석헌 선생은 우리가 삼국 시대 예술품을 볼 때 거기 힘차게 꿈틀거리는 힘과 그윽함이 서려 있는 신비로움이 있음을 느끼며, 삼국 시대 정치는 분통이 터지는 실패임에도 그 예술은 지금도 바라보아 숨결이 높아지는 것이 있다고 했다.[364]

석정의 대명사, 료안지 방장 정원

료안지龍安寺의 가레산스이 정원은 세계적으로 유명하다. 료안지는 원래 무로마치 시대 호소카와細川 가문의 저택이었다. 15세기 중엽에 선사로 창건되었지만 오닌의 난 때 이곳이 호소카와가 진영의 본거지가 되면서 화를 피해 가지 못했다. 절 입구에서부터 꽤 걸어 들어가서야 방장方丈에 딸린 석정石庭이 나타났다. 가레산스이枯山水는 물 없이 산수를 표현하는 정원 양식이다. 주로 돌과 모래를 사용하여 석정石庭이라고도 하는데, 이끼나 풀을 더하기도 한다. 모래로 물의 흐름을 나타내고 돌의 조합으로 수미산이나 봉래산을 표현하여 불교나 도교사상을 전하고자 했다. 물과 나무가 무성한 치센池泉 정원에 비해 한결 간소해진 미니멀리즘 정원이다. 선禪 정원이라고도 한다.

▲ 료안지 석정

료안지의 석정은 동서 25m, 남북 10m의 크기로 나무나 풀은 없고, 돌과 모래만이 나지막한 기름 반죽 토담으로 둘러싸여 있다. 모래의 바닷속에는 15개의 돌이 크게 5개의 뭉치로 나뉘어 동, 서 방향으로 5개, 2개, 3개, 2개, 3개가 배치되었다. 이것은 7, 5, 3의 숫자로 길한 수의 조합이라고 한다. 방장 마루에 걸터앉아 정원을 바라보았다. 오래 바라보면서 자신을 들여다보는 선정禪定에 들라는데, 짧은 시간이라 그런지 큰 감동은 오지 않았다. 아무래도 다시 한번 와야 할 것 같다. 나오는 길에 아래쪽의 치센 정원인 쿄요치鏡容池를 한 바퀴 돌아보았다. 연못이 꽤 크다.

일본의 자연은 있는 그대로의 모습이 아니라 누군가에 의해 만들어진 자연이다. 일본인들은 단지 자연스럽다는 것만으로는 충분히 아름답지 않다고 생각한다. 일본의 정원도 그 안에 있는 모든 것을 움직여서 배치하기 전까지는 자연스럽지 않다.[365] 자연은 자연스러울 때만 위대하다고 한 바이런의 생각은 일본인에게는 전혀 와닿지 않을 것이다.[366] 그래서 일본의 정원 디자이너를 작정가作庭家라고 하나 보다. 일본의 유명한 정원은 그 정원을 만든 작정가들이 분명히 알려져 있다. 사이호지와 덴류지 정원을 만든 무소 소세키 외에도 고보리 엔슈, 셋슈 같은 작정가들이 있다.[367]

영국식 정원은 야생의 거친 아름다움을 그대로 살리고자 하며, 프랑스식 정원은 이와는 대조적으로 대칭과 패턴을 만들기 위해 인공적인 관리를 중시한다. 일본의 정원은 프랑스식 정원에 가깝지만, 훨씬 더 자연스럽다. 내가 거의 4년 가까이 살았던 함부르크의 오트마르셴에 있는 예니슈 공원Jenisch Park은 대표적인 영국식 정원이다. 다소 거칠게 보이지만 반려견을 데리고 아침, 저녁으로 산책을 즐길 수 있는 사용자 친화적인 공간이다. 내가 가 본 베르사유궁 정원, 쇤브룬궁 정원, 그리고 하노버의 헤렌호이저 정원이 프랑스식 정원이다.

한국 문화재의 보고, 다이토쿠지

다이토쿠지大德寺는 23개의 탑두 사원을 거느린 대형 사찰이다. 14세기 초 건립되었으나 오닌의 난으로 소실되고 난 후 잇큐 一休 선승에 의하여 재건되면

▲ 다이토쿠지 불전

▲ 다이토쿠지 삼문

서 선불교의 센터가 되었다. 도요토미 히데요시가 좋아한 절로서 가토 기요마사의 보리사가 있는 외에 임진왜란에 참전한 일본의 무장 5명이 묻혀 있다. 이들은 여기에 묻히면서 원찰願刹을 세우고 조선에서 약탈해 온 불화나 불상, 석등, 향로 같은 문화재를 이곳으로 가져왔다. 코벨 여사는 다이토쿠지 삼문의 이층 문루에 있는 16구의 목조 나한상이 고려 시대 유일한 목조각이라 했다. 그는 1933년 일본 관광 안내서에서 이것을 가토 기요마사가 조선에서 가져온 것이라고 쓰여 있는 것을 찾아냈다.[368] 다이토쿠지의 '대덕大德'이란 이름도 고려 연호에서 온 것이며 경내 건축물의 지붕에는 한국의 대표적 문장이랄 수 있는 삼태극의 소용돌이가 새겨진 기와가 덮여 있다고 했다. 조선통신사도 이곳에서 몇 번을 숙박했다.

차노유의 산실

다이토쿠지는 도요토미 히데요시의 다도 스승이었던 센노 리큐千利休가 차노유茶の湯를 시작한 곳이기도 하다. 사카이의 부유한 상인 집안 출신인 리큐는 한국에서 건너간 천씨 가문의 후손으로서 한국식 이름을 고수했다.[369] 히데요시가 중용하면서 정치적 권력을 얻었으나 그가 드나드는 삼문 2층 누각에 자신의 목조각상을 걸었다고 해서 그의 노여움을 샀고, 결국 할복자살로 생을 마감했다. 히데요시는 차 문화의 강력한 후원자였다. 일본의 최고 권력자였던 그가 스스로 '비루한 일'인 차의 작법을 배웠다. 하지만 그는 역시 일본의 통치자였고 예측할 수 없는 냉혹한 사람이었다. 정치와 와비는 양립할 수 없었다. 히데요시는 나중에 그의 행동을 후회했다고 한다.[370]

센노 리큐는 무로마치 시대 유행한 중국 박래품인 가라모노唐物로 장식한 화려한 다회를 배격하고 작은 초막에서 주인과 초대받은 손님 간의 "직심의 사귐直心ノ交"을 구하는 와비짜侘茶 문화를 완성하였다. 와비짜는 고려의 선승 잇큐 쇼준一休宗純으로부터 선 정신을 배운 무라타 쥬코村田珠光가 창시하여 센노 리큐에까지 전승되었다.[371] 니토베 이나조는 차노유를 '다도tea ceremony' 또는 '차 문화cult of tea'로 번역하면서도 'Teaism'이란 이름을 붙였다.[372] 그러면서 이것을 "시대의 경박함과 사치스러움에 대한 항의"이자 "영혼과 조용한 교감을 열망하는 정신"이라고 했다.[373] 리큐는 이렇게 말했다.

"집은 비가 새지 않는 것으로 족하고 음식은 허기를 면할 정도만 있으면 충분하다. 물을 길어오고, 장작을 모으고, 물을 끓이고, 차를 만들어 부처에게 바치듯이 손님에게 대접하고 직접 마시는 것이 차노유다."[374]

비록 그 시대에 1,000조 다다미방을 가진 건물이 지어지고 내부에 금을 입힌 황금다실黃金茶室이 만들어지면서, 더 크고 더 호화로운 것을 추구하는 사조가 나타났지만, 리큐는 그 반대를 지향했다. 값비싼 수입 찻잔 대신 라쿠 찻잔 같은 질박한 일본 자기를 썼고, 작은 오두막 다실에는 중국 회화가 아닌 단순한 서예 족자를 걸었다. 리큐는 상류층을 위한 키닝구찌貴人口 대신 모든 손님이 몸을 구부려 70cm 정도 높이의 니지리구찌躙リ口로 입장하도록 정했다.[375] 히데요시 같은 권력자도 머리를 숙이고 니지리구찌를 통해서 들어가야만 하는 찻집이 널리 퍼진 것은 일본이 세계에서 유일하다.[376]

존 카터 코벨 여사는 일본의 다도가 고려 후기의 다도 의례에서 비롯된 것이라며, 그 연결 고리로 조선 초기 억불정책으로 일본으로 건너간 선승 이수문과 친분을 맺은 잇큐 쇼준一休宗純 선사를 주목한다. 잇큐 선사는 센노 리큐보다 백여 년 앞선 선승으로서 '와비짜'의 선구자다. 코벨 여사는 9년의 연구 작업 끝에 그가 100대 천황 고코마쓰後小松와 고려에서 건너간 한국인 궁녀 사이에서 태어났음을 알게 되었다고 한다.[377] 그의 모친은 아들인 잇큐 선사에게 보낸 편지에서 "팔만대장경을 모두 암송한다고 하더라도 너의 참 본성을 깨치지 못한다면 소용이 없다."라며 마음을 깨치는 공부를 하다가 죽으라는 유언을 남겼다고 일본《고승전집》에서 전하고 있다.

일본 문화는 하이쿠나 노에서 보듯이 압축의 문화이기도 하다. 일시적인 것, 형식적인 것, 부차적인 것을 떼고 핵심적인 것, 항구적인 것을 추출한다. 수직, 수평적인 것으로 가득한 일본의 기하학적 건축물은 압축을 통해 도달한 현대 모더니즘의 미술을 닮았다.[378]

"교토의 용 구경"

마침 교토에서 겨울마다 실시하는 비공개 문화재 개방 행사 기간 중이었다. 올해는 용의 해라서 특별히《교토의 용 구경》이란 주제로 용에 관한 문화재를 개방하고 있었다. 다이토쿠지 법당의 천장에 그려진 용 그림, '운류주雲龍圖'를 보았다.

▲ 료긴테이, 수미산식 이끼 정원이다.

▲ 잇시단, 모래 가운데 이끼가 더해진 석정이다. 전통적인 가레산스이 석정에 비해서 약간의 부드러움이 느껴진다.

17세기에 그려진 이 천장화는 가노 단유의 35세 때 그림이다. 특히 이 법당은 손뼉을 치면 울림이 있는 음향 구조로 설계되어 마치 천장의 용이 포효하는 듯한 박진감을 느낀다고 한다. 나도 안내원의 설명에 따라 손뼉을 쳐봤더니 정말 천장의 용이 꿈틀하며 포효하는 듯하다. '우는 용鳴龍'이다. 이 절의 방장에는 8개의 방, 83개의 장지문이 있다. 여기에 가노 단유가 그린 선화禪畵 등을 주제로 한 후스마에는 일본 선 묵화의 최정상을 보여준다.

다이토쿠지의 탑두 사찰인 료겐인龍源院은 방장에 있는 후스마에 '용과 파도', 그리고 돌을 넣은 선禪 정원 '료긴테이龍吟庭'로 유명하다. 료겐인은 다이센인大仙院

과 함께 다이토쿠지의 핵심적인 탑두 사찰이다. 이 두 사찰의 석정은 일본 정원사에 있어 매우 중요한 곳이다. 일본에서 가장 오래된 선방이라는 방장의 남, 북쪽으로 있는 석정이 각각 잇시단一枝壇과 료긴테이이다. 이 중 료긴테이가 13세기 무로마치 시대 유명한 작정가인 소아미相阿彌가 디자인한 정원이고, 잇시단은 비교적 최근인 1958년 만들어졌다.

료긴테이는 토담 앞쪽으로 모두 5개의 돌을 길게 늘어놓고 바닥에는 푸른 이끼青苔를 깔았다. 가운데 큰 돌이 우주의 중심이라는 수미산이다. 방장 남쪽에 있는 잇

▲ 토테키코, 4평 정원으로 일본에서 가장 작은 석정이다.

시단은 바다이 모래다. 이제 작정 된 지 70년 정도의 비교적 짧은 연륜의 석정이다. 모래 가운데 푸른 바다를 나타내는 이끼와 그 가운데 산을 나타내는 돌로 구성하여 우주를 표현하고 있다. 방장 동편의 일본에서 가장 작은 석정이라는 토테키코東滴壺는 물에 던져진 돌이 일으키는 파도 물결을 표현하고 있다.

15세기 중반 10년이나 지속된 오닌의 난은 일본 역사를 통틀어 제2차 세계대전 시 패전 다음으로 충격적인 사건이었다. 교토는 새카맣게 탄 폐허가 되었고, 500년이 지난 지금도 여전히 기억되고 있다. 오닌의 난과 함께 교토의 문화 엘리트들은 반야심경의 공空과 충격적인 첫 대면을 하게 된다. 사람들은 간결하고 빠른 무언가를 원했다. 셋슈의 먹 뿌리기 같은 하보쿠 기법을 삼차원으로 구현한 것이 바로 석정이다. 연못과 큰 돌이 있는 대형 정원 대신 작은 모래 정원을 창조해 내었다. 꽃꽂이에서도 꽃병에 정식으로 배치한 다테바나立花 대신 바구니에 꽂아 넣는 나게이레投入れ를 선호했다. 바로 와비의 사상이다.[379]

절은 없고 탑만 남은 고구려 사찰, 호칸지

이날 마지막 일정으로 고구려인들이 세웠다는 호칸지法觀寺를 찾았다. 절은 없고 오층탑만 남았다. 사찰 부지가 있었던 야사카고八坂鄕를 지배했던 고구려 사신 이리사意利佐의 후손이 세운 절이다.[380] 호칸지 어귀에 우뚝 서있었던 고구려문高麗門(고마몬)도 없어졌는데 일제의 폐불훼석 시기에 훼손되어 사라진 것으로 보인다. 홍윤기 교수는 지금 요시노산 어귀에 있는 고구려문을 호칸지의 것으로 추찰한다.[381] 하야시야 다쓰사부로가 쓴 《교토》를 보면 호칸지의 이름을 모르는 사람들이 대부분이라 했는데 이날 내가 탄 택시 기사도 호칸지를 가자고 하니 되물어 왔다. 호칸지로 가는 골목길은 인파로 넘쳐났다.

▲ 호칸지 오층탑

▲ 호칸지 오층탑과 기요미즈데라를 잇는 골목 산넨자카

이곳은 기요미즈데라로 올라가는 산넨자카 골목길과 연결된 곳이다. 오층탑은 고류지와 함께 교토 천도 이전의 문화재로서 오닌의 난에도 살아남았다. 중세에 교토를 두고 싸우던 세력 간에 이 오층탑에 먼저 자신들의 문장이 그려진 깃발을 올리는 쪽에서 교토를 지배했다고 한다.[382]

도래인의 고장 비와호에 가다

온조지(미이데라)와 그 수호신 신라명신

2월 2일, 일본 여행 11일 차다. 오늘은 교토의 동북쪽인 비와호 쪽으로 나갔다. 교토역에서 JR 기차를 타고 두 정거장 만에 오쯔大津역에 도착했다. 오쯔에는 667년부터 5년 간 덴지 천황의 궁도가 있었다. 백촌강 전투에서 크게 패한 덴지 천황이 이곳으로 궁도를 옮겨왔다. 그는 나카토미노 가타마리와 함께 소가 씨를 참살하고 정권을 잡았기에 그들의 호족이 버티고 있는 아스카에 계속 남아 있기는 어차피 힘들었을 것이다.

우선 신라선신당新羅善神堂이 있는 온조지園城寺 부터 찾았다. 온조지는 요메이 천황 때 백제에서 전래된 미륵불을 686년 창건 시부터 본존으로 모시고 있다.[383] 정원을 의미하는 온園을 훈독을 하면 '소노'가 된다. 소노는 신라의 서라벌에서 '라'가 빠진 것으로 신라를 의미하며 그래서 온조園城는 신라의 성이다.[384] 온조지가 있

▲ 미이데라 금당

는 나가라산長等山에는 스사노오를 제신으로 모시는 나가라 신사가 있다. 원래 온조지에도 도래인들의 신사들이 있었지만 메이지 정부의 《신불분리령》으로 분리되어 나갔다.[385] 온조지의 경내에는 지금도 성의 흔적이 있다. 866년 지증대사 엔친円珍이 당나라에서 수행을 마치고 돌아와 미이데라三井寺로 재창건한 후 보통 미이데라로 불린다. 원래 오쯔쿄大津京 일대에는 고래로부터 신라계인 하타秦 씨족이 살고 있었으며 백제 멸망 후 백제 사람들이 대거 들어왔다.[386] 《일본서기》에 백촌강 전투 이후인 665년 "귀실집사에게 소금하小錦下 관직을 내리고 백제 남녀 4백여 인을 오미국近江國의 신전군神前郡에 살게하였다."라는 기사가 나온다.[387]

그런데 내가 찾아가려는 신라선신당은 이 절의 경내 바깥에 있었다. 오쯔 시청

쪽으로 돌아가서 30분 가량 더 걸어가야 했다. 이곳은 자세히 안내받지 않으면 찾기 힘든 곳이다. 신라선신당은 신라 신사다. 온조지를 지키는 수호자鎮守社로서 스사노오를 모신다. 14세기 아시카가 다카우지의 기부로 재건되었다. 편백나무껍질 지붕이 물 흐르는 듯한 아름다움이 표현된 나가레즈쿠리流造의 대표적 유구다. 이곳에는 국보인 목제 신라명신좌상이 비장되어 있다. 신라명신은 오토모 씨족이 모시는 씨신이다.[388] 이곳 일대는 오토모 씨족이 살던 곳이며 오토모 씨족은 백제계로 알려져 있지만 사실은 신라계라 한다.[389] 신라명신은 그들이 모시던 신이었다. 그런데 신라명신좌상의 표정이 매우 이색적이다. 도래신의 미혹적인 모습인가. 신라선신당 앞마당 안내판의 소개 글이다.

▲ 신라선신당 입구

"당내 수미단에는 미이데라의 개조開祖이며 지증대사(엔친)와 관계있는 국보, 신라명신 좌상이 모셔져 있다. 헤이안 시대 가와치겐지河内源氏의 무장 미나모토 요리요시源頼義가 3남 요시미쓰義光의 성인식을 신라명신 앞에서 치르고 시라기사부로新羅三郎로 이름지은 이래로 미이데라는 미나모토 씨 일문源氏一門을 시작으로 가와치겐지의 핏줄을 이어받은 아시카가 집안의 존숭을 받게 되었다."

▲ 신라명신ameblo.jp

신라선신당은 엔친이 당나라에서 돌아올 때 폭풍우를 만난 배에서 꿈에 나타나 항해를 도와주었다는 신라명신을 모신 곳이라는 전승이 있지만, 엔친은 실제 신라와는 관계가 없다고 한다. 다만, 오토모 씨족의 씨신인 신라명신을 후세에 엔친의 이야기와 결부시켰을 가능성이 높다.[390] 열심히 발품을 팔아 신라선신당을 찾아갔지만, 문이 잠겨 있어 경내로는 들어가지 못했다. 왠지 황량하게 방치된 듯한 느낌이었다. 바로 인근에 오토모 황자의 능이 있다. 오토모 황자는 덴지 천황의 아들로서 672년 진신의 난으로 덴무 천황에게 패하여 25세의 나이로 목숨을 끊은 비운의 인물이다.

고려대장경이 있는 미이데라

미이데라의 금당은 국보이자 모모야마 시대의 대표적 건축이다. 금당 안에는 엔친 대사의 입당구법 행로가 소개되고 있었다. 불경을 보관하고 있는 이싸이쿄

▲ 미이데라 이싸이쿄조一切經藏(일체경장)

죠一切經蔵에는 고려판 일체경一切經(대장경)이 회전식 팔각장에 보관되어 있다. 원래 이 건물은 야마구치의 국청사国清寺에 있던 것인데 모리 데루모토가 기부하여 이곳 미이데라로 이축하였다.[391] 대장경을 진호국가의 상징으로 삼았던 일본은 조선으로부터 많은 고려대장경을 수입해 갔다. 조선은 유교국가로서 대장경을 값싼 수출품처럼 취급했다.[392] 조선 시대에는 임진왜란 시기를 제외하고 한, 일 양국간 통교가 활발하였는데, 이때 일본이 조선에서 가져가고자 했던 품목의 우선 순위에 있던 것이 고려대장경이었다. 당시 감합무역을 기록한 통신부에는 모리 가문의 배가 조선에 드나들었다는 기록이 있다. 모리가에서 이곳 미이데라에 이싸이코죠를 이축하면서 고려대장경도 가져왔으리라는 추론은 가능하다. 이 고려대장경 592첩이 나라국립박물관에 기탁 보관되고 있다.

또 다른 고려대장경 유출 사례로는 나라의 엔죠우지円成寺에서 권진선勧進船을 조선에 보내 가져간 고려대장경이 있다. 엔죠우지가 도쿠가와 이에야스에게 헌상하여 지금은 도쿄의 조죠우지增上寺에 보관되고 있다. 그 양이 녹산지綠山志에는 고려본 6,467권이라고 기록되어 있는데,[393] 조죠우지의 홈페이지에서 확인해 보니 1,258첩으로 되어 있다. 고려 창왕부터 조선 중종에 이르는 약 150년간 일본은 총 83회나 대장경을 청구했다고 한다.[394] 상당한 량의 고려대장경이 일본으로 흘러 들어갔음을 알 수 있다.

이곳 미이데라는 어니스트 페놀로사가 수계를 받고 불교도가 된 곳이기도 하다. 그는 영국에서 죽었지만, 유해를 신라선신당에서 가까운 미이데라 북원의 호묘인法明院으로 가져왔다. 1890년 5월에는 니콜라이 러시아 황태자가 이곳 미이데라를 방문 후 오쯔 시내에서 일본인 경찰관에게 피습되는 사건이 벌어지기도 했다.

오다 노부나가가 불태운 엔랴쿠지

미이데라를 본 후 히에이잔比叡山의 엔랴쿠지延暦寺를 찾았다. 엔랴쿠지는 헤이안 시대 진언종과 함께 일본 불교의 양대 산맥이었던 천태종의 본산으로서 간무 천황의 교토 천도 시 도지, 사이지와 함께 국가 사찰로 인정된 3곳 중 하나다. 교토의 귀문鬼門인 동북쪽 산중에 세워졌다. 1571년 오다 노부나가가 산 전체를 불태워 엔랴쿠지의 승병 수천 명을 몰살 시켰다. 노부나가가 종종 잔인한 인물로 묘사

▲ 히에이잔 엔랴쿠지 입구

되는 이유가 바로 이 사건 때문일 것이다. 하지만 당시의 승병들은 농한기에만 동원되는 농민병들과는 달리 돈을 받고 고용된 프로 군인이었다. 1536년 발생한 법화종의 난은 이들의 위력을 보여준 사건이었다. 엔랴쿠지의 승병들이 교토로 난입해 천태종과 대립하던 법화종 21개 사찰을 불태우고 3,000~10,000명을 죽였다. 동북지방에서 교토로 들어오는 길목을 지키고 있는 히에이잔의 승병들은 노부나가에게 전략적으로 결코 묵과할 수 없는 적대 세력이었다.[395] 1571년 히에이잔에서 일대 타격을 입은 불교 세력은 이후 다시 무장하지 못했고 정치 세력화 되지 못했다.[396]

케이한 전철의 종착역인 사카모토히에이잔구치역에서 내려 거의 1km를 걸어가 케이블카사카모토역에서 케이블카를 타고 엔랴쿠지역에서 내려 또 걸어갔다. 엔랴쿠지 본당인 근본중당根本中堂은 수리 중이었지만 내부는 개방하고 있었다. 그런데 여기는 너무 어두워 아무것도 제대로 볼 수 없었다. 나중에 알았지만 엔랴쿠지를 개산한 사이초의 "어두운 곳에 빛을 밝혀라."라는 가르침 때문이었다. 근본중당에는 이 사이초 비전의 상징인 꺼지지 않는 영원한 불꽃, "후메츠노호토"가 타오르고 있다. 종교적 실천을 중시한 사이초는 불자의 현세적 소망에 부응하려는 중국의 밀교를 일본으로 처음 가져왔다.

8세기 말 사이초最澄가 히에이잔에 근본중당을 세우고 간무 천황으로부터 엔랴쿠지라는 사호를 받은 이래 이곳은 명상과 정토 기도 등 다양한 불교 활동의 수행도량이 되면서 많은 걸출한 스님들을 배출했다. 바로 이곳 히에이잔을 일본 불교의 발상지, 엔랴쿠지를 일본의 불교대학이라 하는 이유다. 안내 팸플릿을 보니 엔랴쿠지의 수행법 중 가장 혹독한 센니치 카이호교千日回峰行를 소개하고 있다. 천 일 동안 히에이산을 속보로 돌면서 270곳의 신성한 곳에서 기도를 드리는데, 이 수행 중 걸어야 하는 거리가 지구를 한 바퀴 도는 거리라 한다. 마지막 9일 동안은 먹지 않고, 마시지 않고, 자지도, 눕지도 않는 단식, 단수, 불면, 불와를 수행해야 한다는데, 과연 이것을 육체적으로 감당할 수 있을까.

《입당구법순례행기》를 쓴 엔닌 대사는 신라의 친구였다

사이초의 제자이자 엔친의 스승이었던 엔닌圓仁 대사는《입당구법순례행기》라는 당나라 여행기를 남겼다. 이 여행기는 당시 신라와 당나라 간의 교류, 그를 통

▲ 엔랴쿠지케이블카역에서 내려다 본 비와호

한 신라의 동아시아에서의 위상을 가늠해 볼 수 있는 소중한 기록이다. 신라방이나 장보고 선단의 활동에 관한 기록을 볼 수 있다.[397] 엔닌은 중국 산동성 적산赤山 법화원에서 수행 중 불법 연구의 수호신으로 모셨던 적산 신라명신을 모시기 위해 이곳 엔랴쿠지에 적산궁을 건립하였다. 이것은 신불을 함께 공양한 전형적인 신불습합의 사례다.[398]

엔닌 대사가 당나라에서 9년 반 동안 수행할 때 접촉한 신라 사람들이 현지인인 당나라 사람들만큼이나 많았는데, 당시 당나라의 수도 장안에 거주하는 외국인 중에는 신라 사람들이 가장 많았다고 한다. 정복당한 백제, 고구려의 왕족들도 연행되어 왔고 신라에서는 매년 사절단이 왔다. 당나라로 유학을 왔던 신라인들이 당나라에 그대로 영주하는 자도 많았다.[399]

엔닌의 이 여행기를 번역한 라이샤워 교수는 당시 당 왕조의 역사에 수록된 고선지 장군이 신라인임을 상기시켜 준다. 그는 고원과 사막지대를 2천 마일 이상 가로질러 티베트를 평정한 당나라의 한니발이었다. 7세기 무렵 당나라에서 인도로 여행한 기록이 있는 승려 56명 중 적어도 7명이 신라인이었고, 중국의 동쪽 해상 무역도 신라인들이 장악하였다고 한다.[400]

엔랴쿠지 회관에서 소바 한 그릇을 먹고 나서 대강당과 종루 쪽으로 올라갔다. 날씨도 춥고 음산해서 서탑 쪽으로는 갈 엄두가 나지 않았다. 하산하기로 했다. 비와호 쪽으로 다시 내려가지 않고 에이잔 로프웨이를 타고 교토 동북쪽으로 바로 내려가려 했더니 겨울에는 그쪽 루트가 폐쇄된다고 했다. 교토역 버스정류장(C6)

▲ 엔랴쿠지케이블카역. 후기 아르누보 양식, 단순하지만 아름답다

에서 직통으로 연결되는 버스도 겨울에는 운행하지 않는다. 결국 오던 길로 다시 내려왔다. 터덜터덜 엔랴쿠지역까지 걸어와 케이블카를 탔다. 엔랴쿠지역 산 중턱에서 비와호가 한눈에 펼쳐졌다. 아르누보 양식의 엔랴쿠지 역사 건물이 아름다웠다.

천황의 500년 교토고쇼, 격동의 유신을 목격하다

교토로 돌아와 교토고쇼京都御所를 찾았다. 교토고쇼는 남북조 시대였던 1331년 고곤光嚴 천황 때부터 메이지 천황이 1869년에 도쿄로 천도하기 전까지 500여 년간 천황의 거처였다. 막부 말기에는 왕정복고와 5개조 어서문을 여기서 발표하고 메이지明治, 다이쇼大正, 쇼와昭和 천황의 즉위식도 여기서 열렸다. 교토역에서 가라스마선 지하철로 이마데가와역에서 내려 한참을 걸어갔다. 세이쇼몬清所門으로 들어가 소지품 검사를 받은 후 정해진 코스로 고쇼 경내를 한 바퀴 돌아 관람하였다.

정전인 시신덴紫宸殿, 교토고쇼의 정문인 겐레이몬建禮門, 삼종신기의 하나인 거울神鏡을 보관하고 있는 슌코덴春興殿, 의전용인 세이료덴清涼殿, 접견이나 회의 장소인 고고쇼小御所, 지천회유식 정원인 오이케니와御池庭, 독서나 와카 모임을 하는 오가쿠몬죠御學門所, 천황의 침소인 오쓰네고덴御常御殿, 그리고 등롱과 정원석을 배치한 내실 정원인 고나이테이御内庭 순으로 관람하였다.

▲ 교토고쇼의 정전, 시신덴

▲ 교토고소 슌코덴, 다이쇼, 쇼와 천황 즉위식 때 사용한 거울神鏡을 보관하고 있다.

▲ 교토고소 겐레이몬

교토고쇼의 대표 건물은 시신덴이다. 이곳에서 메이지, 다이쇼, 쇼와 천황의 즉위식이 거행되었고, 1868년 4월에 유신 정부의 국정 기조를 담은 메이지 천황의 《5개조 어서문御誓文》이 발포되었다. 제1조의 "공론에 따라 나라의 정치를 정한다"부터 제5조의 "지식을 세계에 구하여 나라의 기반을 크게 진작시킨다"로 된 5개조다. 당시 14세의 어린 천황에 의한 유신의 시작이자 메이지 일본이 세계로 나가는 첫 포문이었다. 이 어서문은 에치젠의 유리 킨마사가 기초하였다. 사쓰마나 조슈 같은 특정 세력에 의한 국정 독점을 막는데 주안점을 두었다지만 현실적으로 4개 웅번의 독주를 막지 못했다.[401] 제5조에 의한 외국인 전문가 초청 사업으로 일본에 들어온 서양인 초빙사(야도이雇)는 5천 명에 달했고, 이중 미국인이 1,200명이었다. 그리피스도 이 프로그램으로 1871년 3월 후쿠이에 왔다.

이보다 앞서 1867년 12월 오카쿠몬죠에서는 삿초동맹군이 황궁을 장악하고 교토에 있던 모든 다이묘를 입조시킨 가운데 쇼군으로부터 주권 회복을 선언한 《왕정복고 대호령》이 발포되었다. 이것은 이와쿠라 도모미를 중심으로 한 조정과 사쓰마와 죠슈 등 토막파의 쿠데타였다. 천황파Imperalist가 막부파Federalist와 공무합체파Unionist를 누르고 승리를 쟁취한 순간이었다.[402] 이어서 그날 밤 고고쇼에서는 쇼군 도쿠가와 요시노부에 대한 처분을 결정한 '고고쇼회의'가 열렸다. 여기서 도쿠가와 막부가 천황의 재가없이 개국을 하는 대죄를 저질렀으므로 영지를 몰수하여야 한다는 주장이 관철되었다. 이 결정은 아이즈번會津藩 등 막부 지지 세력의 불만을 가져와 막부군과 신정부군 간 도바, 후시미 전투를 필두로 보신戊辰전쟁이 일어나게 된다.[403]

메이지 유신은 700년 간 지속되어온 듀아르키와 봉건제를 끝내고 천황을 정점으로 하는 중앙집권적인 단일체제를 수립하여 일본이 중세 국가에서 근현대 국가로 전환하게 되는 결정적 계기를 마련했다. 1872년 센서스 시 33,110,555 명 이었던 인구가 1903년에는 46,732,841명으로, 그리고 1907년에는 5천만 명을 넘어섰다. 신분제 철폐에 따라 귀족과 무사들의 전유물이었던 존엄과 영예가 일반 대중으로 확산되었다. 1895년에서 1905년까지 외교관 시험 합격자는 귀족 3명, 무사 19명, 평민 31명이었다. 1907년에 이르러서는 군장교의 절반, 그리고 제국대학 졸업생의 다수가 평민이었다. 귀족과 무사가 아니라 국민이 제국의 기반인 시대가 왔다.[404] 오늘 보행수가 3만 보에 육박했다.

《대망》의 주인공들을 찾아가다

2월 3일, 일본 여행 12일 차다. 오늘은 16세기 후반 센고쿠戰國 시대를 끝내고 일본을 통일한 3걸을 배출한 나고야를 찾았다. 나고야는 주부中部지역의 수도여서 주쿄中京라고도 한다. 교토에서 아침 일찍 신칸센 노조미호를 타니 35분 만에 나고야역에 도착했다. 신칸센 중 노조미호가 제일 빠르다. 작년 3월에는 2주짜리 전국 JR 패스로 다녔고 이번엔 1주짜리 산요산인북규슈 JR 패스로 다녔는데 이제 패스 사용 기한이 끝나서 창구에서 일회권을 사야 했다. 어차피 나고야는 산요산인북규슈 JR 패스로는 갈 수 없는 지역이다. 오늘 아침 교토역에서 신칸센 차표를 사보니 3 일간 유효하다고 찍혀 있다. 그 3일 동안은 특정 시간과 날자에 구애받지 않고 같은 구간 이라면 언제라도 사용할 수 있다. 승차 시간과 날자가 정해진 우리 KTX 티켓 시스템보다 이게 더 편할 것 같다.

오다 노부나가(1534~1582)는 옛 나고야성에서 태어나 기요스성清洲城을 거점으로 성장하여 일본 통일의 선두 주자로 나섰다. 그는 시대를 앞서간 혁신의 아이콘으로서 당시 센고쿠 시대를 풍미했던 인물이었다. 도쿠가와 이에야스(1543~1616)는 오카자키성岡崎城에서 태어나 어릴 때 이마가와今川 가문의 영지인 슨푸駿府(시즈오카)에서 10년 이상 인질 생활을 해야 했다. 그는 1600년 세키가하

▲ 나고야성 천수각, 1959년 재건되었다

라 전투에서 승리한 후 1615년 오사카성 여름 전투로 마침내 일본 통일을 완성하였다. 1605년 쇼군직을 히데타다에게 물려준 후 다시 슨푸로 돌아와 여생을 마쳤다. 이에야스 생애의 목표는 "염리예토 흔구정토", 즉 이 세상을 누구나 평화롭고 안전하게 살 수 있는 정토로 만드는 것이었다. 그는 오사카 여름 전투 이후 그런 세상, 이른바 '겐나엔부元和偃武'를 실현하였다. 그의 막번 체제는 막부의 강력한 무력을 배경으로 전란의 위험을 제거한 정치 체제였다. "팍스 도쿠가와나"는 250년 이상 지속되었다.[405] 도요토미 히데요시(1537~1598)는 평민 출신이라 가문의 성은 없다. 그는 지금의 나고야인 오와리국 아이치군 나카무라라는 한적한 동네의 움막살이하는 집에서 태어났다. 히데요시가 가진 첫 성은 오다 노부나가에게서 도노마사로 하사받은 비와 호수에 인접한 나가하마성이다.

일본 통일의 마지막 승자를 낳은 오카자키성

나고야에 도착, 아침을 먹으러 브런치 카페에 들어가니 벌써 사람들이 많다. 메이테츠明鐵라인 쾌속 특급전차로 오카자키성부터 찾았다. 이곳은 도쿠가와 이에야스가 나고 자란 곳이다. 강 쪽의 벚나무에 꽃망울이 맺혔다. 지금도 아름다운데 이제 벚꽃이 피면 얼마나 더 아름다울까. 오늘은 2월 3일 겨울의 마지막 날이라는 세쓰분節分이다. 사람들이 신사를 방문하여 콩을 뿌려 귀신을 쫓아내고, 후쿠마에福豆를 먹고, 후쿠차福茶를 마시는 날이다. 오카자키성 아래 신사에도 세쓰분 행사차 이곳을 찾은 많은 사람들로 북적였다.

▲ 신군출생의 성 오카자키성

전후 일본에서 공전의 히트를 치며 밀리언 셀러로 등극한 야마오카 소하치山岡莊八의 대하소설 《대망》의 첫 무대가 미카와三河와 오와리尾張 지역이다. 미카와는 도쿠가와 이에야스가 나고 자란 이곳 오카자키성이 있는 곳이고, 오와리는 노부나가의 출세성이라는 기요스성이 있는 곳이다. 오카자키성은 나고야시 남동쪽, 기요스성은 나고야시 서북쪽 교외에 위치하고 있다. 이에야스가 자라면서 일찍이 노부나가와 조우하고 슨푸성으로 가서 인질 생활을 하게 되는 과정이 잘 묘사되어 있다. 지난여름 재밌게 읽었는데 워낙 장편이라 첫 2~3권을 읽고선 쑥 건너뛰어 마지막 부분만 읽었다. 대단한 소설이다.

도쿠가와 이에야스는 원래 마츠다이라松平 가문 출신이다. 나중에 그는 자신의 성을 마츠다이라에서 도쿠가와로 바꾸었고 이름도 세 번 개명하였다. 일본에서는 양자 제도로 개명이 드물지 않다. 마츠다이라 가문은 지금 토요타 자동차 공장이 있는 도요타시에서 성장하였다. 그러다가 1531년 이에야스의 할아버지인 마츠다이라 키요야스松平清康가 지금의 용두산으로 오카자키성을 옮겨왔다. 1643년 1월 이에야스가 여기서 태어났다. 그는 6세 때 오다 노부나가의 아버지 노부히데의 인질로, 8세 때는 이마가와 요시모토의 인질로 타지에서 생활하다가 19세 때인 1560년 오케하자마 전투에서 이마가와 쪽이 패한 후 오카자키성으로 돌아와 통일의 기반을 닦아 나갔다. 에도 시대 오카자키성은 신군神君 출생의 성으로 신성시되었다. 메이지 유신의 폐성 정책으로 허물어진 것을 시민들의 강력한 요구로 1959년 복원하였다.

나고야의 지도를 바꾼 나고야성

1600년 10월 세키가하라 전투에서 동군을 이끈 도쿠가와 이에야스가 승리했지만 1615년 오사카 여름 전투 시까지 도요토미 히데요리의 세력이 오사카성에서 건재하였다. 이에야스는 이에 대한 방비책으로 가토 기요마사加藤清正 등 서일본 다이묘 20 가문을 동원하여 나고야성을 완성시켰다. 나고야성은 오사카성을 무너뜨리기 위한 전초기지였으며 그 후에도 간사이 지방을 향하는 도쿠가와 가문의 최대 중요 거점이었다. 그래서 도쿠가와 3대 가문, 고산케御三家인 이에야스의 9남 요시나오가 오와리 초대 번주이자 나고야성의 성주로 와서 오늘날의 나고야로까지 발전, 번영하게 되었다.

▲ 나고야성 천수각, 바깥쪽에서 찍었다

나고야성은 생각보다 규모가 크고 해자 쪽 성벽이, 지금은 물이 없지만, 매우 가파르고 높았다. 그러고 보니 나고야성이 오사카성, 구마모토성과 함께 일본의 3대 성이라 한다. 일본에는 천수각이 국보로 지정된 5개의 성이 있지만, 이 3대 성은 국보가 아니다. 모두 콘크리트로 재건축하여 원형이 제대로 보존되고 있지 않기 때문이다. 5대 국보 성은 도쿠가와 시대의 원형을 간직하고 있는 히메지성, 마쓰모토성, 히코네성, 이누야마성, 마쓰에성이다.

가토 기요마사는 도쿠가와 이에야스로부터 나고야성의 축성을 명 받기 바로 전 자신의 본거지인 규슈의 구마모토성熊本城을 완공해 축성의 달인이 되어 있었다. 이 성은 1877년 세이난 전쟁 시 유신 정부군이 사쓰마번 군의 포위 공격을 버텨내면서 난공불락의 성가를 높였다. 성안에서 기요마사의 동상과 축성 시 사용된 '기요마사의 돌'을 볼 수 있다. 기요마사는 고니시 유키나가와 함께 조선 침략의 선봉장이었다. 울산성 전투에서 조명연합군에 포위되어 함락 위기까지 맞았지만 단단하게 쌓아 올린 왜성과 지원군의 도움으로 전세를 반전시키면서 살아남았다. 가토 기요마사가 울산성 인근에 축조한 서생포성은 고니시 유키나가가 쌓은 순천성과 함께 한반도에 남아있는 센고쿠 시대의 실전용 성곽이다.[406] 나고야성 축성 당시 오다 노부나가의 거점이었던 기요스성을 해체하여 자재를 가져왔을 뿐

▲ 나고야성 조라쿠덴, 혼마루고텐에서도 가장 격이 높은 건물

만 아니라 아예 기요스성의 조카마치도 이곳으로 옮겨와 나고야의 뉴타운이 되면서 나고야의 지도를 바꾸었다.

가토 기요마사는 세키가하라 전투에 참전하지 않고도 이 전투가 끝난 후 17만 석에서 일약 51만 석의 대 다이묘가 되었다. 도쿠가와 이에야스가 왜 이토록 기요마사를 후대했는지 의문이다. 그런데 이것이 기요마사가 도요토미 히데요시를 부추겨 정유재란을 일으켜 히데요시 휘하의 서군을 소진시켜 수년 후 벌어진 세키가하라 전투에서 서군이 힘을 쓰지 못하도록 공작한 결과라는 것이다.[407] 그렇다면 동군이 승리한 결정적인 이유는 정유재란이 아닐까. 기요마사는 이에야스의 사위이기도 했다.[408]

나고야성의 혼마루고텐本丸御殿에는 성주의 거주 공간과 쇼군이 교토를 오갈 때 머물렀던 조라쿠텐上洛殿이 있다. 제2차 세계대전 때 공습으로 소실된 것을 2009년부터 복원 공사를 시작하여 2018년 완공하였다. 우아한 외관과 실내 벽화, 금속 장식으로 호화롭게 꾸며져 건축, 회화, 미술공예 분야에서 높게 평가되는 서원조 양식의 단층 건물이다. 천수각은 휴관 중이었다.

기요스성은 오다 노부나가의 출세성

기요스성清洲城은 15세기 초 오와리의 군사, 행정 책임자인 슈고守護가 축성하였으며 나고야성에 이어 오다 가문의 두 번째 거점 역할을 한 곳이다. 광대한 노비 평야의 중심부에 위치한 평성平城으로 이 지역의 모든 도시와 연결할 수 있어 접근성이 뛰어나다. 현재 천수각은 1989년 콘크리트로 복원된 것으로 가레산스이 정원이 천수각 바로 앞에 펼쳐져 있다. 1560년 오다 노부나가는 2천 명의 기마병을 이끌고 기요스성을 나가 이마가와 요시모토今川義元가 거느린 수만 명의 군대를 급습, 격파하여 자신의 이름을 떨치면서 일거에 전국구 무장으로 떠올랐다. 바로 그 유명한 오케하자마 전투다. 그때 노부나가는 이곳 기요스성에서 출병하였는데, 그래서 기요스성은 '출세성出世城'이 되었다. 그는 철포 생산력을 갖춘 사카이를 지배하에 두면서, 군사력을 획기적으로 증강시켰고, 1575년 다케다武田 군단의 기마대를 철포 삼단사격으로 전멸시켜 나가시노 전투에서 승리하면서 일본 통일의 전기를 마련했다. 노부나가는 기독교를 보호하는 대신 예수회로부터 군사적 협력을 받았다. 예수회가 제공한 철포와 대포라는 신식기술과 군사물자는 그가 천하통일을 이루는 데에 큰 도움이 된 자산이었다.[409]

오다 노부나가가 난세의 영웅이 될 수 있었던 배경에는 조부 노부시다, 부친 노부히데가 2대에 걸쳐 대규모 상업 네트워크를 쌓으면서 닦아놓은 경제적 기반이 있었다. 이런 배경으로 노부나가는 본거지인 오와리의 지배를 안정시켜서 전쟁 비용을 댈 수 있었다. 천하포무天下布武를 꿈꿨던 노부나가는 4번에 걸쳐 성을 옮겼는데 그는 방어보다는 경제를 우선하여 낮은 산 정상에 거성을 짓고 기슭의 평야에 조카마치를 두는 평산성平山城을 선호하였다. 그가 다케다 가문을 몰락시킨후 비와호가 한눈에 내려다 보이는 곳에 아즈치성을 웅장하게 지은 것도 세를 과시하고 세수를 확보하고자 함이었다.[410]

일본 거리의 우수한 도시 조형물

유럽에서 살다가 한국으로 돌아와 느낀 것 중 하나가 도시 조형물의 격차다. 유럽과 달리 한국의 거리나 공원에서 볼 수 있는 도시 조형물이 내 눈에는 도무지 들

▲ 기요스성은 오다 노부나가의 출세성

어오지 않았다. 일례로 여의도 한강공원의 전시물은 특정 영화 모티브를 소재로 했다는데 정말 그 영화 제목같이 괴물스러운 전시물들이다. 예술 작품으로서 가치도 별로 없을 것 같고, 전달하고자 하는 메시지조차 읽기 힘들다. 주위 환경과도 조화롭지 않아 생뚱맞기까지 하다. 이제 철거한다니 그 철거 비용은 또 얼마나 들까.

그런데 이번 일본 여행 중 만난 나고야역 구내의 금시계, 은시계나 가고시마 중앙역 뒤편 광장의 랜턴 같은 조형물은 유용하면서도 "참 좋다"는 느낌이 든다. 도시 조형물은 적어도 보편성과 내구성, 그리고 주변 환경과의 조화로움 같은 정도

▲ 나고야역 금시계

▲ 나고야역 은시계

의 요건은 갖춰야 한다. 일본인은 음악가라기보다는 미술가라고 한다. 특히 조형 미술에 대한 감각에서 민족 고유의 예리함이 있다는 것이다.[411] 한국 사람이 예술 분야에서 두각을 나타내는 쪽은 미술보다는 음악인 것 같다. 예로부터 가무음곡을 좋아하는 민족답게 조성진이나 임윤찬 같은 클래식부터 K- 팝에 이르기까지 많은 음악 인재를 배출하고 있지만 미술, 특히 조각이나 도시 조형물 분야는 상대적으로 약하다.

이즈모 왕국, 신화인가, 역사인가?

2월 4일, 일본 여행 13일 차다. 몸이 지쳐오는 걸 보니 이번 여행도 막바지에 다다른 것 같다. 그동안 4박을 했던 교토를 떠나 시마네현의 이즈모로 왔다. 시마네는 '일본의 뿌리島根'라는 의미다. 이즈모出雲는 과거 신라와 교류가 활발하던 곳으로 한국의 고어로 친척을 의미하는 '아자무'가 변형된 말이라 한다.[412] 고대 이즈모는 일대 해양국이었다. 1890년 이곳을 방문한 일본의 귀화 인기 작가였던 라프카디오 헌Lafcadio Hearn이 이즈모가 "신들의 왕국"이라는 말을 처음 했다. 기기記紀 신화의 1/3이 이즈모 이야기다. 이즈모는 또한 3세기 일본 전방후원분의 발상지라는 마키무쿠에 강한 영향을 미쳤다고 한다.[413]

이른 아침 6시 55분 하카타행 신칸센에 몸을 실었다. 여행하다 보면 종종 이른 아침 길을 떠나야 한다. 이른 아침 여행길은 몸은 피곤해도 마음은 상쾌하다. 달리는 차 중에서 떠오르는 아침 해라도 맞이하게 되면 그 기쁨은 배가 된다. 오늘

▲ 독도 자료실 입구

은 교토에서 신칸센으로 출발해서 오카야마에서 야쿠모 특급으로 갈아타고 이즈모로 간다. 고대 오카야마에는 기비국이라는 가야인들이 세운 나라가 있었다는데, 언젠가는 한번 그 자취를 찾아가리라.

마쓰에 독도 자료실

애초 숙소가 있는 이즈모까지 가서, 이즈모에서 독도 자료실이 있는 마쓰에를 다녀오려고 했다. 그런데 열차 안에서 지도를 보니 마쓰에松江를 거쳐서 이즈모를 가는 게 순로였다. 그래서 일단 마쓰에에서 내렸다. 코인 로커에 가방을 넣어두고 독도 자료실로 향했다.

▲ 시마네현에 기증된 오오야가문의 문서 / 縣竹島資料室

마쓰에는 시마네현의 수도다. 현청에 부설된 독도 자료실을 찾아가서 둘러 보았다. 이층 자료

▲ 마쓰에성松江城, 마쓰에 독도자료실 쪽에서 올려다 보았다

실 서가를 크게 차지하고 있는 《조선왕조실록》 전집이 눈에 띄였다. 일본은 1618년 에도 막부가 오오야大谷, 무라가와村川 양가에 울릉도 도해허가를 내어준 사실을 기점으로 역사적으로나 국제법적으로나 독도가 자국 영토임을 주장하고 있다. 1905년 시마네현 고시로 일본 영토로 정식 편입한 후 1952년 샌프란시스코 강화조약에서 명시적으로 포기한 제주도, 거문도, 울릉도와는 달리 자국 영토로 잔류했다는 것이다. 일본은 2005년 시마네현 고시로 독도의 날을 제정하였고, 2007년 마쓰에에 '독도자료실'을 개설하였다. 2018년에는 내각실 직속의 '영토.주권 전시관'을 도쿄에 설치했는데, 이곳은 독도뿐만 아니라 북방영토와 센가쿠 열도를 함께 다루고 있다. 2018년에는 에도 시대 울릉도, 독도에까지 출어한 오오야 가문이

553점의 소장 문서를 기증하여 시마네현 공문서센터에서 보관하고 있다.[414] 그런데 판매하는 자료들이 있어 이것을 사려는데 이름과 주소를 적으라고 한다. 무엇 때문일까, 이례적인 일이다. 자료실 앞은 공원이었다. 여기서 마쓰에성이 잘 올려다 보였다. 마쓰에성은 도쿠가와 시대의 원형을 간직하고 있어 국보로 지정된 5개의 성 중 하나이다.

영토 변경은 피를 부른다

지구상에는 곳곳에 많은 영토 분쟁이 있다. 일본만도 러시아와는 북방 4도, 중국과는 센카쿠, 그리고 한국과는 독도를 놓고 분쟁 중이다. 영토와 전쟁은 동전의 양면이다. 영토의 변경은 전쟁을 부른다. 일본이 러시아에 북방 4도를 돌려 달라고 하지만 러시아는 러시아 군인들의 피를 돌려 달라고 응수한다. 그런 만큼 영토 현상을 변경하기는 현실적으로 어렵기도 하지만 위험하기도 하다. 일본이나 우리나 자중해야 할 대목이다.

영토 문제에 관한 한 현상 유지가 피아를 막론하고 가장 현명한 방책임을 확신한다. 독도가 우리 땅임은 틀림없지만, 일본이 끊임없이 영유권을 주장하고 있는 국제 분쟁지역인 것도 부인할 수 없다. 독도문제를 이슈화할수록, 그리고 시끄러워질수록 일본의 반발이 거세어지고 국제적인 주목을 받게 된다. 그렇게 되면 유엔안보리의 권능으로 당사국 의사에도 불구하고 국제재판에 넘겨질 수 있고, 국제해양법재판소의 강제관할권도 발동될 수 있다. 독도는 지금 우리가 실질적으로 지배하고 있으니 현상 유지만 하면 된다. 그러려면 분쟁의 빌미를 만들지 말아야 한다. 당연히 국내 정치에 독도를 끌어들여서도 안 된다.

근래에는 대마도가 우리 땅이라고 주장하는 일이 벌어지고 있다. 지방의회에서 대마도의 날 조례를 제정하고 대마도 의회에 대마도 반환 촉구 서한을 보낸다고 한다. 개인도 아니고 정부 기관에서 이런 엄청난 국제적인 트러블을 만들고 있다는 게 실로 믿기지 않는다. 대마도를 우리 땅이라고 하는 것은 일본이 과거 자신들이 어획하고 산림 벌채를 하던 울릉도를 자신들의 땅이라고 주장하는 것만큼 무리한 주장이 아닐까. 실제로 일본 메이지 유신의 정신적 지주였던 요시다 쇼인은 울릉도를 17세기 말 겐로쿠 시대 조선에 넘겨주었다면서 울릉도를 급선무로 다시 점령해야 한다고 주장하였다.[415]

우리 영토 문제에 있어서 정작 중요한 것은 간도 문제다. 간도는 1909년 9월 일.청 간에 맺어진 간도협약으로 일본이 만철 부설권을 획득하는 댓가로 청나라에 넘겨졌지만, 이것은 외교권 박탈후 일제가 자행한 불법 행위다. 외교권을 위임받았다고 해서 그 나라의 영토를 할양할 수는 없다. 당연히 그 효력도 부인된다. 나는 베를린과 빈에 근무하면서 고서점을 들락거리며 19세기 독일과 프랑스에서 발행된 한반도 지도를 많이 보았는데, 내가 본 모든 지도상의 한.만 국경선은 대략 압록강과 무크덴(선양)의 중간 지점을 통과하는 선이었다.

예전에는 영토를 얻기 위하여 전쟁을 했고, 전쟁에서 이기면 영토를 얻었다. 영토는 국부의 원천인 농업 생산력을 증가시킬 수 있었기 때문에 사활을 건 영토 싸움이 이어졌다. 그러나 현대 세계에서 이런 생각은 더 이상 유효하지 않다. 덴마크는 19세기 중반 프로이센과의 전쟁에서 패하여 슐레스비히-홀슈타인 지역을 독일에 빼앗겼다. 제2차 세계대전 후 연합국은 패전국이 된 독일에 대하여 슐레스비히-홀슈타인의 영토를 재조정할 의도로 덴마크에 대해 북해 운하 이북의 실지를 덴마크가 원하면 돌려주겠다고 제안했다. 하지만 덴마크는 1946년 10월 숙고 끝에 이 제안을 거절했다. 이미 독일인이 다수인 그 땅을 다시 가져와 통치하는 데 따른 정치적, 경제적 부담을 원치 않았기 때문이다.[416] 아마도 장래 독일의 힘이 회복될 시 발생할 수 있는 분쟁도 염두에 두었을 것으로 보인다. 지혜로운 결정이었다.

마쓰에역으로 돌아와 이즈모행 전차를 탔는데, 마쓰에-이즈모 간 구간 차표를 별도로 사지 않고, 갖고 있던 교토-이즈모 구간 차표로 이즈모까지 올 수 있었다. 그러니까 애초 목적지 전에서 내리더라도 추가 여비 없이 여행을 속행할 수 있다. 우리 철도 승차권은 시간과 구간이 지정된 것이다. 이걸 바꾸려면 환불을 해야 한다. 일본의 철도 승차권에 비해 번거롭고 신축성이 떨어진다.

이즈모 다이샤가 모시는 제신은 누구인가?

이즈모역 근처 숙소에 들러 가방을 놓고 나와서 이즈모 다이샤出雲大社로 향했다. 전차를 한 번 환승하여 이즈모 다이샤마에역에서 내려 상가들이 밀집한 신몬도오리神門通 거리를 지나, 소나무 참배길을 따라가니 4개의 도리이 중 마지막 청동 도리이가 보인다. 일본의 도리이鳥居는 "새가 앉아 있다"는 뜻이다. 그래서 도리이는 한국의 솟대를 연상케 한다.[417] 솟대에도 새가 앉아 있다. 새 숭배 토템 사상은 동북아에 널리 퍼져 있었다. 스키타이의 이씩 쿠르간에서 발견된 '황금인간'의 모자 위에도 날개를 벌린 새가 있고, 후지노키 고분의 금동관에도, 경주 서봉총의 금관에도 새가 앉아 있다. 새는 하늘과 인간의 땅을 연결하는 매개자로 간주되었다[418] 여기를 통과하여 배전을 거쳐 팔족문八足門까지 올라갔지만, 그 너머 본전에

▲ 이즈모 다이샤 세이다마리勢溜의 도리이. 4개의 도리이 중 2번 째 도리이다. 여기서부터 배전에 이르는 참배길이 시작된다

▲ 이즈모 다이샤 배전 앞 청동 도리이. 4개의 도리이 중 마지막 도리이로 여기에 서면 배전이 살짝 왼편으로 비켜나 있어 본전의 지붕을 볼 수 있다.

는 더 이상 접근이 허락되지 않았고 하늘로 뻗쳐 있는 X자 모양의 치기千木를 얹은 본전 지붕만 볼 수 있었다.

이즈모 다이샤에서 방문자들에게 배포하는 영문 안내 자료, 《A Guide to Izumo Oyashiro》의 설명이다.

> "이즈모 다이샤(오야시로)는 오쿠니누시노오카미大國主大神를 신체로 모신다. 오쿠니누시노오카미는 나라를 만들어 아마테라스에게 넘겨준 후 은둔하였다. 아마테라스는 그의 둘째 아들 아메노호히에게 큰 궁전을 지어서 이곳에 모든 일본의 신들이 모여 그를 모시라고 했으니, 이것이 이즈모 다이샤이다. 고사기와 일본서기에 따르면 이즈모 다이샤의 본전은 오쿠니누시노오카미의 무한한 신성에 걸맞게 일본에서 가장 큰 목구조물로 지었다고 한다."

《한국 고대사를 생각한다》를 쓴 최태영 교수는 달리 말한다. 그는 일본의 신사가 당초 신라에서 넘어간 것으로 이즈모 다이샤도 오쿠니누시노오카미의 아버지로 알려진 한국 사람 스사노오를 모신다는 것이다. 그의 말이다.

> "일본의 10대 수수께끼가 있다. 그중 하나가 일본 왕실의 조상신 격인 천조대신(아마테라스)을 받드는 이세 신궁보다 아마테라스의 동생으로 알려진 스사노오의 이즈모 신사가 더 오래되고 먼저 생겼다는 것이다. 스사노오는 한국 사람이다. 이즈모 신사는 그를 기리는 사당이다. 스사노오는 일본 전역에서 약 8천 개의 신사에서 봉제사 된다."[419]

이즈모 다이샤 안내 자료에 신라나 스사노오에 대한 언급은 없었다. 일본 건국신화의 땅인 이즈모와 한국의 연관성을 굳이 언급하지는 않겠다는 의도가 묻어난다. 지금 이즈모 다이샤 경내에 스사노오노미코토素戔嗚尊를 제신으로 모시는 신사가 따로 있다. 본전 뒤쪽으로 돌아가면 만나는 스사신사(소가노야시로素鵞社)다. 《이즈모 풍토기》에도 그 존재가 언급되고 있는 역사 깊은 신사다.

과연 이즈모 신사의 신체가 무엇일까? 궁금증이 더해진다. 알렉스 커Alex Kerr는 이즈모 신사에 보관된 신체를 오랫동안 공개하지 않은 나머지 그 신체가 무엇인지조차 알 수 없게 되어 버렸다고 했다.[420] 이것은 신체에 신비로운 비밀주의를 부여하던 고대 신도 시대의 전통이다.

데와 히로아키出羽弘明는 1980년 대 중반부터 20여 년간 일본 전역의 신라 신사를 모두 방문하여 그 유래나 제사를 지낸 씨족 등에 관한 조사를 한 후《신라신사와 고대일본新羅神社と古代日本》을 썼다. 그는 일본 전역에 신라, 백제, 고구려의 신사들이 있지만 그중 스사노오미코토를 주신으로 모시는 신라 신사가 월등히 많다며, 일본이 율령국가로 되기 전, 즉 일본이란 나라 이름도 없었을 때인 고대 창성기에 한반도 삼국 중 특히 신라인들이 일본의 정치와 문화에 큰 영향을 끼쳤다고 했다.[421] 이즈모에 대해서는 이렇게 말한다.

> "이즈모는 고대에 스사노오와 그 일족이 개척한 왕국으로서, 스사노오와 그 자손의 신들의 왕국이다. 일본서기에서, "스사노오가 아들 오십맹신을 데리고 신라국에 내려가 소시모리라는 곳에 있다가, 배를 타고 동쪽으로 건너가 이즈모의 히노카와 상류의 도리스카미鳥上에 도착했다."라고 적고 있듯이 이즈모는 나라를 만드는 단계에서부터 신라와 관계가 깊었다. 서이즈모 쪽 石見 지방에 신라 신사가 있고, 이즈모 다이샤 경내에도 소가노야시로素鵞社에서 스사노오미코토를 제신으로 모신다."[422]

▲ 이즈모 다이샤 배전, 1959년 재건, 현관 처마 밑에 시메나와 금줄이 걸려있다. 집에 금줄을 걸어두고 사람의 출입을 금하는 풍습은 한국에도 있었다

▲ 이즈모 다이샤 본전, 1744년 건축, 지붕 위 양 끝에 X자 형태로 교차시킨 치기千木가 보인다

1744년에 재건한 지금 본전은 신전 건축 역사에서 가장 오래된 다이샤즈쿠리大社造 양식으로서 총고가 24m이지만, 고대 본전의 규모는 그 두 배였다고 한다. 헤이안 시대 950년에 쓰인 기록에 따르면 이즈모 다이샤 본전의 높이는 48m로 당시 45m 높이의 도다이지 금당을 능가하였는데, "지붕이 구름을 가른다."라고 했다. 2000년에 경내에서 본전 기둥의 일부로 보이는 거대한 유구가 발견되었는데, 3개의 기둥이 한 세트로 되어 있는 이 유구가 거대한 고대 본전의 존재를 알려 주고 있다.

새들러 교수는 이즈모 다이샤의 '사각형 우산square umbrella' 스타일은 한국의 영향을 받았고, 이세 신궁 양식은 남쪽에서 들어온 폴리네시안 주거 양식을 반영한다고 했다.[423] 이것은 곡물을 보관하는 창고 공간을 그대로 사용하여 신체를 안치하는 형식으로서 나무 기둥을 땅에 직접 세우고 맞배지붕을 올린 형태다. 일본의 고대 주거 양식도 이러한 아열대 지역의 주거 양식과 크게 다르지 않고, 한국이나 중국에서 볼 수 있는 난방 시스템도 없는 단순한 구조였다. 아름다운 동화 마을을 연상케 하는 시라카와고白川村는 격리된 산골에 위치하여 19세기까지도 외부인들에게 공개된 적이 없다는 곳이다. 그는 이곳의 주거 형태를 폴리네시안 롱 하우스Polynesian long house가 재현된 것이라 했다. 30명 이상의 대가족을 수용하는 4층 구조이며 지붕이 이즈모 다이샤처럼 60도 이상의 가파른 경사를 가진다.[424]

일본의 천손강림신화와 가야의 건국신화

전후 《기마민족정복왕조설》을 주장하여 일본을 경천동지케 했던 에가미 나미오는 45년 후인 1997년 《에가미 나미오의 일본고대사》를 출간했다. 그는 여기서 기기의 천손강림신화에서 나오는 니니기노 미코토의 강림 장소가 금관가야의 초대 왕이었던 수로왕이 강림한 구지봉과 같은 곳이며, 보자기에 싸여 강림했다는 것도 수로왕의 신화와 같아 니니기의 조국이 가야의 땅임을 암시하고 있다고 주장했다.[425] 그렇다면 일본의 천손강림신화도 가야의 진辰 왕조가 일본 열도로 넘어가 야마토 제국을 건국했다는 에가미 교수의 《기마민족정복왕조설》을 뒷받침하고 있는 셈이다.

이와쿠라 사절단의 일원으로 구미를 순방하고 돌아와서 100권의 《특명전권대사 구미회람실기》라는 역작을 남긴 구메 구니다케久米邦武는 《신도는 제천祭天의 고속古俗》에서 일본 신도의 뿌리가 고조선의 제천 의식임을 밝혔고 이세신궁의 '신궁'이라는 명칭도 신라로부터 왔다고 했다.[426] 이 주장은 메이지 당시 국수적인 신도계의 반발로 필화 사건을 불렀고, 그는 제국대학 교수직에서 쫓겨나야 했다. 도쿄도립대학의 오카 마사오岡正雄 교수도 일본신화의 모태가 단군신화와 가야신화라고 했다.[427]

나라현 사쿠라이시 북쪽의 마키무쿠 유적 발굴 시 이즈모의 흔적들이 확인되었다. 그래서 이즈모는 신화가 아니라 실재했고 야마토 건국에도 커다란 역할을 했다는 주장이 대두되었다. 그런데도 《일본서기》에서는 "이즈모는 신화이며 역사시대와는 관계가 없다"라고 시치미를 떼고 있다.[428] 1994년 시마네현의 가모이와쿠라 유적에서 39개나 되는 동탁이 한꺼번에 발견되었다. 동탁銅鐸은 야요이 시대에만 나오는 출토품이다. 방울 모양의 동탁은 중국과 한반도에서만 발견되는 동령銅鈴이 그 원형이다. 가모이와쿠라 유적에서 멀지 않은 고진타니 유적에서도 동

검 358개가 한꺼번에 출토되었는데, 이것은 이즈모 실재 왕조설을 뒷받침하는 정황들이다.[429]

마쯔리는 모든 사람에게 평화와 행운을 기원하고 이것을 현실로 가져오려는 시도라 한다. 이곳 이즈모에서는 황실에서 대사가 파견되는 황실 마쯔리가 5월 14일부터 한 달간 열린다. 음력 10월 10일에는 일본 전국에서 8백만의 신들이 이곳에 모이는데 이들을 환영하는 가미무카에사이神迎祭, 그리고 이들 신성神性이 일주일 동안 펼쳐지는 가미아리사이神在祭가 열린다. 그 영광에 힘입어 남녀가 좋은 인연을 맺을 수 있다고 한다. 이즈모 다이샤는 전국 모든 신사의 종갓집이다. 그래서인지 참배 시 여기에선 두 번 절하고 네 번 손뼉을 치고(보통은 두 번 손뼉) 또 한 번 절한다.

낙후된 산인 지방

이즈모 다이샤에 갔다가 늦은 오후가 되어서 이즈모시의 숙소로 돌아오면서 보니 도시가 죽은 도시 같다. 사실 오카야마에서 야쿠모 특급으로 갈아탈 때 낡은 기차의 모습에 한 번 놀랐고 이걸 타고 산인 지방 쪽으로 들어서면서부터 차창 밖으로 펼쳐진 삭막한 풍경에 또 한 번 놀랐다. 그동안 봤던 일본이 아닌가 싶은 생각도 들었다. 차창 바깥에는 산과 들밖에 보이지 않았고 어쩌다 보이는 마을의 풍경은 매우 낙후된 모습이었다. 산 정상 언저리와 동네 집들의 지붕에는 하얀 눈이 그대로 쌓여 있었다. 가와바타 야스나리는 "터널을 빠져나가자, 설국이었다."라고 했지만, 여기서 보는 눈밭은 그런 낭만적인 정취보다는 현실적인 낙후성이 더 가깝게 다가왔다.

일본은 총인구도 감소하고 있지만 지역적으로도 대부분의 지역에서 인구가 유출되고 있다. 일본의 총 47개 지역 중 경제적 역동성이 뛰어난 도쿄 권역, 오사카 등 간토 지역, 그리고 나고야, 후쿠오카를 제외한 전 지역에서 인구 유출을 겪고 있다. 산인 지방이 예외가 될 수 없음은 물론이다.[430] 매년 음력 시월에 이즈모 다이샤에 모이는 전국의 가미들도 이런 낙후된 모습에 마음이 편치는 않을 것 같다.

'적국항복' - 일본인들의 결기가 보인다

2월 5일, 일본 여행 14일 차다. 오늘 이즈모를 떠나 후쿠오카로 돌아왔다. 새벽에 이즈모에서 특급열차로 신야마구치까지 와서, 신칸센으로 갈아타고 하카타로 왔다. 체크아웃하고 숙소를 나서는데 호텔 직원이 문밖까지 나와서 조심해 가라고 인사를 한다. 이럴 때 느끼는 건 일본 사람이 참 특별히 친절한 사람들이라는 거다. 이번 여행에서도 여러 번 느꼈다. 거리는 아직 캄캄하고 인적이 없다. 부슬부슬 내리는 비를 맞으며 가방을 밀며 역으로 가는데 불현듯 초등이 때 탐독했던 김찬삼 여행기가 생각났다. 지금 나의 이런 정도의 고생은 그에 비하면 아무것도 아닐 거야, 나 자신을 다독거리며 이즈모역에 도착했다.

6시 49분발 산인특급 슈퍼오키라는 거창한 이름을 가진 신야마구치행 기차가 플랫폼으로 들어왔다. 놀랍게도 달랑 2량짜리다. 낡아 보이기는 어제 탔던 야쿠모 특급과 크게 다르지 않다. "부자가 더 짜다"라는 말이 갑자기 생각났다. "일본 정

▲ 이즈모역에 들어온 돗토리현 망가 홍보 기차

도의 부국이라면 저런 기차 정도는 새 것으로 교체할 수 있을텐데"라는 생각이 들었기 때문이다. 요시노로 올라가는 낡은 케이블카 생각도 났지만 이들은 공공재를 최대한 늘려쓰는 데 익숙한 사람들이다. 아무튼 이곳 산인 지방의 교통 수요가 많지 않다는 말이다. 신야마구치까지 오는 데 구간에 따라 기차가 많이 흔들리는 곳이 있었다. 신야마구치는 작년 3월 여행 시 2박을 했던 곳이다. 하카다행 기차 환승을 위하여 신칸센 플랫폼으로 나오니 찬 빗줄기가 더 굵어졌다.

가메야마 상황의 신필, '적국항복'

하카타역 코인 로커에 가방을 넣어두고 버스터미널 빌딩에서 29번 버스를 타고 하코자키궁부터 찾았다. 항만에서 가까운 하코자키와 하카타 일대는 1274년 10월 여몽 연합군이 상륙하여 일시적으로 점령한 지역이다. 하코자키궁도

▲ 하코자키궁의 '적국항복' 편액

이때 소실되었는데, 재건 후 누문에 '적국항복敵國降伏'이라는 편액을 걸었다. 이것은 가메야마龜山 상황이 내려준 신필宸筆(왕의 친필)을 모사한 것이다. 당시 가메야마 상황은 원구 격퇴를 기원하는 기도와 함께 이 신필을 썼다고 한다. 이곳 신사에는 가메야마 상황의 목조상 봉안전이 있는데, 이 목조상의 높이는 6m로 히가시야마 공원의 가메야마 상황 동상을 만들 때 조각가 야마사키 초운이 사용한 것이다.

13세기 후반 쿠빌라이의 몽골제국은 고려를 강요, 혼성군을 조직하여 2차에 걸쳐 일본을 침공하였으나, 태풍이 불어와 패퇴한 것으로 알려져 있다. 그러나 최근 일본 사학계는 당시 일본이 몽골을 물리치고 승리한 것은 가미카제가 아니라 하카타 연안에 방벽을 쌓는 등 철저한 대비와 일본군의 선전 때문이라는 견해를 제시하였다. 1차 침입 시 3만 명의 몽골 혼성군은 쓰시마섬과 이키섬을 거쳐 하카타에 상륙하여 지금의 하코자키궁 일대를 점령하고, 다자이후로 후퇴한 일본군과 대치한 후 역부족으로 자진하여 물러났다. 2차 침입 시에는 중국에서 출발한 강남군과 합류한 14만 명의 몽골 혼성군이 시카노시마志賀島에 들어와서 한 달 가까이 머물렀지만 하카타에는 상륙하지 못하고 일본군의 완강한 저항에 부딪혀 철수하고 말았다. 마지막에 야간 폭풍우로 함선에 막대한 피해가 있었지만 전체적인 상황을 놓고 볼 때 가미카제가 몽골군 격퇴의 주요 요인은 아니라는 견해다.[431]

당시 일본은 때마침 불어닥친 폭풍우가 몽골군을 휩쓸어 버렸다고 생각하고, 이를 가미카제神風라 하여 일본을 신의 보호를 받는 특별한 나라로 생각하게 되었다. 이런 생각이 태평양 전쟁으로까지 이어져 일본의 불행을 자초했는지도 모른다. 전쟁에서는 이겨야 한다. 항복은 곧 모든 자유의 박탈이다. 당시 일본의 지배자였던 호조 도키무네는 항복을 요구하러 간 몽골의 사신을 베어버리고, 하카타만에 방루를 쌓고 다자이후를 최후 방어선으로 결사 항전의 의지를 보였다. 몽골의 침입은 본격적인 외세의 침략으로 일본의 국가 정신을 일깨웠고 국민의 단결을 가져왔다. 몽골의 침략은 불교로 이루어진 아시아의 통일을 깨뜨렸다. 인도에서는 무굴로 불리는 몽골이 이슬람교를 가져와 불교를 몰아냈다. 불교가 그 발상지에서 쫓겨나 세일론섬으로 피난갔다. 중국의 불교는 일본에 그 피난처를 구했다. 아시아의 얼굴이 변했다.[432]

윌리엄 그리피스는 아시아 대륙에서 몽골의 발흥으로 과거 700년 간 이어져오던 대륙과 일본 간의 관계가 단절되고 아리안 종교인 불교가 아리안의 나라인 일본에서 꽃을 피우게 되었다고 평가했다.[433] 몽골의 위협은 일본 전역에서 군대에 대한 열정을 강화했다. 일본인들은 전투에서의 완벽한 탁월함을 찾기 위해 군사적인 노력을 통해 정교함과 치사율을 새로운 수준으로 끌어올렸다. 일본은 극동에서 가공할 전투 세력으로 등장했다. 포르투갈인 페르디난도 핀토는 1543년 다네가시마에서 조총을 전수한 후 일본인들이 6개월 만에 600정의 조총과 탄약을 만들었다며 놀라움을 금치 못했다.[434] 구로사와 아키라 감독의 영화《7인의 사무라이》는 사무라이의 명예와 자기 헌신의 희생을 찬양한다. 선종禪宗은 전사들에게 강한 기질을 발현시키도록 격려했다. 노能는 비극이 대부분이었고 사무라이 무훈에서 끌어낸 주제를 상연해 군사 귀족이 선호하는 오락물이 되었다. 그리피스는 몽골을 격파한 가마쿠라의 힘이 다시 일본해에서 반半 몽골리언인 러시아 함대 격파로 이어졌다면서 일러전쟁 승전 기념식이 가마쿠라에서 열리는 이유라고 했다.[435]

하코자키궁의 부속 정원에서는 마침 《겨울 모란전》이 열리고 있었다. 겨울에 만개한 모란이라니, 일본의 정원과 화단, 꽃꽂이 문화는 서양과 비교해 봐도 뒤지지 않는다. 그 디테일이나 자연과의 어우러짐은 오히려 일본이 한 수 위로 보인다. 크든 작든 섬세하게 꾸며진 화단과 조경은 감탄을 넘어 존경스러울 정도다. 일본 사람들의 이런 미적 감각은 대체 어디서 왔을까.

▲ 하코자키궁 부속 정원에서 열린 겨울 모란전

▲ 히가시 공원의 가메야마 상황 동상

▲ 히가시 공원의 니치렌(일연) 동상

버스를 잠깐 타고 히가시 공원으로 갔다. 공원 한복판에 단을 높이 쌓아 만든 가메야마 상황의 동상을 볼 수 있었다. 이 동상 대좌에도 '적국항복'이 새겨져 있다. 여기에 일본의 구세군이라는 니치렌슈日蓮宗의 창시자 니치렌日蓮의 동상도 있다. 니치렌슈(일연종)는 정토진종과 함께 몽골의 일본 침입으로 일깨워진 일본의 독자적인 불교 종파인 가마쿠라 신불교다. 일본은 세계 최대의 불교국이자 불교 종주국이 되었다. 임진왜란 시 선봉장이었던 가토 기요마사가 니치렌슈의 독실한 신자였다. 니치렌은 '입정안국立正安國', 즉 정의를 바로 세워 나라의 평안을 도모한다는 사상을 선양하였고 몽골의 침략을 예언했다. 1260년의 일인데 우연인지 그 해 일본을 침략한 쿠빌라이가 칸으로 즉위하였다.[436] 공원 입구의 원구元寇역사관은 유감스럽게도 휴관 중이었다.

《검푸른 해협》

1960년대 이노우에 야스시井上靖의 소설《검푸른 해협》은 원구의 침입을 소재로 당시 원의 전진기지였던 고려의 사정에 초점을 맞추어 썼다. 원제는《풍도風濤》다. 파도와 바람이 험하다는 의미다. 이노우에의 시선은 일본의 국난으로 기록되는 몽골의 침략보다는 고려의 국토가 처절하게 유린되는 과정과 나라의 사직을 보전키 위해 신명을 다하는 고려 조정을 향했다.[437] 시작부터 흥미진진하여 나도 모르게 소설 속으로 빨려 들어가 단 하루 만에 읽었다. 역사 소설 내용의 90% 이상은 실제 역사를 바탕으로 한 논픽션이라고 한다. 특히 이 소설은 저자가 서문에서 "역사적 사실에 가까운 작품이 되었다."라고 밝혔듯이 픽션적 요소를 최소화한 작품이다. 이 소설에서는 1231년부터 시작된 몽골의 6차에 걸친 고려 침입과 쿠빌라이의 일본 정벌 시 고려의 강제 동원으로 인한 대략 50년간의 고려의 피폐상이

적나라하게 그려져 있다.

몽골의 일본 정벌 계획이 현실화하면서 전쟁 준비를 고려가 떠맡아 함선 900척과 소요 병력을 조달하면서 피폐는 극에 달했다. 1차 일본 원정이 실패로 돌아간 직후 고려의 상황에 대하여 이노우에 야스시는 이렇게 썼다.

> "정벌군의 패전 모습도 비참했으나 산에서 나무란 나무는 모두, 경작지에서는 남자란 남자를 모두 빼앗긴 국토가 훨씬 비참했다. 도읍지에는 노인과 여자뿐이었다. 군병, 역부, 사공, 선원 합해서 고려에서는 1만 5천 명이 징발되었으나 어느 정도가 살아 돌아왔는지 짐작조차 할 수 없었다."[438]

고려가 몽골에 항복하고 개경으로 환도한 것은 오판이었다. 강화도의 동쪽 해안은 육지와 손짓하면 대답할 수 있는 가까운 거리였지만 당시 해군이 약한 몽골군은 문주산에 올라 깃발만 세워두고 시위하는 게 고작이었다. 고려 조정은 수운을 이용, 세수를 확보할 수 있었고, 강화도의 농토만으로도 1명이 농사를 지어 10명을 먹일 수 있었다고 한다. 400년 후 남한산성과는 달랐다. 항복 후 강화도의 내성과 외성은 모두 파괴되어 항복 결정이 치명적 오판이었음을 알았을 때는 이미 돌이킬 수 없었다. 이후 백 년의 몽골 지배는 고구려 이후 면면히 이어져 온 한국민의 기상이 꺾여버린 암흑의 시기였다. 삼별초의 항전을 높게 평가하는 이유다. 강화도에서 항전을 계속할 수 있었는데 무신 정권을 제거하려는 내치 목적에서 원에 항복하여 개경으로 환도한 사실이 뼈아프다. 외교국방도 결국 국내 정치의 종속 변수다. 그래서 국내 정치가 잘 돌아가야 외교국방도 잘 할 수 있다.

고대 외교와 국방의 최전선, 후쿠오카

히가시 공원을 나와 다시 버스로 움직여 마이즈루舞鶴 공원으로 갔다. 고로칸鴻臚館 유적과 후쿠오카 성터를 둘러보았다. 고로칸은 7세기경 하카타항 배후지에 세워진 고대 일본의 영빈관이자 외부 세계로 향하는 아스카, 나라, 헤이안 시대의 관문이었다. 7세기 후반부터 11세기 전반까지 약 400년간 신라나 당나라의 외교사절이나 상인의 접견용 숙소로 사용하였고 일본의 견신라사, 견당사가 나갈 때도 이곳 시설이 제공되었다. 고로칸은 고려 시대 외국 손님들이 머물렀던 개경의 천수원天壽院과 비교할 만하다. 예성강 어구의 벽란도碧欄渡에서 배에서 내린 이슬람 제국이나 동로마 제국에서까지 온 외국 손님들이 천수원에서 머물렀다 한

▲ 고로칸 유적

다.[439] 천수원은 이녕李寧의 그림으로 송나라에까지 유명해졌다.

1987년 기와집들이 줄지어 서 있는 고로칸의 유구가 발견되었다. 이때 신라와 고려의 도기나 와당, 중국제 자기, 이슬람 도기, 페르시아 글라스 등이 함께 출토되어 국제적인 색채를 드러냈다. 교토나 오사카의 나니와難波에도 비슷한 목적의 시설이 있는 것으로 알려졌지만, 실제 유구가 확인된 곳은 이곳뿐이다.

견신라사가 견당사보다 더 많이 파견되었음에도 일본의 공식 자료나 안내 팸플릿 등에서 견신라사라는 용어를 찾아보기는 힘들다. 나만 해도 그동안 일본을

▲ 후쿠오카 성터에서 바라본 후쿠오카 시내

여행하면서 견신라사라는 용어는 이곳 고로칸 전시관에 비치된 자료에서만 보았다. 견당사는 8세기에 5회, 9세기에 2회, 모두 7회 파견된 데 비하여, 견신라사는 8세기에 16회, 9세기에 8회, 모두 24회 파견되었다. 한편 당나라에서는 일본에 한 번도 사신을 파견하지 않은 데 비해, 신라는 일본에 21회의 사신을 파견하였다. 고대 동아시아의 해상 교통 루트는 한반도 남부 연안을 거치는 것이었고, 이 해역의 해상권은 신라가 장악하고 있었다. 이런 정황을 볼 때 일본은 당나라보다 통일신라와 더욱 밀접한 관계를 맺고 있었고 당연히 신라와의 교류가 더 많았을 것이다.[440]

후쿠오카성은 세키가하라 전투에서 동군에 가담하였던 구로다 나가마사黑田長政

▲ 후쿠오카성 다몬 망루

가 에도 시대 초기에 도쿠가와 이에야스로부터 이곳을 영지로 받아 성 주위의 조카마치와 함께 만들었다. 후쿠오카라는 도시 이름도 그때 지어졌다. 이때부터 후쿠오카는 기존의 상업 중심지 하카타와 함께 규슈의 경제와 산업의 중심 도시로 발전하였다. 하카타는 11세기 중반 송나라 상인들이 이주해 오면서 상업의 중심지로 발돋움했고, 류큐와 난반南蠻의 상선들이 기항하기 시작했다.[441] 지금의 후쿠오카시는 과거 하카타와 후쿠오카가 합쳐진 것이다. 그래서 공항은 후쿠오카 공항이지만 신칸센 JR 역은 하카타 역이고, 항구도 하카타항이다.[442]

후쿠오카 성터에서 오호리 공원 쪽으로 나왔다. 나의 이번 일본 여행 마지막 일

▲ 후쿠오카 시립미술관

정으로 후쿠오카 시립미술관을 보려 했는데, 아쉽게도 휴관 중이었다. 그러고 보니 오늘이 월요일이다. 공원 안 스타벅스에서 호수를 바라보며 커피를 한잔하는 것으로 이번 여행의 대미를 장식했다. 하지만 진정한 대미는 이날 내 만보계가 3만 보를 넘었다는 것이다. 오호리 공원에서 하카타역까지 버스 3~4구간을 탄 것을 제외하고는 지하상가도 구경하면서 쭉 걸어왔다. 후쿠오카의 지하상가는 정말 컸다. 날씨도 따뜻한 곳인데 지하상가가 이렇게 발달했을까 의문이 생겼다. 땅값이 비싸서일까. 캐나다의 몬트리올처럼 추운 곳에서는 지하 도시가 만들어질 정도지만, 여기가 몬트리올의 지하 도시보다 커 보인다.

일본에서는 시내버스를 타자

이번 일본 여행을 하면서 시내버스를 많이 탔다. 버스로 오가면 지하철과 달리 환한 거리의 모습을 볼 수 있어서 좋다. 일본에서는 버스 타기가 편리하다. 동전만 있으면 만사형통이다. 우리나라 버스는 언젠가부터 현찰을 받지 않는다. 이건 법정 화폐 유통을 방해하는 것일뿐더러, 교통카드가 없는 관광객들은 버스 타기가 어렵다.

일본에도 교통카드가 있지만 동전을 내고 타는 게 여러모로 편하다. 동전이 없으면 기사 옆 동전 교환기에서 천 엔 지폐를 넣고 동전으로 바꾸면 된다. 도시 구석구석 시내버스가 안 가는 곳이 없다. 약간의 방향 감각만 있으면 망설이지 말고 그냥 올라타면 된다. 일본의 시내버스 기사들은, 적어도 내가 보기엔, 세계 최고다. 대형차를 어찌 그리도 편하게 살살 모는지, 게다가 친절하기까지 하다. 삿포로에서는 마이크를 잡고 정거장마다 도착, 출발 안내까지 해준다.

14박 15일의 일본 여행을 마쳤다

2월 6일, 일본 여행 15일 차 마지막 날이다. 오늘 귀국길에 오른다. 오랜만에 아침 늦게 일어나는 만용을 부렸다. 새벽 3시쯤 일어나 페이스북 포스팅을 하고 5시가 넘어 다시 자고 일어났다. 그동안 당일 포스팅을 원칙으로 열심히 올렸다. 포스팅 도중 핸드폰을 잡고 그대로 잠든 일도 있을 정도로 몸은 피곤하지만, 얻는 게 많다. 나 자신, 다녀온 곳의 이름이라도 찾아보고 어떤 곳인지 대충이라도 검색하게 된다. 그리고 포스팅하면 존경하는 페이스북 친구들이 이런저런 의견들을 달아 준다. 이런 과정에서 또 내가 몰랐던 것을 알게 된다. 똑같은 돈을 들이고 여행을 다녀와도 여행으로 얻는 지식과 경험의 격차는 자못 클 것이다.

이번 여행에서는 무인 호텔을 2번 이용해 봤다. 처음에는 좀 불편한 듯했지만 이내 익숙해졌다. 운영자에게 인건비가 덜 들어가는 만큼, 손님들도 높은 가성비를 얻을 수 있다. 혁신이란 게 별건가. 안 해본 걸 시도해 보는 것이다.

▲ 후쿠오카 공항 계류장으로 들어온 우리의 날개 대한항공

일본인들의 친절은 높이 평가할 만하다. 버스 기사도, 심지어는 철도 역무원이나 기관사조차도 물어보면 대부분이 잘 대답해 준다. 수동적인 친절을 넘어 능동적인 친절도 보인다. 예를 들어 뭔가를 구입하거나 입장권을 살 때도 무리가 예상되면 꼭 되물어 온다. 괜찮겠냐고. 이번에 교토에서 료안지에서 다이토쿠지로 가면서 버스를 갈아탔는데, 시각장애인이 나보고 건너 편에서 타야 한다고 알려 주었다. 내가 그에게 직접 물어보진 않았지만 옆 사람과의 대화 중에 눈치를 채고 먼저 말해 준 것이다. 감동적이었다. 국민성이나 민족성의 존재 자체를 부인하기도 하지만, 내가 볼 때는 그게 있다. "그냥 사람은 없다. 오직 프랑스인이 있고, 영국인이 있고, 러시아인이 있을 뿐이다."라는 말도 있지 않나.

후쿠오카 공항에서 체크인하고 들어와 사 먹은 650엔 닭튀김 덮밥은 값도 싸고 맛도 좋았다. 간단히 요기하고 싶은 사람들에게 딱 맞았다. 맛있는 일본의 기억을 안고 이제 돌아간다. 눈을 크게 뜨고 열린 가슴으로 쏘다녔다. 14박 15일의 이번 일본 여행은 나에게 적어도 1년 이상 공부할 과제를 던져 주었다. 반가운 일이다.

제 3 부

쓰시마와 홋카이도를 찾아서

▲ 홋카이도 대학 박물관

조선을 향한 일본의 대외 창구, 쓰시마

2019년 5월

쓰시마는 원래 하나의 섬이었다

지난 주말 친구들과 1박 2일간 쓰시마를 다녀왔다. 서울에서 아침 6시 KTX를 타고 부산에 도착, 11시 대마도행 오션 플라워호에 승선, 2시간 만에 대마도의 수도인 이즈하라항에 도착하였다. 첫날 이즈하라 시내를 둘러보고 다음 날 대마도의 남, 북섬을 연결하는 만제키바시萬關橋를 건너 북섬으로 넘어와 아소만의 절경과 와타즈미 신사를 보고 부산항이 보인다는 한국 전망대와 미우다 해수욕장을 거쳐 히타가츠로 와서 오후 4시에 대마도를 떠났다. 원래 대마도는 하나의 섬이었다. 그런데 일러전쟁 시 일본 해군이 은밀하게 어뢰정을 통과시키려고 인공 운하인 만제키세토萬關瀨戶를 만들어 두 개의 섬으로 나누어졌다.

이즈하라嚴原 시내다. 길거리 보도블록을 보아도 한 치 어긋남 없이 촘촘하게 깔려 있고, 박물관 공사장에는 건축 허가증이 38장이나 붙어 있다. 건축 규제가

까다로운 만큼 길거리 구조물이나 건물들은 안전할 것이다. 도심을 흐르는 하천은 맑고 깨끗하여 물고기들이 환하게 들여다 보였다. 삼나무, 편백나무 숲의 향기가 우리 일행들을 상쾌하게 한다. 일본은 산림욕의 원조 나라다. 자동차는 거의 모두 박스형 소형차다.

대마도는 제주도의 4할 정도 되는 땅에 해안선의 길이는 제주도의 2배 정도다. 그만큼 해안선이 길고 복잡한 리아스식 해안이다. 인구는 과거 10만 명에서 이제는 3만 명 정도라 한다. 제주도가 60만 명이라 하니 대마도 인구보다 무려 20배나 많다.

▲ 쓰시마섬의 리아스식 해안

▲ 이즈하라 숙소에서 본 바다 야경 / 오징어 배 불빛

이번 대마도 방문으로 3명의 역사상 인물을 알게 되었다. 대마도 초대 번주였던 소 요시토시와 아버지를 따라 부산으로 와서 소년 시절부터 조선과 인연을 맺고 춘향전을 최초로 외국어(일어)로 번역한 나카라이 토스이, 그리고 그의 영원한 정인情人이었던 히구치 이치요다.

쓰시마는 조선을 치기 위한 전초기지였나, 조선과의 화평에 앞장섰던 선린이었나

에도 막부는 조선과의 관계를 막부의 가신이자 쓰시마 번주인 소宗 씨에게 관리하도록 하였다. 쓰시마에게 조선은 부의 토대이자 없어서는 안될 존재였다. 쓰시마는 석고가 5천 석밖에 안되는 작은 번이었고, 수입의 대부분을 조선과의 독점 무역을 통해서 얻었다.[443] 이즈하라 시내 중심 주택가인 나카무라中村 지구 초입에는 대마도를 5백 년간 다스려 온 소씨 집안의 소 요시토시宗義智의 동상이 있다. 그는 대마도의 초대 번주로서 도요토미 히데요시의 휘하에 있었던 고니시 유키나가小西行長의 사위가 되었다. 고니시 유키나가는 임진왜란 시 왜군의 선봉장으로 동대문으로 서울에 무혈 입성했다. 그는 '아고스티뇨'란 세례명을 가진 천주교도로서 그레고리오 세스페데 예수회 선교사를 한반도에 데리고 왔다. 고니시 유키나가는 임진왜란이 끝나고 벌어진 세키가하라 전투에서 서군으로 참전했다가 패하여 참수되었다. 그는 '기리스탄'으로서 끝내 할복하지 않고 참수를 택했다고 한다.

소 요시토시도 천주교 신자였으며 임진왜란이 일어나기 전, 조선에 통신사 파견을 요청하라는 도요토미 히데요시의 명을 받아 조선에 왔다. 류성룡의 징비록에는 요시토시가 젊고 정력이 넘치고 성품이 사나워서 다른 일본인들이 몹시 두려워하였다는 기록이 있다.[444] 그는 임진왜란이 일어나자 고니시 유키나가와 함께 제1진으로 5,000명의 병력을 이끌고 참전하였고, 전후에는 조선과의 국교 회복에 앞장섰다. 그의 동상 하단에 있는 동판 설명이다. 하지만 여기에도 요시토시가 조선 침략의 선봉이었다는 역사적 사실은 망각되고 있다.

> "그는 조선과의 우호 통상에 봉사한 삶을 살았다. 임진왜란 이후 도쿠가와 이에야스로부터 조선과의 관계 회복을 명받고 10년에 걸쳐 노력한 끝에, 1607년 조선통신사의 초빙에 성공했고 1609년 기유약조를 맺어 임진왜란 이후 끊어진 조선과의 교류를 재개하는 데 앞장섰고 도쿠가와로부터 그 공로를 인정받아 독립적으로 조선과 교역할 수 있는 허가를 받았다."

후일 그의 집안 9대손인 소 다케유키宗武志가 고종의 막내딸 덕혜옹주와 결혼했다. 덕혜옹주는 소 다케유키와 결혼한 후 시가인 대마도에 들러 시가 식구들에게 인사를 하고 갔다. 이즈하라에는 지금도 이들의 결혼을 기념하는 '이왕가종가백작어결혼봉축기념비李王家宗家伯爵御結婚奉祝記念碑'라는 긴 이름의 기념비가 있다. 일제 시대 이왕가로 격하된 조선 왕가와 대마도의 소씨네 백작 집안 간의 결혼을 축하하는 기념비라는 뜻이다. 덕혜옹주의 이 결혼은 끝내 이혼으로 끝났다. 이런 역사를 아는지 모르는지 봄에 붉은 잎이 돋아나는 홍가시나무들을 기념비 주위에서 볼 수 있었다.

나카라이 토스이와 그의 영원한 정인 히구치 이치요

이즈하라의 나카무라 지구에는 여기에서 태어난 메이지, 다이쇼 시대의 인기작가였던 나카라이 토스이半井桃水의 기념관이 있다. 그의 집안은 번주인 소씨의 주치의 집안이었다. 토스이는 어릴 때 부친을 따라 부산의 왜관에서 살면서 한국과 인연을 맺었고 한국어를 익혀 1882년 춘향전을 일어로 번역하였다.《계림정화 춘향전鷄林情話 春香傳》이란 제목의 일어 춘향전은 최초의 외국어 번역 춘향전이다. 그는 아사히 신문의 촉탁으로 서울에 와 있다가 1882년 때마침 일어난 임오군란을 현지 취재하였으며 이후 문단에 등단하여《오시츤보啞聾子》를 발표하는 등 유려한 문체로 독자들을 매료시켰다. 1891년 아사히 신문에 연재되었던 그의 소설《조선에 부는 모래바람》은 한국어로 번역되었다.

한편 토스이로부터 문학 지도를 받았던 히구치 이치요樋口一葉와의 이루지 못한 사랑 이야기는 그녀의 일기를 통하여 세상에 알려지게 되었다. 도쿄의 유곽 동네를 배경으로 한 성장 소설《키 재기》로 일본의 국민 소설가로서 명성을 얻은 이치요는 게이샤 등 일본 하층민 여성을 소재로 한 것 등 모두 22편의 소설을 발표하였다. 이치요는 25세의 나이로 짧은 생을 마감하였지만, 그녀의 문학 스승이자 마음속의 정인이었던 토스이를 향한 연민은 지금도 이어지고 있는 듯하다. 2004년 발행된 5천 엔권 지폐에는 이치요의 초상이 담겨 있다.

동해 바다를 건너며

2019년 9월

지난주 일본에 오면서 동해 바다를 건넜다. 10시 10분 인천공항을 이륙한 대한항공 765기는 곧장 기수를 북으로, 그리고 다시 동으로 돌려 U턴을 하면서 아슬아슬하게 휴전선 남단을 타고 날아갔다. 휴전선이 지척이라 생각하니 왠지 모르게 콧등이 시큰해짐을 느꼈다. 나이 탓일까? 필경 까닭 없는 감정의 분출은 아니리라.

통일, 이대로는 안 된다!

지금 한반도에는 완전히 다른 삶을 살고 있는 두 종류의 사람들이 있다. 자유세계에서 70년 이상을 살아온 남쪽 사람들과 공산 치하에서 살아온 북쪽 사람들이다. 한반도 북쪽 사람들은 김일성이 만들어 놓은 세습 왕조에서 마치 조선 시대의 노예 같은 삶을 아직 이어가고 있다. 《지리학이 중요하다》를 쓴 알렉산더 머피는, "파주에서 태어난 아이와 여기서 불과 25km 떨어진 개성에서 태어난 아이의 운명은 완전히 달라진다."라고 했다.[445] 비행기가 휴전선에 근접해 있다는 생각이 들자 북녘 동포들에 대한 연민이 솟구쳤으나, 동시에 내 마음은 단호해졌다. "아, 잊자. 북한을 잊자!"

나는 지난 6월 베를린에서 열린 한 통일 심포지엄에서 비스마르크의 소독일주의에 의한 통일 정책이 지금의 한반도에 주는 시사점을 제기하였다. 프로이센이 오스트리아와의 전쟁에서 이겼지만, 오스트리아를 버리고 프로이센 주도로 통일의 길을 갔듯이 지금 대한민국은 더 이상 북한의 인질로 잡혀 있어서는 안 된다. 북한을 버려야 우리가 산다. 남북한은 프로이센과 오스트리아의 부적합성을 훨씬 뛰어넘는 현 지구상에서 가장 극심한 '부적합성incompatibility'을 갖는 나라의 조합이다. 한쪽은 공산주의 국가라고 할 수도 없는 세습 왕조 집단이지만, 다른 한쪽은 자유민주주의와 시장경제로 세계에서 가장 성공한 나라다. 지금과 같은 남북한의 극심한 부적합성으로 통일은 가능하지도 않지만, 통일한다고 하더라도 의미가 없다. 이것은 내 개인적인 생각만은 아니다. 내가 독일에서 만났던 많은 정치학자의 일치된 견해다.

누가 민족경제를 들먹이는가, 누가 북한의 값싼 노동력과 지하자원을 이야기하는가. 이것은 경제적 타당성이 전혀 없는 신기루를 좇겠다는 미망에 불과하다. 동서독 통일 직후 베를린 인근 동독 지역에 투자했던 삼성코닝 공장이 20년 만에 결국 손들고 철수했다. 사회주의에 물든 노동력은 결코 싸지 않다. 명목 임금은 싸지만, 사회주의 스타일의 노동 습관은 노동생산성을 현저히 낮춘다. 결국 경제적으로 의미 없는 비지떡일 뿐이다. 지하자원도 경제적인 타당성이 없기는 마찬가지다. 세계적으로 지하자원 많은 나라치고 제대로 잘사는 나라가 드물다. 오히려 변변한 지하자원이 없는 일본과 독일 그리고 한국이 잘산다.

일본은 정녕 '가깝고도 먼' 나라인가

이런저런 상념에 사로잡혀 있을 때 비행기는 한반도 허리를 가로질러 동해로 나갔다. 11시쯤 기내식으로 아침을 먹고 베르디의 오페라, 나부코에서 나오는《노예들의 합창》을 듣노라니 어느덧 하늘 아래로 또 다른 땅, 홋카이도가 보였다. 그런데 이게 웬일인가, 또다시 콧등이 찡해져 왔다. 동해를 가로질러 오면서 한일 관계를 생각해 봤고 구름 아래로 일본 땅을 보면서 일본은 과연 우리에게 무엇일까에 생각이 미쳤다. 가깝고도 먼 나라, 일본이 아닌가.

▲ 삿포로 근교《아타마 다이부츠: 부처의 언덕》안도 다다오 작품

한국전쟁 때 일본은 후방 기지 역할을 톡톡히 해냈다. 일본은 전쟁 내내 미군의 발진 기지가 되었다. 일본이란 섬이 마치 한국전쟁을 위해 참전한 거대한 항공모함 같았다. 당시 미군 부대에는 많은 일본인 기술자가 고용되어 있었고 인천상륙작전 시에는 해병대를 수송하는 전차상륙함LST 47척 중 37척을 일본인 선원이 몰았다.[446] 원산 상륙 시에는 기뢰 제거 작전에도 참여했다. 사실상의 참전국이었다. 한국전쟁 시 일본이라는 후방기지 없이 미국의 힘만으로는 한국을 지켜내지 못했을 것이다.《이런 전쟁》의 저자 페렌바크는 이렇게 말했다.

> "일본없이 한국전쟁을 치른다는 것은 마치 미국이 영국없이 노르망디에 상륙하는 것과 마찬가지일 것이다"[447]

한일기본조약을 맺고 국교를 정상화한 이후 일본의 경협 자금과 민간 자본이 들어왔고 기술 제공도 이루어졌다. 우리는 이렇게 해서 경부고속도로를 만들고 포항제철을 세워 경제 개발을 시작했고 서울의 첫 지하철도 만들었다. 라면 제조 기술도 일본에서 들어왔다. 우리는 이승만, 박정희라는 걸출한 지도자를 만나 미국이 지켜주고, 일본과 독일이 도와주어 세계 경제사를 새로 쓸 수 있었다.

몇 년 전 CNN 방송에서 일본 정부가 그들의 아시아에 대한 대외원조 실적을 광고하는 것을 보았다. 그때는 "비싼 광고비를 들여 생색을 낼 게 아니라 그 돈으로 원조라도 더 하는 게 좋지 않을까?"라고 생각했지만, 다른 한편으로는 "일본이 오죽하면 저런 광고를 하게 되었을까."라는 생각도 든다. 우리만 해도 일본이라면 과거지사만으로 온통 부정적으로 생각하지 않나? 일본에 관한 한 모든 것은 일방적이고 단선적이고 부정적이다. 같은 식민지 지배를 받았던 대만 사람들이 일본에 대하여 갖는 생각은 우리와 달리 매우 긍정적이다. 역사적인 맥락은 다르지만 우리도 편견을 깨고 좀 더 넓고 객관적인 시각으로 일본을 봐야 한다.

한·일 간 과거사 문제를 풀어 나가기 위하여 우선 필요한 것은 정부가 할 일과 민간이 할 일을 구분하는 것이다. 역사 문제만 해도 정부가 계속 나설 것이 아니라 민간 학자들의 몫으로 남기는 게 좋을 듯하다. 과거사 문제도 한일기본협약으로 정부 차원에서는 일단 매듭지어졌고 또 일본이 정부 차원에서 여러 번 사과를 한 것도 분명한 일이고 보면 이것을 우리 정부가 계속 문제 삼는 것은 바람직하지 않고 성과도 없을 것이다. 차라리 민간 학자들이 더욱 폭넓고 심도 있는 연구로 학계나 문화계를 통해 제대로 조명하고 세계 여론을 움직일 수 있다면 더욱 현실적이고 효과적인 접근이 될 것이다. 일종의 '동료 심사peer review'다.

"청년들이여 야망을 가져라!"

2019년 9월

지난주 삿포로에 도착한 다음 날 홋카이도北海道 대학 캠퍼스를 방문했다. 내가 앞으로 1년간 방문 학자로 머무르게 될 학교다. 삿포로 도심에 있는 홋카이도 대학은 거대한 녹지와 수목들을 자랑하는 도심 한복판의 오아시스다. 서울시 면적의 4분의 1이 넘는 학교 부지와 연구림, 식물원 등을 갖추고 있으며 삿포로 시내 캠퍼스만도 여의도 면적 정도이다.

18,000명의 학생과 6,250명의 교직원을 가진 연구 중심 대학이다. 대학 내 휴게실에 비치된 홍보 전광판을 보니, "왜 홋카이도 대학인가?"라는 질문에 "세계가 인정한 연구 성과가 있다"로 답하고 있다. 노벨상을 받은 이 학교 졸업생이 있다. 스즈키 아키라鈴木章인데 2010년에 화학상을 받았다. 2018년도 일본 내 대학 순위가 7위로, 화학, 재료과학, 생물학, 생화학 분야가 강하다.

▲ 홋카이도 대학 구내 / "야망을 가져라"("대지를 품어라")

홋카이도 대학의 전신은 1876년 창립된 삿포로 농학교다. 이 농학교에서 세계적으로 유명해진 두 인사를 꼽으라면, 이 삿포로 농학교의 설립을 지원하고 학생들을 가르친 후 떠날 때 학생들에게 "Boys, be ambitious!"라는 불후의 말을 남겼던 윌리엄 클라크William Clack 교수와 이 학교 2회 졸업생으로서 《부시도 Bushido》라는 공전의 베스트셀러를 쓰고 나중에는 국제연맹 사무차장을 지냈던 니토베 이나조新渡戸稲造일 것이다.

1877년 4월 클라크 교수가 미국으로 돌아가면서 배웅 나온 학생들에게 남긴 유명한 말이 바로 "Boys, be ambitious!"이다. 나는 중학교 때 《성문 핵심영어》에서 이 말을 처음 접했는데, 이 말은 "January the first is the greatest liar"란 말과 함께 학창 시절 내내 나의 좌우명이 되었다. 이 말은 1886년 클라크가 사망할 때까지도 세간에 알려지지 않고 있다가 1894년 안도 이쿠사부로라는 학생이 삿포로 농대 문예지에 소개하였고 1898년 삿포로 농대 교지에서 재차 소개되어 세간에 점차 알려지게 되었다.

니토베 이나조는 삿포로 농학교 2회 졸업생으로 클라크 교수의 영향으로 기독교도가 되었다. 그는 1877년 삿포로 농학교에 입학하였는데, 삿포로 농학교는 당시 일본 전국에서 학사 학위를 받을 수 있는 유일한 학교였다. 그는 존스 홉킨스 대학과 독일의 본, 베를린, 할레에서 유학하고 《일본의 토지 소유》라는 논문으로 박사 학위를 받았다. 교토제국 대학에서 가르쳤고 도쿄여대를 설립하여 초대 총장을 지냈다. 그는 영어와 독일어로 책을 썼으며 미국인과 결혼하고 일본, 미국, 대만 등에서 생활하였고 캐나다의 빅토리아에서 사망하였다. 농경제 학자, 저술가, 교육가이자 사상가이며 외교관이기도 했다. 한때 일본의 5천 엔권 지폐에 그의 초상이 들어가 있었다.

그는 식민정책 전문가로서 대만에 고문으로 파견되어, "식민지화는 문명을 전파하는 일이다."라고 식민정책을 옹호하였다. 그러면서도 당시 유럽 제국처럼 식민지를 단순히 경제 자원화하는 것을 비판하였고 식민지 주민의 이익을 중시하는 입장에 섰으며 일본의 군국주의 팽창에 대하여도 반대하였다. 사실 아시아를 지배한 식민제국 중 일본만이 식민지에 산업 투자를 한 유일한 국가였다.[448]

이 두 사람 말고 내가 개인적으로 평가하고 싶은 이 학교 졸업생이 또 있다. 바로 최고령 에베레스트산 등정자인 미우라 유이치로三浦雄一郎다. 2003년 70세로 에베레스트산 등정에 성공했고 2013년 80세에 다시 에베레스트산 등정에 성공하여 자신의 기록을 갈아 치웠다. 그는 젊었을 때인 1970년 스키를 타고 에베레스트산 South Col이란 지점에서부터 수직 거리로 약 1,280m를 내려왔던 와일드 스키의 기록 보유자이기도 하다. 나는 미우라 유이치로보다 한참 더 젊다. 그는 80세에 에베레스트산을 등정했는데, 내 나이로는 무엇을 할 수 있을까?

—

에필로그

한 · 일 관계, 미래를 보고 가자!

이렇게 두 번의 일본 여행을 마쳤다. 총 27박 29일간의 여행이었다. 일본의 역사 현장을 눈으로 보고 몸으로 느꼈다. 첫 13박 14일의 여정에서, 신칸센으로 3,680km를 이동했고, 총 26만 8,000보를 걸어서 하루 평균 1만 9,000보를 걸었다. 두 번째 14박 15일의 여정에서는 신칸센으로 1,800km를 이동하고, 총 30만 8,000보를 걸어 하루 평균 2만 500보를 걸었다. 아마도 내 생애 가장 역동적인 날들이 아니었는지.

일본인들은 친절하면서도 질서 순응적이다. 사람들이 많이 모여 있어도 왠지 혼란함 같은 건 보이지 않는다. 줄 서기의 세계 챔피언이다. 일본은 볼 게 많고, 배울 것도 많지만, 특히 여행하기 좋은 나라다. 어딜 가나 만날 수 있 있는 자판기는 언제든 여행자의 갈증과 피로를 풀어준다. 일본은 세계 최고의 자판기 밀도를 가진 나라다. 숙소는 비싸든, 싸든 한결같이 정갈하다. 식당의 질도 평균적이어서 어느 식당에 가더라도 크게 낭패하는 법은 없다. 혼자 들어가더라도 2인석이나 4인석을 흔쾌히 권해 준다. 진정한 오모테나시 정신의 발로가 아닐까.

한 · 일 고대 관계사에 관한 동 · 서양의 많은 저작이 있지만, 결국 그 문헌상 원천은 기기記紀(고사기와 일본서기)에 집중되어 있다. 그런데 기기가 신화와 자국 중심의 세계관으로 포장되어 있고, 연대를 조작했다는 비판이 있음에도 윌리엄 그리피스는 이렇게 말했다.

> "연대가 자의적으로 상상되고, 밀어 올려졌다는 점에서 연대기로서는 거의 쓸모가 없지만 그럼에도 진실에 반하는 것은 아니며 풍속과 관습, 그리고 제도에 관한 풍부한 자료를 제공한다"[449]

기기는 삼국사기나 삼국유사보다 400년 이상 먼저 쓰여졌지만 우리 사서보다 정보량도 많고 통섭적이다. 우리 사서에서 확인할 수 없는 요긴한 사료의 보고임에 틀림없다. 《일본서기》에서 백제계로 추정되는 오진, 게이타이, 킨메이, 비다츠, 조메이, 덴지 천황조는 고구려, 백제, 신라, 가야, 탐라에 관한 기사로 대거 메꾸어져 있다. 또한 삼국 시대 불교의 일본 전래를 비롯하여 왕인이나 아직기 등을 통하여 한국의 문화가 일본으로 전파된 사실史實을 기기에서만 확인할 수 있다는 건 어떤 의미를 가질까. 우리 사서에서 나타나지 않은 《백제본기》 등 '백제 3서'의 존재도 일본서기를 통해서 그 존재가 확인된다.

조선을 사랑한 야나기 무네요시柳宗悅는 100년 전 이렇게 말했다.

"일본의 문명이 조선(한국)의 미를 통해 태어났다는 사실만은 불변의 것이다. 사람들은 왜 이 뚜렷한 사실을 좀 더 의식하지 않는 것일까. 이 의식이 강해지면 조선에 대한 우리의 태도는 틀림없이 변하게 될 것이다. 그 탁월한 예술에 대한 무식이 얼마나 이웃 나라에 대한 이해를 방해하고 있는지 모른다."[450]

야나기 선생의 이 지적은 우리에게도 해당한다. 일본의 문화야말로 세계적으로 빼어난 다채롭고 심미적인 문화다. 더욱이 일본이 지금까지 잘 보존하고 있는 고대 문화는 바로 우리의 고대 문화도 함께 가늠해 볼 수 있는 훌륭한 자산이다.

하버드 대학의 마틴 푸크너Martin Puchner 교수는 "문화란 한 공동체의 자산으로 만들어진다기보다 다른 문화와의 만남에 의해 만들어진다"는 문화의 순환과,[451] 또한 "무언가가 본래 어디서 나왔는지보다 훨씬 더 중요한 것은 우리가 그것을 가지고 무엇을 하느냐."라는 실용적인 통찰을 강조했다.[452]

앞으로 우리가 한 · 일 관계를 어떻게 끌고 나가야 하는지에 대한 유의미한 생각을 소개해 본다. 2019년 9월 홋카이도 대학의 공공정책 대학원 엔도 켄遠藤乾 원장의 "한 · 일 간 시민 사회와 언론인 심포지엄" 개회사다.

"현재 한 · 일 관계는 정부 차원에서만이 아니라 국민 차원에서도 등을 돌린 전후 최악의 관계이며 미국의 중재도 기대할 수 없고 앞으로 더 악화할 가능성마저 있다. 하지만 그런 가운데서도 무엇이 불만인지를 표현하는 대화는 이어 나가야 하며, 이 대화는 서로 솔직하되 존경을 담는 것이어야 하고, 혐오나 "일본(한국) 사람은 원래 그래"라든가 "그 사람은 친일파(친한파)야, 토착 왜구야"와 같은 본질주의적인 표현은 삼가야 한다.

이런 몇 가지 원칙만 지킬 수 있다면 위안부든 독도든 무엇이든 의견과 불만을 표현하는 솔직 담백한 대화가 도움이 될 것이다."

《피크 재팬》의 저자 브래드 글로서먼은 이렇게 말했다.

"만약 한국과 일본, 두 나라가 공동의 미래를 위해 협력할 수 있는 공통된 기반을 마련할 수 있다면 양국 모두 이 지역에서 영향력이 훨씬 더 커질 것이고 자신들의 안보도 더 공고해질 것이다."[453]

주마간산 격으로 살펴본 '독일 병정'의 일본 역사 기행문을 이제 마친다. 우리는 일본을 몰라도 너무 모른다. 일단 알아야 이기든, 지든 할 게 아닌가. 물론 일본을 이기자는 극일 자세가 꼭 바람직한 건 아니다. 작가 한수산 씨의 말대로 벚꽃도 사쿠라도 봄에 피긴 마찬가지다. 일본이든 독일이든 훌륭한 이웃이 있다면 일단 보고, 배워야 하지 않겠나, 미래를 보고 가자!

참고 문헌 미주

1. 니코스 카잔차키스 지음, 이종인 옮김,《일본 · 중국 기행》, 119쪽.
2. Ezra F. Vogel,《Japan as Number One》, 225쪽.
3. 이마타니 아키라 지음, 이근우 옮김,《무가와 천황》, 150쪽.
4. 에즈라 보걸 지음, 김규태 옮김,《중국과 일본, 1,500년 중 · 일 관계의 역사를 직시하다》, 64쪽.
5. 마리우스 B. 잰슨 지음, 김우영, 강인황, 허형주, 이정 옮김,《현대일본을 찾아서 1》, 65쪽.
6. William Elliot Griffis,《The Japanese Nation in Evolution: Steps in the Progress of a Great People》, 1907년, 394~399쪽.
7. 야마모토 시치헤이 지음, 고경문 옮김,《일본인이란 무엇인가》, 373쪽.
8. 위의 책, 288쪽.
9. 위의 책, 289쪽.
10. Bernhardus Varenius,《Descriptio Regni Japoniae》, 1649년/ Ernst-Christian 독일어 번역,《Beschreibung des Japanischen Reiches》, 1974년, 158쪽.
11. 위의 책, 122쪽.
12. 위의 책, Kommentar B, 222쪽.
13. 김시덕 지음,《동아시아, 해양과 대륙이 맞서다》, 118쪽.
14. 김시덕 지음《일본인 이야기》351쪽.
15. 이택순,《이택순의 일본열도기행》131쪽.
16. 함재봉 지음《한국사람 만들기 Ⅱ》30~32쪽.
17. William Elliot Griffis,《The Japanese Nation in Evolution: Steps in the Progress of a Great People》, 242쪽.
18. 야마모토 시치헤이 지음, 고경문 옮김,《일본인이란 무엇인가》, 20쪽.

19. 알렉스 커 지음, 윤영수, 박경환 옮김, 《사라진 일본》, 172쪽.

20. 니코스 카잔차키스 지음, 이종인 옮김, 《일본 · 중국 기행》, 140쪽.

21. William Elliot Griffis, 《The Japanese Nation in Evolution: Steps in the Progress of a Great People》, 326~327쪽.

22. Anton Zischka, 《Japan in der Welt》, 1936년, 10쪽.

23. William Elliot Griffis, 《The Japanese Nation in Evolution: Steps in the Progress of a Great People》, 395쪽.

24. 위의 책, 383쪽.

25. 심백강, 《중국은 역사상 한국의 일부였다》, 175~203쪽.

26. 孫崎享, 《日本國の正体》, 66~67쪽.

27. 미야자키 마사카츠 지음, 류순미 옮김, 《식탁 위의 일본사》, 21쪽.

28. Roy Andrew Miller, 《Japan's Modern Myth: The Language and Beyond》, 152쪽.

29. Charles Holcombe, 《A History of East Asia》, 92쪽.

30. 에드윈 오 라이샤워 지음, 조윤수, 성은영 옮김 《일본, 과거 그리고 현재》 21쪽.

31. 존 카터 코벨 지음, 김유경 편역 《부여기마민족과 왜》 166쪽.

32. J. Edward Kidder, 《Japan before Buddhism》/Hans G Schürmann 독일어 번역, 《Alt-Japan》, 162쪽.

33. 피타 켈레크나 지음, 임웅 옮김 《말의 세계사》 560쪽.

34. 江上波夫, 《江上波夫の日本古代史》, 288~324쪽.

35. 위의 책, 305쪽.

36. 石渡新一郎, 《應神陵の被葬者はだれか》, 11~16, 30~35쪽.

37. 홍윤기, 《일본문화사 신론》, 258~259쪽.

38. 위키피디어 일본어버젼 《津田左右吉》.

39. 石渡新一郎, 《應神陵の被葬者はだれか》, 15쪽.

40. 아미노 요시히코 지음, 김시덕 옮김,《고문서 반납 여행》, 41쪽.

41. 나카쓰카 아키라 지음, 이규수 옮김,《일본인이 본 역사 속의 한국》, 37쪽.

42. 에즈라 보걸 지음, 김규태 옮김,《중국과 일본, 1,500년 중 · 일 관계의 역사를 직시하다》, 29~35쪽.

43. 윌리엄 엘리엇 그리피스 지음, 신복룡 옮김,《은자의 나라 한국》, 60쪽.

44. 나카쓰카 아키라 지음, 이규수 옮김,《일본인이 본 역사 속의 한국》, 53쪽.

45. 티머시 스나이더 지음, 유강은 옮김,《가짜 민주주의가 온다》, 155쪽.

46. 에즈라 보걸 지음, 김규태 옮김,《중국과 일본, 1,500년 중 · 일 관계의 역사를 직시하다》, 31쪽.

47. 이영희 지음《노래하는 역사》114쪽.

48. 위의 책 255쪽.

49. 태가트 머피 지음, 윤영수, 박경환 옮김,《일본의 굴레》, 45쪽.

50. 마리우스 B. 잰슨 지음, 김우영, 강인황, 허형주, 이정 옮김,《현대일본을 찾아서 1》, 467쪽.

51. 마리우스 B 잰슨 지음, 손일, 이동민 옮김,《사카모토 료마와 메이지 유신》, 249~258쪽

52. Freiherrn Wilhelm von Richthofen,《Chrysanthemum und Drache》, 1902년, 147~149쪽.

53. 브래드 글로서먼 지음, 김성훈 옮김,《피크 재팬》, 42쪽.

54. Kazuo Nishi and Kazuo Hozumi translated and adapted, and with an introduction by H. Mack Horton,《What is Japanese Architecture?》, 10쪽.

55. 동북아 역사자료총서 125,《역주 일본서기3》, 14쪽.

56. 메이지 정부,《日本略史The Empire of Japan, Brief Sketch of the Geography, History and Constitution》, 1876년, 33쪽.

57. 에즈라 보걸 지음, 김규태 옮김,《중국과 일본, 1,500년 중 · 일 관계의 역사를 직시하다》, 27쪽.

58. A. L. Sadler,《Japanese Architecture: A Short History》, 30쪽.

59. 하야시야 다쓰사부로 지음, 김효진 옮김,《교토》, 66쪽.

60. 최재석 지음,《일본 고대사의 진실》, 173쪽, 196~201쪽.

61. 위의 책, 199쪽.

62. 세키 유지 지음, 이종환 옮김, 《일본의 뿌리는 한국》, 32쪽.

63. William Elliot Griffis, 《The Japanese Nation in Evolution: Steps in the Progress of a Great People》, 128쪽.

64. 하야시야 다쓰사부로 지음, 김효진 옮김, 《교토》, 71쪽.

65. 위의 책, 163쪽.

66. 김경임 지음, 《문화유산으로 일본을 말한다》, 135쪽.

67. 알렉스 커 지음, 윤영수, 박경환 옮김, 《사라진 일본》, 299쪽.

68. Kazuo Nishi and Kazuo Hozumi translated and adapted, and with an introduction by H. Mack Horton, 《What is Japanese Architecture?》, 40쪽.

69. 김정기 감수, 오주환 엮음, 《문화유산 상식여행》 105~106쪽.

70. 야마모토 시치헤이 지음, 고경문 옮김, 《일본인이란 무엇인가》, 108쪽.

71. 하야시야 다쓰사부로 지음, 김효진 옮김, 《교토》, 50쪽.

72. 위의 책, 48쪽.

73. 위의 책, 59~61쪽.

74. Song-nai Rhee, C. Melvin Aikens with Gina L. Barnes, 《Archaeology and History of TORAIJIN》, Preface xi.

75. 위의 책, 5~6쪽.

76. Bernhardus Varenius, 《Descriptio Regni Japoniae》, 1649년/ Ernst-Christian 독일어 번역, 《Beschreibung des Japanischen Reiches》, 1974년, 232쪽.

77. Kazuo Nishi and Kazuo Hozumi translated and adapted, and with an introduction by H. Mack Horton, 《What is Japanese Architecture?》, 31쪽.

78. 帝國書院, 《圖說 日本史通覽》, 115쪽.

79. 京都藝大美術教育研究會編, 《時代別 日本美術の鑑賞》, 21쪽.

80. 이광준 지음, 《한 · 일 불교문화교류사》, 124쪽.

81. 帝國書院, 《圖說 日本史通覽》, 179쪽.

82. William Elliot Griffis, 《The Japanese Nation in Evolution: Steps in the Progress of a Great People》, 130쪽.

83. 위의 책, 129쪽.

84. 이광준 지음, 《한 · 일 불교문화교류사》, 139쪽.

85. Sir Hubert Jerningham, 《From West To East》, 1907년, 110~111쪽.

86. William Elliot Griffis, 《The Japanese Nation in Evolution: Steps in the Progress of a Great People》, 119~121쪽.

87. Michio Morishima, 《Why Has Japan 'Succeeded'?》, 23~27쪽.

88. William Elliot Griffis, 《The Japanese Nation in Evolution: Steps in the Progress of a Great People》, 121~124쪽.

89. 이광준 지음, 《한 · 일 불교문화교류사》, 136~138쪽.

90. 이시다 이찌로우 지음, 성해준, 감영희 옮김, 《일본 사상사 개론》, 63쪽.

91. Sir Hubert Jerningham, 《From West To East》, 1907년, 111~112쪽.

92. Inazo Nitobe, 《Japanese Traits and Foreign Influences》, 1927년, 43~45쪽.

93. 박진한 지음, 《도시를 거닐면 일본사가 보인다》 223쪽.

94. 함석헌 지음, 《뜻으로 본 한국역사》, 134~135쪽.

95. 야마모토 시치헤이 지음, 고경문 옮김, 《일본인이란 무엇인가》, 451쪽.

96. 현병주 지음, 《수길 일대와 임진록》, 136~137쪽.

97. 아베 류타로 지음, 고선윤 옮김, 《도쿠가와 이에야스는 어떻게 난세의 승자가 되었는가》, 40~41쪽.

98. Max von Brandt, 《Ostasiatische Fragen: China, Japan, Korea》, 1897년, 66쪽.

99. 위의 책, 67쪽.

100. 김시덕 지음, 《동아시아, 해양과 대륙이 맞서다》, 53쪽.

101. Hiroshi Kaneshiro, 《2024.5.15. 자 페이스북 포스팅》.

102. 박진한 지음, 《도시를 거닐면 일본사가 보인다》 314~317쪽.

103. 위의 책, 284~287쪽.

104. 제임스 브래들리 지음, 송정애 옮김, 정진석 해제, 《임페리얼 크루즈》, 187쪽.

105. William Elliot Griffis, 《The Japanese Nation in Evolution: Steps in the Progress of a Great People》, 313쪽.

106. 위의 책, 257~258쪽.

107. 김용운 지음, 《천황은 백제어로 말한다》, 151~153쪽.

108. 이영희 지음, 《노래하는 역사》 12~13쪽.

109. 모리 히로미치 지음, 심경호 옮김, 《일본서기의 비밀》, 42, 276~279쪽.

110. William Elliot Griffis, 《The Japanese Nation in Evolution: Steps in the Progress of a Great People》, 1~3쪽.

111. 위의 책, 25쪽.

112. 태가트 머피 지음, 윤영수, 박경환 옮김, 《일본의 굴레》, 142쪽.

113. 이안 부루마 지음, 최은봉 옮김, 《근대 일본》, 38쪽.

114. NYT(New York Times), 2007.4.26.자.

115. 이승만 박사 지음, 류광현 번역 《일본의 가면을 벗긴다Japan Inside Out》 36~37쪽.

116. 시마조노 스스무 지음, 최석영 옮김 《근대 일본 국가신도의 창출과 그후》, 213쪽.

117. 가토 슈이치 지음, 박인순 옮김, 《일본문화의 시간과 공간》, 9쪽.

118. 박진한 지음, 《도시를 거닐면 일본사가 보인다》, 266쪽.

119. Freiherrn Wilhelm von Richthofen, 《Chrysanthemum und Drache》, 1902년, 57쪽.

120. Richard Storry with photographs by Werner Forman, 《The Way of the Samurai》, 104쪽.

121. 帝國書院, 《圖說 日本史通覽》, 162쪽.

122. William Elliot Griffis, 《The Japanese Nation in Evolution: Steps in the Progress of a Great People》, 327~328쪽.

123. 함재봉 지음, 《한국 사람 만들기 Ⅱ》, 67~68쪽.

124. 이마타니 아키라 지음, 이근우 옮김, 《무가와 천황》, 240쪽.

125. William Elliot Griffis, 《The Japanese Nation in Evolution: Steps in the Progress of a Great People》, 1907년, 251쪽.

126. Kazuo Nishi and Kazuo Hozumi translated and adapted, and with an introduction by H. Mack Horton, 《What is Japanese Architecture?》, 12쪽.

127. 帝國書院, 《圖說 日本史通覽》, 162쪽.

128. A. L. Sadler, 《Japanese Architecture: A Short History》, 29쪽.

129. 허수열, 김인호 공저, 《조슈 이야기》, 98쪽.

130. Sepp Limhart 2013.12.13. 필자와 면담 시.

131. 일본 역사 교육자 협의회 편, 송완범, 신현승, 윤한용 옮김, 《동아시아 역사와 일본》, 158쪽.

132. 片野次雄, 《善隣友好のコリア史》, 96~98쪽.

133. 손승철 지음, 《조선통신사》, 114쪽.

134. 마리우스 B. 잰슨 지음, 김우영, 강인황, 허형주, 이정 옮김, 《현대일본을 찾아서 1》, 118~119쪽.

135. 김시덕 지음, 《동아시아, 해양과 대륙이 맞서다》, 195쪽.

136. 마리우스 B. 잰슨 지음, 김우영, 강인황, 허형주, 이정 옮김, 《현대일본을 찾아서 1》, 120쪽.

137. 하지영 지음, 《신유한 평전, 천하제일의 문장》, 124~125쪽.

138. 일본 역사 교육자 협의회 편, 송완범, 신현승, 윤한용 옮김, 《동아시아 역사와 일본》, 154, 158쪽.

139. Bernhardus Varenius, 《Descriptio Regni Japoniae》, 1649년 / Ernst-Christian 독일어 번역, 《Beschreibung des Japanischen Reiches》, 1974년, 83쪽.

140. 위의 책, 77쪽.

141. William Elliot Griffis, 《The Japanese Nation in Evolution: Steps in the Progress of a Great People》, 202~203쪽.

142. 위의 책, 204~205쪽.

143. 帝國書院,《圖說 日本史通覽》, 107쪽.

144. William Elliot Griffis,《The Japanese Nation in Evolution: Steps in the Progress of a Great People》, 130쪽.

145. Sir Hubert Jerningham,《From West To East》, 1907년, 112쪽.

146. 에드윈 오 라이샤워 지음, 조윤수, 성은영 옮김,《일본, 과거 그리고 현재》, 59쪽.

147. Bernhardus Varenius,《Descriptio Regni Japoniae》, 1649년/ Ernst-Christian 독일어 번역,《Beschreibung des Japanischen Reiches》, 19 74년, 122~123쪽.

148. Georg Buschan,《Kulturgeschichte Japans》, 1938년, 15쪽.

149. 다카하시 도루 지음, 구인모 옮김,《식민지 조선인을 논하다》, 61, 95~96쪽.

150. 마르티나 도이힐러 지음, 이훈상 옮김,《한국의 유교화 과정》, 21쪽.

151. William Elliot Griffis,《The Japanese Nation in Evolution: Steps in the Progress of a Great People》, 197쪽.

152. 임건순, 2024.10.10. 페이스북.

153. 코스믹출판 지음, 야베 겐타로 감수, 전경아 옮김,《일본 전국시대 130년 지정학》, 78~79쪽.

154. 최태영 지음, 김유경 정리,《한국 고대사를 생각한다》, 38~44쪽.

155. 마리우스 B. 잰슨 지음, 김우영, 강인황, 허형주, 이정 옮김,《현대일본을 찾아서 1》, 118쪽.

156. Robert J.C. Butow,《Japan's Decision to Surrender》, 159쪽, 228~233쪽.

157. Hansook Kim,《2023.3.27. 자 페이스북 포스팅》.

158. Sepp Linhart, 2014.1.22. 필자와 면담 시.

159. 마리우스 B. 잰슨 지음, 김우영, 강인황, 허형주, 이정 옮김,《현대일본을 찾아서 1》, 497쪽.

160. 장시정 지음,《레트로 대한민국》, 231~234쪽.

161. 브래드 글로서먼 지음, 김성훈 옮김,《피크 재팬》, 30쪽.

162. William Elliot Griffis,《The Japanese Nation in Evolution: Steps in the Progress of a Great

People》, 198쪽.

163. 루트 베네딕트 지음, 김윤식, 오인석 옮김, 《국화와 칼》, 151쪽.

164. 루트 베네딕트 지음, 김윤식, 오인석 옮김, 《국화와 칼》, 161쪽.

165. Heinrich Klingenberg, 《Das ist Japan》, 1941년, 21쪽.

166. 가와이 아쓰시 지음, 원지연 옮김, 《하룻밤에 읽는 일본사》, 260~261쪽.

167. William Elliot Griffis, 《The Japanese Nation in Evolution: Steps in the Progress of a Great People》, 288쪽.

168. Herbert Scurla 편집, 《Reise in Nippon》, 27쪽.

169. 마리우스 B. 잰슨 지음, 김우영, 강인황, 허형주, 이정 옮김, 《현대일본을 찾아서 1》, 132~134쪽.

170. Roy Andrew Miller, 《Japan's Modern Myth: The Language and Beyond》, 262~263쪽.

171. 마리우스 B. 잰슨 지음, 김우영, 강인황, 허형주, 이정 옮김, 《현대일본을 찾아서 1》, 139쪽.

172. 위의 책, 143~144쪽.

173. 손승철 지음, 《조선통신사》, 44~48쪽.

174. 홍성화 지음, 《일본은 왜 한국역사에 집착하는가》, 208쪽.

175. 마리우스 B. 잰슨 지음, 김우영, 강인황, 허형주, 이정 옮김, 《현대일본을 찾아서 1》, 135쪽.

176. 야마모토 시치헤이 지음, 고경문 옮김, 《일본인이란 무엇인가》, 308~312쪽.

177. 제임스 브래들리 지음, 송정애 옮김, 정진석 해제, 《임페리얼 크루즈》, 182쪽.

178. William Elliot Griffis, 《The Japanese Nation in Evolution: Steps in the Progress of a Great People》, 256쪽.

179. 야마모토 시치헤이 지음, 고경문 옮김, 《일본인이란 무엇인가》, 301쪽.

180. 아베 류타로 지음, 고선윤 옮김, 《도쿠가와 이에야스는 어떻게 난세의 승자가 되었는가》, 168쪽.

181. 베아트리스 호헤네거 지음, 조미라, 김라현 옮김, 《차의 역사》, 91쪽.

182. 코스믹출판 지음, 야베 겐타로 감수, 전경아 옮김 《일본 전국시대 130년 지정학》 36~37쪽.

183. 김용운 지음, 《천황은 백제어로 말한다》, 180~181쪽.

184. 다니카 아키라 지음, 김정희 옮김, 《메이지 유신》, 64~65쪽.

185. 서현섭 지음, 《일본 극우의 탄생, 메이지 유신 이야기》, 136쪽.

186. 위의 책, 137쪽.

187. 김세진 지음, 《요시다 쇼인, 시대를 반역하다》, 72쪽.

188. William Elliot Griffis, 《The Japanese Nation in Evolution: Steps in the Progress of a Great People》, 293~295쪽.

189. 위의 책, 323쪽.

190. 다니카 아키라 지음, 김정희 옮김, 《메이지 유신》, 8~9쪽.

191. 帝國書院, 《圖說 日本史通覽》, 218쪽.

192. 제임스 브래들리 지음, 송정애 옮김, 정진석 해제, 《임페리얼 크루즈》, 191쪽.

193. 현병주 지음, 《수길 일대와 임진록》, 142쪽.

194. 위의 책, 229쪽.

195. 함석헌 지음, 《뜻으로 본 한국역사》, 133쪽.

196. 에이미 스탠리 지음, 유강은 옮김, 《에도로 가는 길》, 20쪽.

197. 존 카터 코벨 지음, 김유경 옮김, 《일본에 남은 한국 미술》, 29쪽.

198. Kazuo Nishi and Kazuo Hozumi translated and adapted, and with an introduction by H. Mack Horton, 《What is Japanese Architecture?》, 48쪽.

199. William Elliot Griffis, 《The Japanese Nation in Evolution: Steps in the Progress of a Great People》, 179쪽.

200. 폴 노버리 지음, 윤영 옮김, 《일본》, 89~91쪽.

201. 손승철 지음, 《조선통신사》, 159쪽.

202. A. L. Sadler, 《Japanese Architecture, A Short History》, 25쪽.

203. Kazuo Nishi and Kazuo Hozumi translated and adapted, and with an introduction by H.

Mack Horton, 《What is Japanese Architecture?》, 73쪽.

204. 가토 슈이치 지음, 박인순 옮김, 《일본문화의 시간과 공간》, 189~190쪽.

205. William Elliot Griffis, 《The Japanese Nation in Evolution: Steps in the Progress of a Great People》, 240~241쪽.

206. 帝國書院, 《圖說 日本史通覽》, 135쪽.

207. William Elliot Griffis, 《The Japanese Nation in Evolution: Steps in the Progress of a Great People》, 233쪽.

208. 위의 책, 231쪽.

209. 존 카터 코벨 지음, 김유경 옮김, 《일본에 남은 한국 미술》, 170쪽.

210. Loraine E. Kuck, 《The World of the Japanese Gardens》, 67~69쪽.

211. Kazuo Inumaru, 《Die heilige Stadt in Kyoto》, 57쪽.

212. William Elliot Griffis, 《The Japanese Nation in Evolution: Steps in the Progress of a Great People》, 248쪽.

213. 혼고 가즈토 지음, 이민연 옮김, 《센고쿠 시대: 무장의 명암》, 66~69쪽.

214. 현병주 지음, 《수길 일대와 임진록》, 94~95쪽.

215. Marie von Bunsen, 《Im Fernen Osten》, 1935년, 54쪽.

216. 김용운 지음, 《천황은 백제어로 말한다》, 185~186쪽.

217. 위의 책, 194~195쪽.

218. 위의 책 132쪽.

219. Edited by W.G.Beasley and E.G.Pulleyblank, 《Historians of China and Japan》, 11쪽.

220. 퍼시벌 로웰 지음, 조경철 옮김, 《내 기억 속의 조선, 조선 사람들》, 30~31쪽.

221. 홍성화 지음, 《일본은 왜 한국역사에 집착하는가》, 29쪽.

222. 박천수 지음, 《고대 한일 교류사》, 634~635쪽.

223. 최인호 역사소설, 《제4의 제국 2》 41~43쪽.

224. 近つ飛鳥博物館,《百舌鳥.古市古墳群と土師氏》, 8쪽.

225. 帝國書院,《圖說 日本史通覽》, 54쪽.

226. 에즈라 보걸 지음, 김규태 옮김,《중국과 일본, 1,500년 중 · 일 관계의 역사를 직시하다》, 25~26쪽.

227. 에즈라 보걸 지음, 김규태 옮김,《중국과 일본, 1,500년 중 · 일 관계의 역사를 직시하다》, 25쪽.

228. 홍윤기,《일본문화사 신론》, 218쪽.

229. 김현구,《백제는 일본의 기원인가》, 129~133쪽.

230. Michio Morishima,《Why Has Japan 'Succeeded'?》, 30~31쪽.

231. 박천수 지음,《고대 한일 교류사》, 647쪽.

232. 개리 레드야드 지음, 장상훈 옮김,《한국 고지도의 역사》, 134쪽.

233. 윌리엄 엘리엇 그리피스 지음, 신복룡 옮김,《은자의 나라 한국》, 60쪽.

234. 나고야 박물관 2014년 발간,《大名たちの文祿.慶長の役》

235. Richard Katz,《Fünkelnder Ferner Osten!》, 1935년, 212쪽.

236. 아베 류타로 지음, 고선윤 옮김,《도쿠가와 이에야스는 어떻게 난세의 승자가 되었는가》, 148~149쪽.

237. 위의 책, 166쪽.

238. 후쿠야마역사민속자료관 발간,《朝鮮通信使と福山藩港.鞆の津》, 20~23쪽.

239. 위의 책 28~29쪽.

240. 동북아 역사자료총서 125,《역주 일본서기3》, 14쪽. 26쪽.

241. 이광준 지음,《한 · 일 불교문화교류사》, 111쪽.

242. Shuichi Kato,《Geheimnis Japan》, 58쪽.

243. 堺市사카이시 발간,《アジアの海がはぐくむ堺아시아의 바다가 키운 사카이》, 22쪽.

244. 아베 류타로 지음, 고선윤 옮김,《도쿠가와 이에야스는 어떻게 난세의 승자가 되었는가》, 41~42쪽.

245. 코스믹출판 지음, 아베 겐타로 감수, 전경아 옮김《일본 전국시대 130년 지정학》, 148~151쪽.

246. 朝日新聞社 編,《古墳への旅》, 3쪽.

247. 세키 유지 지음, 이종환 옮김,《일본의 뿌리는 한국》, 91쪽.

248. 최재석 지음,《일본 고대사의 진실》, 25쪽.

249. 孫崎享,《日本國の正体》, 74~75쪽.

250. Charles Holcombe,《A History of East Asia》, 89쪽.

251. 石渡新一郎,《蘇我王朝と天武天皇》, 25쪽.

252. 조 지무쇼 편저, 전선영 옮김,《30개 도시로 읽는 일본사》, 233쪽.

253. 위의 책, 235~236쪽.

254. 石渡新一郎,《應神陵の被葬者はだれか》, 311쪽.

255. 石渡新一郎,《蘇我王朝と天武天皇》, 26쪽.

256. 石渡新一郎,《蘇我王朝と天武天皇》, 29~30쪽.

257. 石渡新一郎,《蘇我王朝と天武天皇》, 64쪽.

258. 林順治,《古代 七つの 金石文》, 77쪽.

259. 林順治,《古代 七つの 金石文》, 90쪽.

260. 林順治,《古代 七つの 金石文》, 4~5쪽.

261. 홍윤기,《일본문화사 신론》, 114쪽.

262. 林順治,《古代 七つの 金石文》, 5~6쪽.

263. 최태영 지음, 김유경 정리,《한국 고대사를 생각한다》, 247~248쪽.

264. Japan Travel Bureau,《Japanese Postage Stamps》, 1962년, 43~44쪽.

265. Kazutoshi Hando(Original Story), Yukinobu Hoshino(Manga Adaptation),《JAPAN'S LONGEST DAY》, 463~470쪽.

266. 세키 유지 지음, 이종환 옮김,《일본의 뿌리는 한국, 원제는 고대사》, 32, 73쪽.

267. 시마조노 스스무 지음, 최석영 옮김,《근대 일본 국가신도의 창출과 그 후》, 29쪽.

268. 퍼시벌 로웰 지음, 조경철 옮김,《내 기억 속의 조선, 조선 사람들》, 152~161, 183쪽.

269. A. L Sadler,《 Japanese Architecture: A Short History》, 38쪽.

270. 존 카터 코벨 지음, 김유경 옮김,《일본에 남은 한국 미술》, 93쪽. Dr. Jon Carter Covell, Alan Covell,《Korean Impact On Japanese Culture》, 65쪽.

271. Seiroku Noma,《The Arts of Japan Ancient and Medieval》, 267쪽.

272. 京都藝大美術教育研究會編,《時代別 日本美術の鑑賞》9쪽.

273. 존 카터 코벨 지음, 김유경 옮김,《일본에 남은 한국 미술》, 93쪽.

274. 위의 책, 95쪽.

275. 京都藝大美術教育研究會編,《時代別 日本美術の鑑賞》8쪽.

276. Shuichi Kato,《Geheimnis Japan》, 61쪽.

277. 존 카터 코벨 지음, 김유경 옮김,《일본에 남은 한국 미술》, 191쪽.

278. 孫崎享,《日本國の正体》, 88쪽.

279. 孫崎享,《日本國の正体》, 89쪽.

280. 동북아 역사자료총서 125,《역주 일본서기3》, 368쪽.

281. 김경임 지음,《문화유산으로 일본을 말한다》, 175쪽.

282. Shuichi Kato,《Geheimnis Japan》, 58쪽.

283. 김동욱 지음,《한국 건축, 중국 건축, 일본 건축》, 52쪽.

284. 동북아 역사자료총서 125,《역주 일본서기3》, 31~32쪽.

285. 김현구《백제는 일본의 기원인가》, 47쪽.

286. 존 카터 코벨 지음, 김유경 옮김,《일본에 남은 한국 미술》, 79쪽.

287. Dr Jon Carter Covell & Alan Covell,《Korean Impact On Japanese Culture》, 55쪽.

288. 위의 책, 55쪽.

289. 김경임 지음,《문화유산으로 일본을 말한다》, 177쪽.

290. 최우용 지음,《일본이라는 풍경, 건축이라는 이야기》, 47~49쪽.

291. 에즈라 보걸 지음, 김규태 옮김, 《중국과 일본, 1,500년 중 · 일 관계의 역사를 직시하다》, 37쪽.

292. 일연 지음, 서철원 번역 · 해설, 《삼국유사》, 236쪽.

293. J. Edward Kidder, 《Japan before Buddhism》 / Hans G. Schürmann 독일어 번역, 《Alt-Japan》, 125쪽.

294. 京都藝大美術教育硏究會編, 《時代別 日本美術の鑑賞》 8쪽.

295. 존 카터 코벨 지음, 김유경 옮김, 《일본에 남은 한국 미술》, 122쪽.

296. 위의 책, 82~85쪽.

297. Shuichi Kato, 《Geheimnis Japan》, 63~64쪽.

298. 孫崎享, 《日本國の正体》, 88쪽.

299. 帝國書院, 《圖說 日本史通覽》, 52~53쪽.

300. 위의 책, 52~53쪽.

301. 위의 책, 52~53쪽.

302. 야나기 무네요시 지음, 이길진 옮김, 《조선과 그 예술》, 82~83쪽.

303. 존 카터 코벨, 《일본에 남은 한국미술》, 118~121쪽.

304. Shuichi Kato, 《Geheimnis Japan》, 60쪽.

305. Seiroku Noma, 《The Arts of Japan, Ancient and Medieval》, 34~38쪽.

306. 단재 신채호 지음, 김종성 옮김, 《조선상고사》, 502쪽.

307. A.L.Sadler, 《Japanese Architecture: A Short History》, 38쪽.

308. A.L.Sadler, 《Japanese Architecture: A Short History》, 28쪽.

309. 퍼시벌 로웰 지음, 조경철 옮김, 《내 기억 속의 조선, 조선 사람들》 158쪽.

310. 김정기 감수, 오주환 엮음, 《문화 유산 상식 여행》, 116쪽.

311. A. L. Sadler, 《Japanese Architecture: A Short History》, 28쪽.

312. Ernst Waldschmidt, Ludwig Alsdorf, Bertold Spuler, Hans O H Stange und Oskar Kressler, 《Geschichte Asiens》, 584쪽.

313. 치바 코지 감수, 양지영 옮김,《제대로 알고 싶은 일본의 풍습》, 110~111쪽.

314. 동북아역사재단,《역주 일본서기3》 61쪽.

315. 朝日新聞社 編,《古墳への旅》, 40~41쪽.

316. 존 카터 코벨 지음, 김유경 옮김,《일본에 남은 한국 미술》, 50~54쪽.

317. 江上波夫,《江上波夫の日本古代史》, 315쪽.

318. 김병모 지음,《금관의 비밀》91쪽.

319. 김홍수,《아스카 · 나라: 역사를 따라서 한국을 찾아 걷다》, 9쪽.

320. 石渡新一郎,《應神陵の被葬者はだれか》, 304~312쪽.

321. William Elliot Griffis,《The Japanese Nation in Evolution: Steps in the Progress of a Great People》, 48~49쪽.

322. 위의 책, 30~40쪽.

323. 위의 책, 16~20쪽.

324. 石渡新一郎,《古代蝦夷と天皇家》, 61~62쪽.

325. 石渡新一郎,《蘇我王朝と天武天皇》, 100쪽.

326. 朝日新聞社 編,《古墳への旅》, 152~154쪽.

327. 박천수 지음,《고대 한일 교류사》, 398쪽.

328. 石渡新一郎,《蘇我王朝と天武天皇》, 175쪽.

329. 朝日新聞社 編,《古墳への旅》, 153~154쪽.

330. William Elliot Griffis,《The Japanese Nation in Evolution: Steps in the Progress of a Great People》, 57쪽.

331. 石渡新一郎,《蘇我王朝と天武天皇》, 59쪽.

332. 박천수 지음,《고대 한일 교류사》, 276쪽.

333. J. Edward Kidder,《Japan before Buddhism》/Hans G Schürmann 독일어 번역,《Alt-Japan》, 122쪽.

334. 오영환 지음,《은근히 홍미로운 한일고대사》, 282쪽.

335. 이영희,《노래하는 역사》, 262쪽.

336. 이시다 이찌로우 지음, 성해준, 감영희 옮김,《일본 사상사 개론》, 60쪽.

337. Donald F. Mccallum,《The Four Great Temples》, 3쪽.

338. 홍윤기,《일본문화사 신론》, 315쪽.

339. 위의 책 246~247쪽.

340. 朝日新聞社 編,《古墳への旅》, 155~157쪽.

341. 石渡新一郎,《蘇我王朝と天武天皇》, 1~2쪽.

342. 石渡新一郎,《蘇我王朝と天武天皇》, 58쪽.

343. 박천수 지음,《고대 한일 교류사》, 395쪽.

344. 박창범 지음,《하늘에 새긴 우리 역사》, 172쪽.

345. 박천수 지음,《고대 한일 교류사》, 395쪽.

346. 박창범 지음,《하늘에 새긴 우리 역사》, 55~67쪽

347. Richard Katz,《Fünkelnder Ferner Osten!》, 1935년, 225쪽.

348. Sir Hubert Jerningham,《From West To East》, 1907년, 110쪽.

349. 久野健,《古佛禮讚》, 112~113쪽.

350. 존 카터 코벨 지음, 김유경 옮김,《일본에 남은 한국 미술》, 68쪽.

351. 久野健,《古佛禮讚》, 128쪽.

352. William Elliot Griffis,《The Japanese Nation in Evolution: Steps in the Progress of a Great People》, 129쪽.

353. 최재석 지음,《일본 고대사의 진실》, 182쪽.

354. 하야시야 다쓰사부로 지음, 김효진 옮김,《교토》, 76쪽.

355. William Elliot Griffis,《The Japanese Nation in Evolution: Steps in the Progress of a Great People》, 175쪽.

356. 위의 책, 397쪽.

357. 야마모토 시치헤이 지음, 고경문 옮김, 《일본인이란 무엇인가》, 145쪽.

358. 동북아역사재단, 《역주 일본서기3》 54~55쪽.

359. 廣隆寺 發行, 便利堂 製作 소책자, 《廣隆寺》.

360. 동북아 역사자료총서 125, 《역주 일본서기3》, 81쪽.

361. Shuichi Kato, 《Geheimnis Japan》, 60쪽.

362. 廣隆寺 發行, 便利堂 製作 소책자, 《廣隆寺》.

363. 지상현, 《한중일의 미의식》, 252쪽.

364. 함석헌 지음, 《뜻으로 본 한국역사》, 171쪽.

365. 도널드 리치 지음, 박경환, 윤영수 옮김, 《도널드 리치의 일본 미학》, 101쪽.

366. 위의 책, 19~20쪽.

367. 홍광표 지음, 《교토 속의 정원, 정원 속의 교토》, 13쪽.

368. 존 카터 코벨 지음, 김유경 옮김, 《일본에 남은 한국 미술》, 306쪽.

369. 위의 책, 304쪽.

370. 베아트리스 호헤네거 지음, 조미라, 김라현 옮김, 《차의 역사》, 72~73쪽.

371. 帝國書院, 《圖說 日本史通覽》, 147쪽.

372. Inazo Nitobe, 《Japanese Traits and Foreign Influences》, 1927년, 99쪽.

373. 위의 책, 112쪽.

374. 폴 노버리 지음, 윤영 옮김, 《일본》, 156쪽.

375. 베아트리스 호헤네거 지음, 조미라, 김라현 옮김, 《차의 역사》, 69~70쪽.

376. Shuichi Kato, 《Geheimnis Japan》, 148쪽.

377. 존 카터 코벨 지음, 김유경 옮김, 《일본에 남은 한국 미술》, 311쪽.

378. 지상현, 《한중일의 미의식》, 139쪽.

379. 알렉스 커 지음, 윤영수, 박경환 옮김,《사라진 일본》, 375쪽.

380. 하야시야 다쓰사부로 지음, 김효진 옮김,《교토》, 56~57쪽.

381. 홍윤기,《일본문화사 신론》, 224쪽.

382. 하야시야 다쓰사부로 지음, 김효진 옮김,《교토》, 58쪽.

383. 三井寺(園城寺) 出刊,《三井寺》15쪽.

384. 出羽弘明,《新羅神社と古代の日本》, 200쪽.

385. 위의 책, 197~198쪽.

386. 出羽弘明,《新羅神社と古代の日本》, 201쪽.

387. 동북아 역사자료총서 125,《역주 일본서기3》, 350쪽.

388. 出羽弘明,《新羅神社と古代の日本》, 197~198쪽.

389. 위의 책, 199~201쪽.

390. 위의 책, 200~201쪽.

391. 三井寺(園城寺) 出刊,《三井寺》15쪽.

392. 이광준 지음,《한일불교문화교류사》, 578~582쪽.

393. 위의 책, 606~608쪽.

394. 위의 책, 581쪽.

395. 야베 겐타로 감수, 전경아 옮김,《일본 전국시대 130년 지정학》, 148~151쪽.

396. William Elliot Griffis,《The Japanese Nation in Evolution: Steps in the Progress of a Great People》, 248쪽.

397. E. O. 라이샤워 지음, 서병국 상해 · 완역,《일본인의 당나라 견문록》, 480~501쪽.

398. 홍윤기,《일본문화사 신론》, 249쪽.

399. E. O. 라이샤워 지음, 서병국 상해 · 완역,《일본인의 당나라 견문록》, 464~465쪽.

400. 위의 책, 464~479쪽.

401. William Elliot Griffis,《The Japanese Nation in Evolution: Steps in the Progress of a Great

People》, 334~335쪽.

402. 위의 책, 331쪽.

403. 함재봉 지음, 《한국 사람 만들기 Ⅱ》, 138쪽.

404. William Elliot Griffis, 《The Japanese Nation in Evolution: Steps in the Progress of a Great People》, 269~270쪽.

405. 아베 류타로 지음, 고선윤 옮김, 《도쿠가와 이에야스는 어떻게 난세의 승자가 되었는가》, 192~194쪽.

406. 하종문 지음, 《일본사 여행》, 121쪽.

407. 강영순 지음, 《임진왜란》, 253쪽.

408. 혼고 가즈토 지음, 이민연 옮김, 《센고쿠 시대: 무장의 명암》, 230쪽.

409. 아베 류타로 지음, 고선윤 옮김, 《도쿠가와 이에야스는 어떻게 난세의 승자가 되었는가》, 35~36쪽.

410. 코스믹출판 지음, 아베 겐타로 감수, 전경아 옮김, 《일본 전국시대 130년 지정학》, 144~147쪽

411. 가토 슈이치 지음, 오황선 옮김, 《일본인이란 무엇인가》, 12쪽.

412. 出羽弘明, 《新羅神社と古代の日本》, 83쪽.

413. 세키 유지 지음, 이종환 옮김, 《일본의 뿌리는 한국》, 93쪽.

414. 시마네현 발간, 《다케시마 竹島の日 조례제정15주년기념지》, 14쪽.

415. 김세진 지음, 《요시다 쇼인, 시대를 반역하다》, 81쪽.

416. 장시정 지음, 《한국 외교관이 만난 독일모델》, 99쪽.

417. 이영희 지음, 《노래하는 역사》 156쪽.

418. 김병모 지음, 《금관의 비밀》, 70~80쪽.

419. 최태영 지음, 김유경 정리, 《한국 고대사를 생각한다》, 158~159쪽.

420. 알렉스 커 지음, 윤영수, 박경환 옮김, 《사라진 일본》, 300쪽.

421. 出羽弘明, 《新羅神社と古代の日本》, 서문.

422. 위의 책, 83~84쪽.

423. A.L.Sadler, 《Japanese Architecture: A Short History》, 35쪽.

424. 위의 책, 36쪽.

425. 江上波夫, 《江上波夫の日本古代史》, 316~317쪽.

426. 홍윤기, 《일본문화사 신론》, 6~8쪽.

427. 위의 책, 20쪽.

428. 세키 유지 지음, 이종환 옮김, 《일본의 뿌리는 한국》, 98쪽.

429. 가와이 아쓰시 지음, 원지연 옮김, 《하룻밤에 읽는 일본사》, 50~51쪽.

430. 앨런 말라흐 지음, 김현정 옮김, 《축소되는 세계》, 128~131쪽.

431. 中公新書編集部 編, 《日本史の論点》, 64~68쪽.

432. William Elliot Griffis, 《The Japanese Nation in Evolution: Steps in the Progress of a Great People》, 209~211쪽.

433. 위의 책, 210쪽.

434. 위의 책, 246쪽.

435. 위의 책, 214쪽.

436. 片野次雄, 《蒙古襲來のコリア史》, 17쪽.

437. 이노우에 야스시 지음, 장홍규 옮김, 《검푸른 해협》, 360쪽.

438. 위의 책, 211쪽.

439. 김성칠 지음, 《고쳐 쓴 조선 역사》, 152쪽.

440. 최재석, 《일본 고대사의 진실》, 190쪽.

441. 帝國書院, 《圖說 日本史通覽》, 132쪽.

442. 조 지무쇼 편저, 전선영 옮김, 《30개 도시로 읽는 일본사》, 359쪽.

443. 마리우스 B. 잰슨 지음, 김우영, 강인황, 허형주, 이정 옮김, 《현대일본을 찾아서 1》, 116쪽.

444. 류성룡 지음, 장윤철 옮김, 《징비록》, 83~84쪽.

445. 알렉산더 머피 지음, 김이재 옮김,《지리학이 중요하다》, 70쪽.

446. 와다 하루키 지음, 남상구, 조윤수 옮김,《한국전쟁 전사》, 262쪽.

447. T.R. 페렌바크 지음, 최필영, 윤상용 옮김, 황규만 감수,《이런 전쟁》, 756쪽.

448. 위르겐 오스터함멜 지음, 박은영, 이유재 옮김,《식민주의》, 129~130쪽.

449. William Elliot Griffis,《The Japanese Nation in Evolution: Steps in the Progress of a Great People》, 27쪽.

450. 야나기 무네요시 지음, 이길진 옮김,《조선과 그 예술》, 84쪽.

451. 마틴 푸크너 지음, 허진 옮김,《컬처: 문화로 쓴 세계사》, 11쪽.

452. 위의 책, 168쪽.

453. 브래드 글로서먼 지음, 김성훈 옮김,《피크 재팬》, 11쪽.

어느 독일통 외교관의

일본 역사 기행

| 개정판 |

초판인쇄 2025년 11월 4일
초판발행 2025년 11월 4일

지 은 이 장시정
펴 낸 이 채종준
펴 낸 곳 한국학술정보(주)
주 소 경기도 파주시 회동길 230(문발동)
전 화 031-908-3181(대표)
팩 스 031-908-3189
투고문의 ksibook1@kstudy.com
등 록 제일산-115호(2000. 6. 19)

ISBN 979-11-7457-282-0 93980

책에 대한 더 나은 생각, 끊임없는 고민, 독자를 생각하는 마음으로 보다 좋은 책을 만들어갑니다.